RESEARCH IN EDUCATION

교육연구방법론

데이터기반 탐구와 적용

박성열 · 주민호 · 고주은 공저

DATA-BASED INQUIRY & APPLICATION

학지사

이 저서는 2023년도 건국대학교 KU학술연구비 지원에 의한 저서임.

머리말

대학에서 30년간 교육통계와 연구방법론을 가르치면서 느낀 점은 많은 관련 서적이 있지만 연구논문을 직접 작성하는 데 실질적인 도움을 주는 지침서가 부족하다는 것이었다. 교재로서 사용하기에는 대부분이 너무 이론적이고 추상적이어서 과연 어느 특정 저서를 완벽히 이해한다고 하였을 때 훌륭한 연구를 수행하고 그 결과로 좋은 논문을 발표할 수 있을지에 대해서는 의문이 들었다. 아는 것과 실천할 수 있는 것에 차이가 있듯이 이론을 잘 다루고 있는 책과 실제로 연구를 수행하는 데 도움이 되는 책과는 괴리가 있을 것이라는 생각이 들었다. 이 책은 그러한 의문과 평상시에 느끼고 있었던 생각으로부터 출발되었다. 누군가 이 책을 읽었을 때 연구는 이렇게 진행되는 것이 좋고 이렇게 해석하여 발표를 하는 것이 좋다는 가이드라인을 만들 수 있으며 실용적인 지침서의 역할을 할 수 있도록 집필되었다.

이 책은 다른 관련 저서와 달리 몇 가지 차별화된 특징이 있다. 첫째, 여러 연구방법론을 다루고 있지만 그중에서 데이터기반의 연구방법론을 중점으로 다루고 있다는 점이다. 질적인 연구나 비정형화된 연구를 소홀히 한다기보다는 계량적인 데이터기반의 실증적인 연구방법을 좀 더 강조한다고 이해하는 것이 좋을 것이다. IT기술이 엄청난 속도로 발전하면서 AI시대에 데이터 확보와 데이터 처리는 모든 분야에 있어서 성공의 바로미터가 된다. 데이터 처리와 데이터기반의 해석이 자연과학연구뿐만 아니라 사회과학연구에서도 갈수록 요구되고 있으며, 실증적인 수치의 중요성 역시 강조되고 있다.

둘째, 실질적인 도움을 줄 수 있도록 이론을 설명하면서 실제 예를 제시하고자 하였다. 가령, 타당도에서 판별타당도와 수렴타당도를 설명하는 경우 상관행렬을 이용하여 그것들을 확인하는 방법과 더불어 관련 통계치를 산출하는 공식을 적용하여 계산하는 것도 제시하였다. 독자가 실제로 자신에게 필요한 부분이 있을 때 이 책의 관련 내용을 확인하여 수행하기 쉽게 설계하였다. 저자가 과거에 연구를 하면서 논문을 작성할 때 책이나 수업시간에 배운 것이 이론적으로는 이해가 되지만 실제로 그것을 어떻게 코딩하고 처리하여 결과를 산출하고 어떻게 해석해야 할지 어려움이 있었다. 가령, 라이커트 타입 척도의 의미나 작성에 대해 알고 있지만, 이것을 어떤 식으로 통계 프로그램에서 처리할지, 또 그것을 총합점수로 산출할 때 어떤 식으로 다시 환원하여 사용해야 하는지 설명하는 책은 없었기 때문이다. 즉, 각 항목으로 해석을 해야 하는지 아니면 총합점수(summated score)로 해석해야 하는지 아니면 총합점수를 다시 항목수로 나누어 원점수 스케일(5점 아니면 7점)로 만들어 해석해야 하는지에 대한 설명을 다룬 책은 거의 없었다. 또 다른 예를 들면 부정문 측정 아이템의 처리는 역코딩(reverse)을 해야 한다고 하는데 그것과 관련하여 통계 프로그램에서 실제로 사용하는 방식은 무엇인지, 그리고 내적 일치도 신뢰도 계수와는 무슨 관련이 있는지 설명하는 책은 거의 보지 못했다. 내적 일치도는 어떻고 그러한 공식은 무엇인지를 제시하는 책은 있지만 부정문 측정아이템을 사용하였을 때 어떤 문제가 발생하는지에 대한 구체적인 예를 제시하는 책은 없었다. 이러한 문제는 보통의 연구자가 흔히 겪을 수 있는 상황이며, 이에 대처하는 지침을 제시하기 위한 방식을 다루고자 하였다.

셋째, 앞에서 언급하였듯이 가능한 한 실질적인 도움이 되도록 예시와 더불어 온라인에서 쉽게 문제를 해결할 수 있는 각종 사이트를 소개하였다. 계산기를 이용하여 복잡한 공식에 각종 수치를 입력하거나 통계 프로그램에서 매크로 프로그램을 작성하여 산출하던 과거의 방식 대신, 간단히 온라인에서 몇 번의 입력으로 원하는 통계를 만들어 내는 방법을 소개하고 있다.

미국에서 박사학위를 하면서 Statistical methods for research work(4학점), Statistical design & experimentation(3학점), Sociometric statistics(3학점), Multivariate analysis of statistics(2학점), Computer processing of statistical data(3학점), Intermediate research methods(2학점), Advanced theory construction & causal models(3학점) 총 20학점을 이수했다. 부전공은 14학점인데 통계과 교수를 Committee 멤버에 넣어야 박사학위논문이 가능하였다. 그때 사회학과와 통계과 공동 소속인 Dr. Fedrick Lorenz를 위원으로 위촉하고 그로부터 Sociometric과 Causal model을 배웠다. Lorenz 교수는 구조방정식의 지침서인 Bollen의 *Structural equations with latent variables*라는 책의 머리말에 등장하는 교수이다. 그한테 경로분석과 구조방정식모형분석을 행렬을 풀면서 배운 것이 32년 전이다. 94년 박사학위논문에 메인프레임에서 LISREL을 이용하여 구조방정식모델을 분석할 때는 물론 (그 당시 PC버전이 없어서), 오늘날 나의 연구방법과 통계지식을 형성하는 데 큰 도움을 준 교수이다. 2006년 Iowa State University 신문방송학과에서 방문연구교수로 1년간 연구를 할 때, 몇 번 그의 강의에 들어가 다시 수강하였는데 아주 반갑게 기억하고 맞아 준 것이 기억에 남는다. 그로부터 배운 지식과 노하우를 우리나라의 후학들에게 전달해야 하겠다고 다짐하였다.

2010년 SAS 관련 교육통계 책을 저술하고 나서 나중에는 좀 더 연구방법에 중점을 두고 실증적인 데이터기반의 관계성 분석을 할 수 있는 지침서를 만들어야겠다는 생각이 들었다. 그랬던 것이 14년이 지나서 이제야 결실을 맺게 되었다. 이 책은 학부 고학년생과 통계를 전공하지 않는 일반 대학원 석 · 박사생이 사용하는 것을 염두에 두고 저술되었다. 나름 최선의 노력을 다해 저술하였지만 항상 그렇듯이 부족한 점도 있음을 솔직히 시인한다. 그럼에도 이 책이 의도한 대로 연구를 직접 수행할 때 실질적인 도움이 되기를 바란다. 이 책은 건국대학교 주민호 교수, 고주은 박사와 공동으로 집필하였다. 항상 나를 옆에서 묵묵히 도우면서 학문적 동반자로서 역할을 다하는 그들이 있어 너무 든든하고 행복하며, 이 자리를 빌려 고마움을 표시한다.

대표 저자

박성열

차례

제2부

표집과 측정

제3부

◆

연구방법

교 육 연 구 방 법 론
제1부
연구
제1장 연구의 이해
제2장 연구의 유형
제3장 교육연구의 이해

연구의 이해

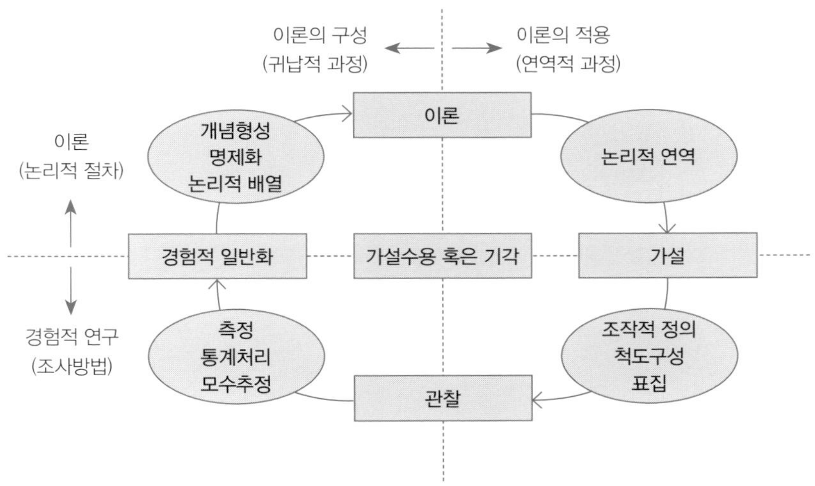

이론전개 및 개념 개발 목적
배경: 자연주의, 해석주의
접근방법: 귀납적 추리, 가설과 근거이론
주관적 접근을 통해 작은 표본을 이용하여 현상에 대한 심층적 분석 가능

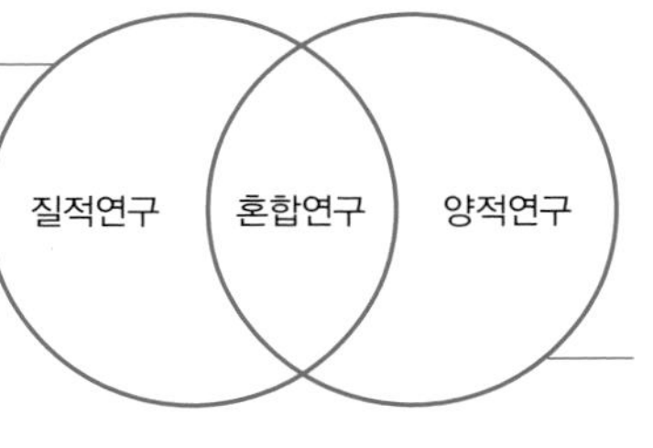

이론검증 및 일반화 목적
배경: 실증주의, 경험주의
접근방법: 연역적 추리, 조작과 통제, 실험
조작된 변인들을 통해 계산하고 추정함으로 객관적인 일반화 가능

참여관찰법 심층면접법

실험법 질문지법

1. 과학적 연구와 사회과학적 연구

과학(science)이란 데이터에 기반하여 사실을 입증(demonstrable)할 수 있으며, 재생산(reproducible)할 수 있는 지식을 의미한다. 입증과 재생산을 조금 더 구체화하면 똑같은 상황 또는 조건 아래 언제 어디서든 동일한 실험결과를 만들어 내거나(재생산) 결과 발생에 대한 과정을 증명(입증)할 수 있는 것이다. 과학(science)으로 인해 우리는 어떠한 한 변인(variable)이나 사건(event)을 기술(describe), 변인과 변인과의 관계성(현상) 또는 현상과 현상의 복합적인 관계성을 설명(explain), 나아가 한 현상으로부터 다른 현상을 예측(predict)할 수 있으며, 마지막으로 우리가 원하는 방향으로 어떠한 현상 등을 통제(control)할 수 있다.

우리는 흔히 과학으로 인해 도출된 결과를 대단히 높게 평가한다. 그러나 거창하게 생각되는 과학도 사실 우리를 둘러싼 세계나 환경에 대한 정보를 수집하고 정리(organizing)하는 과정으로부터 출발한다. 과학의 종류는 다양하고 다루는 문제나 현상도 그에 따라 다양하지만, 어떠한 형태이건 기본은 관찰

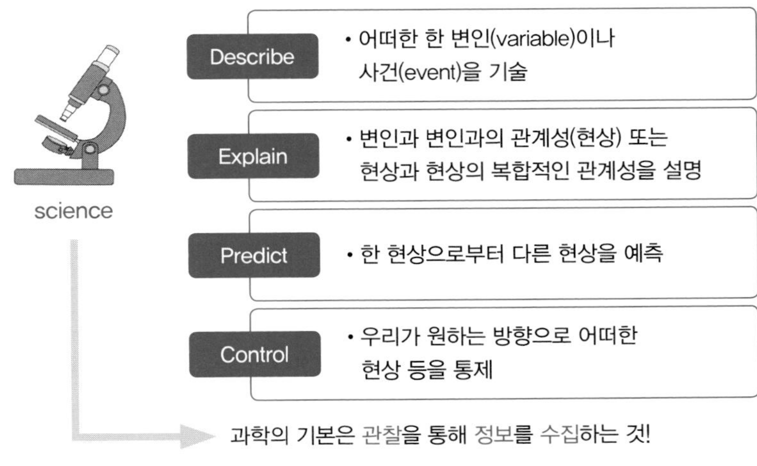
science
Describe
• 어떠한 한 변인(variable)이나 사건(event)을 기술
Explain
• 변인과 변인과의 관계성(현상) 또는 현상과 현상의 복합적인 관계성을 설명
Predict
• 한 현상으로부터 다른 현상을 예측
Control
• 우리가 원하는 방향으로 어떠한 현상 등을 통제
과학의 기본은 관찰을 통해 정보를 수집하는 것!

[그림 1-1] **과학의 기능**

(observation)을 통해 정보(information)를 수집하는 것으로부터 시작한다. 이와 같은 정보의 최소 단위를 데이터(data)라고 한다.

데이터가 수집되어 의사결정이나 문제해결로 쓰이는 도구가 될 때 우리는 이를 정보라고 하며, 정보가 조금 더 체계화되어 보편타당성을 가질 때 그것을 지식(knowledge)이라고 한다. 그리고 이러한 지식보다 조금 더 일반화되어 누구에게나 어느 환경에서나 어느 시점에서나 공통적으로 적용되고 같은 결과를 산출하는 것을 과학이라고 한다.

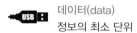

데이터(data)
정보의 최소 단위

정보(information)
데이터가 수집되어
의사결정이나 문제해결로 쓰이는
도구로 사용되는 경우

지식(knowledge)
정보가 좀 더 체계화되어
보편 타당성을 가질 때

과학(science)
일반화되어 동일 환경 및
처치에 동일 결과 산출

[그림 1-2] **과학의 위계**

연구의 영역에서 과학은 분야에 따라 순수 자연과학과 사회과학으로 나누어 볼 수 있고, 앞서 언급한 과학은 순수 자연과학의 정의에 가깝다고 할 수 있다. 사회과학은 인간과 사회를 대상으로 연구하는 과정과 결과로서 항상 같은 결과를 산출하지 않을 가능성이 있고, 예측하지 못한 결과가 발생하기도 한다. 인간과 사회의 현상은 자연과학과 다르게 무수히 많은 변인이 작용할 수 있기 때문이다. 하지만 사회과학도 과학의 한 분야로서 연구를 통해 무수히 많은 변인 중 사회적 현상을 가장 잘 설명하는 변인을 확인할 수 있고, 어떠한 사건을 가장 정확하게 예측할 수 있는 모델이나 이론을 만들어 낼 수 있는 학문으로서 의미를 가지고 있다.

2. 연구

연구(research)는 각종 자원과 데이터를 활용하여 지식기반의 사실(fact)과 기존의 이론을 기반으로 체계적인 탐구(systematic inquiry)를 수행하여 새로운 결론을 도출하거나 인과관계를 밝히는 일련의 과정이라고 할 수 있다. 이러한 연구는 앞에서 설명한 과학의 네 가지 기능인 기술, 설명, 예측, 통제를 위한 체계적인 탐구과정인 것이다. 참고로 영미권에서는 'Research'와 'Study'를 구분하여 사용하지만 국내에서는 모두 연구라 통칭한다. 앞서 설명한 연구(research)는 과학적 방법(scientific method)에 기반하거나 이를 최대한 적용해야 하며, 실증적(empirical)이고 체계적인 탐구활동이어야 한다. 그에 반해 연구(study)는 단일 논문(paper), 프로젝트 또는 조사 등 보다 구체적인 작업 단위를 나타내는 데 사용한다.

연구방법은 이러한 연구를 수행하기 위한 방법이다. 연구방법은 절차, 기능, 목적, 자료나 데이터 등에 따라 여러 가지로 구분된다. 향후 자세한 내용을 다루겠지만 절차적인 측면에서는 크게 귀납적 방법(inductive research method)과 연역적 방법(deductive research method)으로 나뉠 수 있다. 귀납적 방법은 특정 사건(observed event)이나 상황(circumstance)을 관찰하여 그로부터 발생된 각종 데이터나 자료들을 수집하여 분석하고 종합하여 결론을 도출하는 방식이다. 반면, 연역적 방법은 특정 사건이나 상황에 맞는 가설이나 명제를 설정하고 그것들과 관련된 데이터나 자료들을 수집 분석하여 그 가설이나 명제에 대하여 증명(prove) 또는 입증(verify)하는 방식이다. 과학적 연구방법은 흔히 데이터를 먼저 수집하고 사건을 설명하고자 하는 귀납법이라 생각할 수도 있지만 그 반대인 가설을 설정하고 그 가설이 맞는 것인지 틀린 것인지 데이터를 수집한 후 입증해 나가는 연역적 방법이다. 일반적으로 연역적 방법은 양적기반연구(quantitative research)인 경우가 많고 귀납적 방법은 질적기반연구(qualitative research)인 경우가 많다. 최근에는 두 가지 연구방법을 혼용하는 혼합적인 방식(mixed research)도 많이 사용되는 경향이 있다.

3. 실증주의와 해석주의

실증주의(positivism)는 인간의 행동이나 사회의 제반적 현상 등을 연구하기 위해 과학적 방법을 적용하는 것을 강조하며 주로 양적연구를 적용한다. 과학적 방법이란 관계성의 일반화(generalization)를 위해서 객관성(objectivity)이 담보되어야 하고 인과관계성(causality)이 증명되어야 함을 의미한다. 결국 과학을 연구한다는 것은 변인과 변인, 사건과 사건, 상황과 상황 등에 대해 객관적으로 인과관계를 밝혀내어 결과를 일반화시키는 과정이다. 실증주의는 이러한 양적연구에 기반하여 일반화를 꾀하는 방식을 선호한다.

실증주의는 과학적인 방법을 체계적이고 실증적으로 적용하는 데 장점이 있다. 즉, 물리적이고(physical) 화학적인(chemical) 요소들을 분석하고 일반화하는 데는 적절한 방법이다. 하지만 한편으로 인간의 행동이나 심리를 완벽하게 설명하는 데 한계를 보인다. 또한 어떠한 실험이나 조사도 기존에 밝혀진 이론이나 원리로부터 자유로울 수가 없다. 기존 이론과 원리에 의존하여 가설을 설정하고 그에 따른 증명과정을 수행하게 되는 게 일반적이기 때문이다. 따라서 기존 이론과 원리가 현재 수행하는 연구에 필수적으로 영향을 준다고 할 수 있다.

해석주의(interpretivism)는 인간의 행동이나 사회현상을 분석하기 위해 전인적(humanistic)이며 질적인 방법을 선호하고 동시에 자연적인 방식(naturalistic approach)을 취한다. 이러한 자연적인 방식은 규범적 접근(normative approach)을 강조하는 경향이 있다. 규범적 접근이란 우리 사회에는 이미 사회적 합의를 통해서 규범이나 가치(value) 등이 존재하며 이러한 것들이 우리의 행동이나 물리적 현상에 영향을 준다는 것을 의미한다. 해석주의는 개인의 경험이나 해석방식을 중요시하며 실증주의도 결국 최종 해석은 연구자의 경험이나 지식에 의존한다고 주장한다.

자연 중심과 개인의 경험기반 중심의 해석을 위주로 하는 이러한 해석주의는 일반화가 어렵고 결국 주관적일 수밖에 없다. 즉, 과학적 방법인 객관성과 일반화에 반할 수밖에 없는 한계가 발생한다.

4. 혼합연구

혼합연구(mixed research)는 양적 · 질적 기반의 연구적인 요소들을 결합하여 연구문제에 대한 답을 찾기 위한 방법으로 포스트 객관주의와 실증주의(post-positivism, post-empiricism)에서 많이 인용되는 방식이다. 연구자의 가치와 경험이 기존의 이론이나 법칙과 연합하여 우리 주변의 상황이나 사건에 대해 해석을 내리는 방식이다. 이러한 연합방식의 혼합연구는 양적 · 질적 연구의 단점을 보완한다는 장점도 있지만 실제로 많은 시간과 비용 그리고 양적 · 질적 연구방식의 통합에 어려운 점이 발생한다는 단점도 있다. 나아가 통합을 하는 과정에서 양적 결과와 질적 결과가 상이한 경우 결론을 도출하기 힘든 경우도 있다.

5. 복잡성이론 방법

최근에는 단순한 관계성보다는 복잡하고 비선형적이며 전체를 파악해서 그 안의 요소 간 상호작용 및 관계성을 파악하고자 하는 연구방법으로 복잡성이론 방법(complexity theory method)이 사용된다. 복잡성이론 방법은 연구와 분석을 통해 복잡한 현상과 시스템을 이해하는 데 사용되는 접근방식이다. 단순한 원인과 결과 관계나 선형적인 인과관계만으로 설명되기 어려운 현상들을 이해하기 위해 사용된다. 이 방법론은 다시 두 가지로 나뉠 수 있는데 첫 번째가 시스템이론 기반의 연구방식이고 두 번째는 혼돈이론 연구방식이다.

1) 시스템이론

시스템이론(system theory) 기반의 학자들은 초기에 물리학자로서 단순한 인과관계로는 우리를 둘러싼 우주의 현상을 설명하기 어렵다고 판단하였다. 하나의 사건 현상(event)은 반드시 다른 사건들과의 관계성에서 설명되어야 한다고 하며 사물이나 사건의 전체성(wholeness)을 강조한 것이다. 즉, 전체를 이해하고 그러한 전체를 구성하는 조직이나 구성요소의 복잡성에 대한 이해가 필요하다고 하였다. 예를 들면, 구름이 모여 압축되어 비가 내리는 단순한 인과관계보다는 비가 내려 하천으로 흘러가 강이 되고 강물이 흘러 바다로 유입되며 그 과정에서 일정량이 증기가 되고 그 증기량이 방향과 압력의 차이로 모여 비를 내리게 하는 전체적인 입장에서 설명하였다.

시스템의 종류는 위계(hierarchy)와 계급(class)에 따라 상위시스템(supra system), 하위시스템(sub system), 동료 시스템(peer system) 구조의 전통적인 피라미드형의 시스템이 있다. 또한 외부환경의 영향에 따라 영향을 받지 않고 독립적으로 활동 또는 존재를 유지하는 폐쇄형 시스템(closed system)과 외부 환경과의 상호작용이 빈번한 개방형 시스템(open system)이 있다. 시스템은 구성요소나 외부 환경요소와의 상호관계를 확실히 예측할 수 있고 불확실성이 없는 확정적 시스템(deterministic system)과 시스템 구성 요소 간의 상호관계나 상호작용을 확률적으로밖에 알 수 없을 경우 어느 정도 오류를 반영하여 확률적 행동의 관점에서 설명할 수 있는 확률적 시스템(probabilistc system)으로 나뉜다. 여기서 복잡성이론의 접근은 이러한 확률적 시스템의 방식이다.

시스템이론은 전체로서의 조직을 서로 유기적인 하위체계가 모여 공동의 목표를 추구하는 것으로 인정하고 전체적 관점에서 부분(parts) 간의 관계성을 구명하여 복잡한 현상을 체계적으로 분류 예측할 수 있다는 장점이 있다. 반면, 실제로 조직에서 발생하는 여러 문제점에 대한 해결책을 산출하기에 다소 추상적이고 복잡하다는 한계도 동시에 지니고 있다. 이러한 단점을 보완하고자 시스템의 경계를 명확히 하고 시스템을 서로 분리 · 단순화시켜 그 각각의 구성 요소들이 분석 논의될 수 있도록 환원주의적(reductionism) 프로세스도 존재한다.

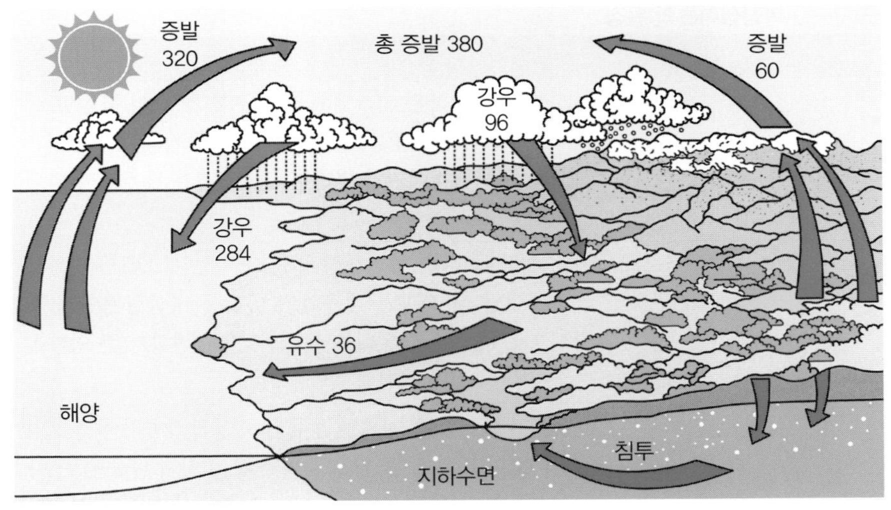

[그림 1-3] **시스템이론 예시**

2) 혼돈이론

혼돈이론(chaos theory)은 단순하게 설명하면 예측가능한 확증적인 법칙(deterministic laws)에 의해 작동 또는 통제되는 시스템 안에서 그와 반대로 예측이 되지 않거나 무작위로 발생하는 행동이나 사건을 분석하는 연구방법이다. 주로 초기에는 역학(mechanics)이나 수학분야에서 간학문적인(inter-discipline) 분석방법으로 사용되었다. 우리가 흔히 아는 나비 하나의 날갯짓이 멀리 떨어진 지역의 태풍까지 발생시킬 수 있다는 나비효과(butterfly effect)가

이러한 혼돈이론의 대표적 예이다. 혼돈이론은 사회나 인간의 행동이 예측되는 상황에서 예측되지 않은 연구결과가 발생하였을 때 그 원인을 분석하고자 할 때도 사용된다. 주식시장의 변동이나 경기침체에 대한 비선형적인 설명에 적용되기도 한다.

3) 복잡성이론의 특징

〈표 1-1〉 **복잡성이론의 특징**

특징	설명
시스템의 상호작용과 의존성	복잡성 방식은 시스템의 구성 요소들 간의 복잡한 상호작용과 의존성을 강조. 이러한 상호작용과 의존성은 종종 선형적이거나 단순한 원인-결과 관계로 설명되기 어려움
비선형성	복잡성이론은 비선형성을 강조. 이는 시스템의 변화가 일어날 때 결과가 예측하기 어려운 비선형적인 방식으로 변화할 수 있다는 의미임. 작은 변화가 큰 영향을 미칠 수 있다는 전제
불확실성과 예측 불가능성	복잡성 방식은 시스템의 동작이 불확실하며 예측하기 어렵다고 강조. 초기 조건의 작은 변화가 나중에 큰 차이를 만들어 낼 수 있기 때문에 예측이 어려운 경우가 많음
자기조직화와 신전통	복잡성이론은 시스템 내부에서 자기조직화가 일어날 수 있다고 봄. 이는 복잡한 시스템이 무질서한 상태에서 자연스럽게 조직적인 패턴이 나타날 수 있다는 것을 의미함. 또한 신전통(neo-traditionalism)이라는 개념은 시스템이 어떤 외부 변화에 대해 적응하거나 조정하여 새로운 균형 상태로 발전하는 것을 의미
모델링과 시뮬레이션	복잡성이론 방법론은 모델링과 시뮬레이션을 통해 복잡한 시스템을 탐구하는 방법을 추구. 이는 실험을 통해 시스템의 동작을 이해하고 예측하는 데 도움이 됨

제2장

연구의 유형

측정	시간	기능
양적 vs 질적	횡단 vs 종단	순수 · 응용 · 현장 · 평가

과학적 방법(scientific method)에 근거한 실증적인 연구(empirical inquiry based research) 이외에도 다양한 연구방법이 존재한다. 가장 대표적인 것이 질적연구(qualitative research)이다. 가령, 역사적인 인물에 대해 그와 관련한 주변 인물을 중심으로 면접을 통해 역사적인 인물의 사상이나 업적을 검증하는 것은 질적연구로, 객관성과 인과관계성을 통해 일반화하는 과학적 방법이라고 자신 있게 말할 수 없을 것이다. 그렇다고 해서 그것이 연구방법으로 의미가 없거나 적절하지 않다고도 할 수 없을 것이다. 다양한 연구방법은 각각 고유의 특징과 장 · 단점이 존재한다. 여기서는 여러 연구유형의 일반적인 분류와 특징을 살펴보겠다.

1. 측정에 따른 분류

측정(measurement)에 따른 분류의 가장 대표적인 연구유형 두 가지는 양적연구(quantitative research)와 질적연구(qualitative research)이다. 연구목적을 달성하기 위해 특정 현상이나 사건 혹은 변인에 대해 측정한 산출물이 수(number)나 데이터(data)로 나타나는 것이 양적연구이다. 반면, 수나 데이터보다는 종합적인 서술이나 심지어 특정 사건 또는 사물에 대한 물품(예: 유적발굴물)과 같은 정성적인(qualitative) 산출물 기반으로 수행되는 것이 질적연구이다. 〈표 2-1〉은 양적연구와 질적연구의 일반적인 접근방식의 차이를 설명한다.

〈표 2-1〉 **양적연구와 질적연구의 차이**

요인	양적연구	질적연구
기본적인 가정	변인과 변인, 사건과 사건 등에 대해 측정도구로 수집된 데이터로 밝혀지는 단일 관계성(single relationship) 존재	상황과 상황, 사건과 사건 등에 대해 다양한 자료수집을 통해 여러 관계성(multiple relationships)이 존재할 수 있음

연구의 목적	변인과 변인, 사건과 사건에 대해 인과관계성(causal relationship)을 증명하고자 함	특정한 인과관계성을 밝히기보다는 프로그램 질의 향상이나 상황 개선을 위해 수행하는 경향이 강함
연구절차	연구자가 미리 연역적으로 가설 설정 후 순차적으로 데이터 수집을 하고 분석 후 결론 도출	일반적으로 논리적인 순서보다는 연구수행절차가 탄력적으로 진행되고 종합적으로 정보 수집 후 결론을 도출하며 연역적보다는 귀납적인 방법 수행
연구수행의 주 원천자료	데이터, 관련 변인이나 사건의 발생 횟수, 기존 수적기반의 기록물 등	면접, 관찰 등으로부터의 다양한 관련 자료, 멀티미디어 및 각종 인터넷 기록물 등
연구수행 시 연구자 유의점	연구의 주요 변인에 영향을 주는 가외변인(extra variables)의 통제(control) 및 연구결과의 일반화(generalization)	가외변인의 통제보다는 연구에 포함된 모든 자료의 종합적인 통합과 일반화보다는 특정 상황이나 사건에 대한 해석을 중요시함
대표적 연구유형	조사연구(survey research), 실험연구(experimental design research), 시뮬레이션(simulation)	관찰연구(observational research), 참여연구(participational research), 토착적 연구(indigenous research)

2. 시간에 따른 분류

시간의 흐름에 따라 분류할 경우 횡단적 연구(cross-sectional research)와 종단적 연구(longitudinal research)로 나뉜다. 횡단적 연구와 종단적 연구는 앞의 양적, 질적 연구 모두 가능하다. 뒤에 조사연구 부분에서 두 연구의 차이를 설명하지만 여기서 강조할 것은 횡단적 연구와 종단적 연구가 꼭 조사연구일 필요는 없다는 점이다. 같은 시점에서 다른 그룹이나 연구대상을 연구하였다면 횡단적 연구이며, 같은 또는 유사한 그룹이나 연구대상을 지속적으로 연구하였다면 종단적 연구이다. 여기서 또 한 가지 유의할 점은 연구대상이 꼭 인간일 필요는 없다는 점이다. 동물도 가능하고 특정한 물질이나 현상일 수도 있다.

3. 기능에 따른 분류

연구유형은 기능에 따라 순수연구(pure research), 응용연구(applied research), 현장연구(field research), 평가연구(evaluation research)로 나뉠 수 있다.

순수연구는 기본적인 연구로서 이론(theory) 중심의 연구이며, 새로운 이론을 개발하거나 기존에 존재하는 법칙(law)에 새로운 연구결과를 더하여 새로운 법칙이나 연구 모델을 제시하고자 하는 연구이다. 일반적인 자연과학(natural science research)이 이에 해당한다.

응용연구는 순수 자연과학 중심의 연구보다는 기계나 물품을 만들어 내는 등 일부 공학적인 연구와 우리 주변의 사회적인 제반 현상을 설명하기 위한 사회과학적인 연구를 의미한다.

현장연구는 특히 교육현장에서 발생하는 문제 해결에 도움을 주기 위해 특정한 교육관련 기법(practices)이 수행되고 동시에 연구가 진행되는 것을 의미한다.

평가연구는 뒤에서도 설명하겠지만 특정 기관이나 조직에서 수행된 입력자원(input), 수행과정(process), 산출(output), 그리고 성과(outcome) 등에 대해 전반적인 진단(diagnose)을 통해 조직의 성과를 높이거나, 수행된 프로그램 질 향상을 꾀하기 위해 진행되는 연구이다.

제3장

교육연구의 이해

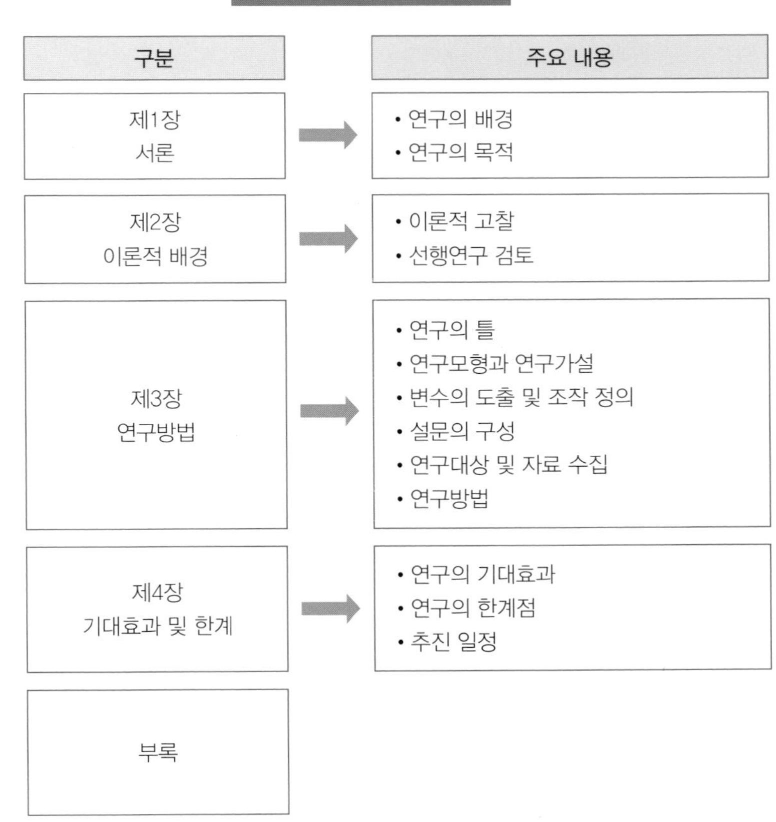
연구계획서
구분
주요 내용
제1장 서론
• 연구의 배경
• 연구의 목적
제2장 이론적 배경
• 이론적 고찰
• 선행연구 검토
제3장 연구방법
• 연구의 틀
• 연구모형과 연구가설
• 변수의 도출 및 조작 정의
• 설문의 구성
• 연구대상 및 자료 수집
• 연구방법
제4장 기대효과 및 한계
• 연구의 기대효과
• 연구의 한계점
• 추진 일정
부록

1. 연구문제

어느 연구나 연구주제(research subject or topic)가 있다. 연구주제는 연구의 여러 요소를 집합적으로(integrated) 묶어 간결하게 수행하고자 하는 방향을 진술한 것, 혹은 커다란 연구영역 안에서 구체적(concrete)으로 수행하거나 중요시하게 다뤄지려고 하는 영역을 의미한다. 가령, 새로운 교육방법(하나의 요소) AI(인공지능)를 이용한 교육방법이 학업성취도(하나의 요소)에 미치는 영향에 대한 연구를 하고자 한다면 그것은 하나의 연구주제가 될 것이다. 또한 교육과정이라는 넓은 연구영역에서 구체적으로 특정 교육과정(예: 7차 교육과정)의 성과에 대해 연구한다면 그것도 개략적인 연구주제가 될 것이다.

연구문제(research problem)란 연구주제보다는 하위의 개념으로 연구의 범위(scope)를 제한하며, 연구를 수행할 구체적인 내용을 의미한다. 연구문제는 광의의 연구문제(macro research problem)와 협의의 연구문제(micro research problem)가 존재한다. 이를 간략하게 살펴보면 광의의 연구문제는 연구의 필요성(need of research)에 해당한다. 즉, 왜 이 연구가 필요한지의 수행에 대한 당위성과 관계가 있다. 연구문제는 연구자가 특정 문제에 대한 해결방안이 필요하거나(solving problem), 특정 주제와 관련하여 상황을 좋게 할 필요성이 제기되거나(improve situation), 특정 조건을 통제하여(control condition) 새로운 것을 개발하고자 할 때(develop new products and services) 설정하는 진술문(statement)이다. 이와 다르게 협의의 연구문제는 의문문 형태로 기술되며, 연구목적을 달성하기 위한 연구의 가설과 관련이 깊다. 연구문제는 연구가 왜 진행되어야 하는지, 연구가 이 시점에서 왜 필요하고 따라서 연구에 어떠한 요소들이 포함되어야 하는지 방향을 제시하는 진술문이다.

광의의 연구문제는 시급히 다뤄져야 하거나, 긴급히 대안이 필요하거나, 사회적으로 논쟁이 발생하는 이슈(issue), 어려움(difficulty), 문제(problem) 등을 진술한 것으로, 연구나 탐구(inquiry)를 통해 과학적인 발견(scientific discovery) 및 지식(knowledge) 축적과 더불어 유용한 해결방안(alternatives) 도출에 도움을 줄 수 있어야만 의미가 있다(significance of research problem). 기존의 여러 연구나 지식으로부터 이슈에 대해 설명이 가능하거나, 향후 발생할 수 있는 상황이 예측되고, 문제해결에 어려움이 없거나, 해결방안(solution)을 쉽게 제시할 수 있다면 연구문제로서의 가치가 크지 않다. 연구문제는 학문적(scientific) 또는 이론적(theoretical)일 수 있고 현실적으로 실용적(practical)일 수도 있다.

연구문제가 단순하게 연구의 필요성이라고 가정하면 연구의 필요성이 설정되고 난 후 제시되어야 하는 것은 필요성과 연관된 연구목적(research purpose)이다. 연구목적은 좀 더 구체적으로 연구자가 연구문제를 해결하기 위해 또는 연구문제에 답을 제시하기 위한 의도적인 행위(intent of the study)를 의미한다. 연구목적은 좀 더 세분화된 연구목적(research objectives)으로 제시되기도 한다. 즉, 하나의 연구목적은 다수의 구체적인 세부 연구목적으로 구성되어 있다. 영어로 표기할 경우 앞의 연구목적은 'purpose'로, 세부적 연구목적은 'objectives'로 구분한다. 간혹 'goal'이라고 되어 있는 경우는 큰 정부나 대학의 프로젝트에서 사용하는 연구목적이라고 이해하면 된다. 즉, 그 경우는 goal-purpose-objective의 위계를 가지고 있다.

세부 연구목적과 관련하여 보통 세부 연구문제(research question)가 설정된다. 여기서는 이를 협의의 연구문제라고 하겠다. 협의의 연구문제는 보통 특정 변인(variable) 간의 관계성을 의문문으로 진술한 것이다. 광의의 연구문제, 즉 연구의 필요성이 보통의 문장으로 진술된 것과 다른 형태이다. 협의의 연구문제는 일반적으로 통계학이나 통계적인 가설(research hypothesis)을 설정하기에 앞서 제시된다. 협의의 연구문제와 가설의 관계는 추후 연구분석에서 다시 다루도록 하겠다.

마지막은 연구제목(title)이다. 연구제목은 연구의 주된 개념이나 연구수행 또는 결과를 정리한 것이라 볼 수 있다. 보고서나 논문과 같이 연구결과에 대한 산출물의 가장 앞에 제시되는 진술문이다. 이러한 연구제목을 연구문제에 앞서 설명하지 않은 것은 연구제목이 앞에서 설명된 모든 것을 함축적으로 포함하는 하나의 문장이기 때문이다. 일반적으로 좋은 연구제목은 적은 단어로 핵심내용과 연구결과를 암시하여 독자로 하여금 어떠한 연구가 진행되어 어떠한 결과가 나오고 그에 따라 어떠한 제언(implications)이 이뤄지는가를 알 수 있도록 도와주는 역할을 한다. 연구제목은 연구와 관련 있는 학자나 전문가와 더불어 일반 독자에게 가장 먼저 읽히는 부분이라는 것을 이해해야 할 것이다.

연구제목은 주제목(main title)만 있는 경우도 있고, 주제목으로는 부족하거나 좀 더 특정 변인을 강조하기 위해 부제목(sub title)을 같이 제시하는 경우도 있다. 가령, '대학생의 진로결정 여부와 진로결정 관련 변인이 진로준비에 미치는 영향'이라는 연구 주제목에 '진로적응력 판별함수식을 중심으로'라는 부제목을 설정할 수 있다.

연구제목은 일반적으로 학위논문이나 연구프로젝트 보고서의 경우 범위가 넓게 작성되기도 하며, 넓은 범위의 연구제목이 특정 학회의 학회지(journal)나 학술발표지(proceeding)에 일부 발췌되어 제출될 때는 조금 더 구체적이거나 세부적으로 작성되기도 한다. 가령, 「아이오와 주립대 평생교육사의 컴퓨터 사용과 교육지원에 대한 제언: 대안적 구조방정식모델 분석을 중심으로」라는 학위논문을 좀 더 세부적인 '평생교육사를 위한 교육지원설계: 컴퓨터 트레이닝 프로그램에서 학습스타일의 역할'이라는 부제를 포함하여 학술지에 발표할 수도 있다. 과거에는 이러한 논문 발표에 대해 혼란을 피하기 위해 학위논문은 미출판 또는 미발간(unpublished dissertation)이라는 참고문헌(citation reference) 양식을 적용하였다. 최근에는 학위논문에서 학술지에 일부 또는 수정 보완하여 발표되었을 때는 학술지 논문에 이를 명시한다.

[그림 3-1]은 연구주제, 문제, 목적, 세부 연구목적, 세부 연구문제 등의 관계성을 도식화한 것이다. 참고로 이러한 과학적 연구절차는 연역적(deductive method)인 것으로 연구문제나 가정 또는 연구가설을 미리 설정하고, 그에 대한 자료나 정보를 수집하여 설정된 연구주제나 가정의 진위(true or false)를 밝

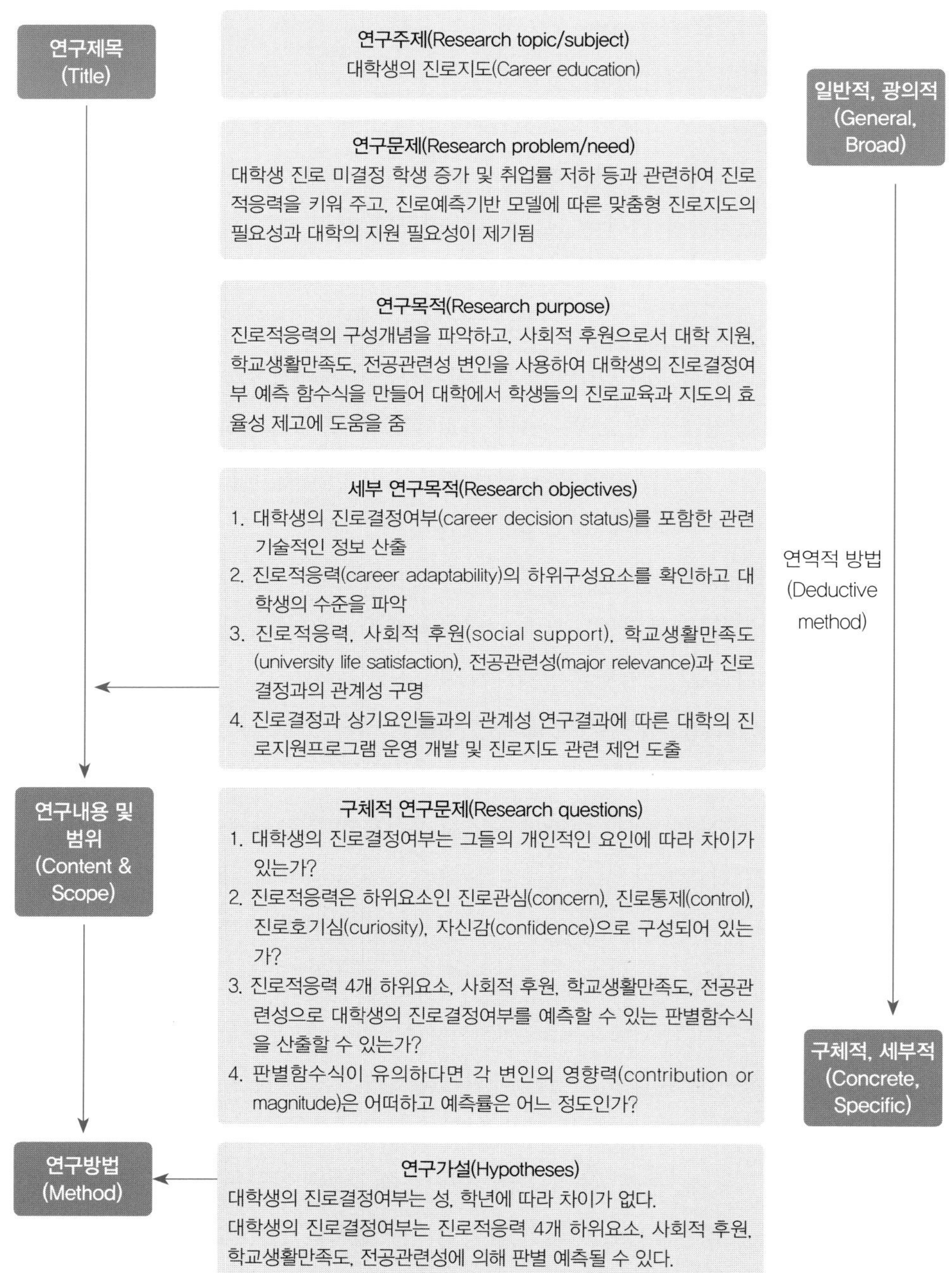

연구제목
(Title)
연구주제(Research topic/subject)
대학생의 진로지도(Career education)
일반적, 광의적
(General, Broad)
연구문제(Research problem/need)
대학생 진로 미결정 학생 증가 및 취업률 저하 등과 관련하여 진로적응력을 키워 주고, 진로예측기반 모델에 따른 맞춤형 진로지도의 필요성과 대학의 지원 필요성이 제기됨
연구목적(Research purpose)
진로적응력의 구성개념을 파악하고, 사회적 후원으로서 대학 지원, 학교생활만족도, 전공관련성 변인을 사용하여 대학생의 진로결정여부 예측 함수식을 만들어 대학에서 학생들의 진로교육과 지도의 효율성 제고에 도움을 줌
세부 연구목적(Research objectives)
1. 대학생의 진로결정여부(career decision status)를 포함한 관련 기술적인 정보 산출
2. 진로적응력(career adaptability)의 하위구성요소를 확인하고 대학생의 수준을 파악
3. 진로적응력, 사회적 후원(social support), 학교생활만족도(university life satisfaction), 전공관련성(major relevance)과 진로결정과의 관계성 구명
4. 진로결정과 상기요인들과의 관계성 연구결과에 따른 대학의 진로지원프로그램 운영 개발 및 진로지도 관련 제언 도출
연역적 방법
(Deductive method)
연구내용 및 범위
(Content & Scope)
구체적 연구문제(Research questions)
1. 대학생의 진로결정여부는 그들의 개인적인 요인에 따라 차이가 있는가?
2. 진로적응력은 하위요소인 진로관심(concern), 진로통제(control), 진로호기심(curiosity), 자신감(confidence)으로 구성되어 있는가?
3. 진로적응력 4개 하위요소, 사회적 후원, 학교생활만족도, 전공관련성으로 대학생의 진로결정여부를 예측할 수 있는 판별함수식을 산출할 수 있는가?
4. 판별함수식이 유의하다면 각 변인의 영향력(contribution or magnitude)은 어떠하고 예측률은 어느 정도인가?
구체적, 세부적
(Concrete, Specific)
연구방법
(Method)
연구가설(Hypotheses)
대학생의 진로결정여부는 성, 학년에 따라 차이가 없다.
대학생의 진로결정여부는 진로적응력 4개 하위요소, 사회적 후원, 학교생활만족도, 전공관련성에 의해 판별 예측될 수 있다.

[그림 3-1] **연구주제, 문제, 목적, 세부목적, 구체적 연구문제, 가설과의 관계**

혀내는 방식을 사용한다. 종종 귀납법(inductive method)이 여러 자료나 데이터를 수집해서 무언가를 알아내는 방법이기 때문에 과학적이라고 생각하는 경향이 있으나 이는 잘못된 이해이다. 다만 최근에는 연구방법이 연역적인 것과 귀납적인 것이 합쳐 진행되는 방식도 있기 때문에 경계가 모호해지는 경우도 발생한다. 또한 연구가정이나 가설을 설정함에 있어 기존의 문헌과 데이터를 이용하기 때문에 전적으로 연역적 방법이라고 하기도 어렵지만 그럼에도 과학적 연구방법은 연역적이라고 하는 것이 일반적이다.

1) 연구문제 선정

연구문제를 선정함에 있어 하나의 절대적으로 옳은 방식이 있는 것은 아니나 대체적으로 연구문제를 선정하는 데 고려할 요소는 다음과 같다. 좋고 이상적인(ideal) 연구문제와 현실적으로(practical) 연구자가 수행할 수 있는 한도 내에서 절충할 필요가 있다. 일반적으로 좋은 연구문제란 연구가 학문이나 이론 등에 미치는 중요도(significance), 사회, 기술, 환경 등에 공헌(contribution)하는 정도, 새로운 탐구로서의 가치(value of originality), 경제적인 가치(economical value)의 창출, 제도나 서비스 등의 개선(improvement) 등이 있을 수 있다. 그러나 실질적으로 연구문제를 선정하는 데 영향을 주는 요인으로는 연구를 수행함에 있어서 다음과 같은 것들이라 할 수 있다.

〈표 3-1〉 **연구문제 선정 고려요인 체크리스트**

요인	Yes/No
연구자가 평상시에 관심(interests)을 가지고 있는 것인가?	
연구자의 지도교수(major professor)나 책임자(advisor)의 관심분야 또는 현재 연구수행분야(part of current research project)의 일부인가?	
재정지원(finance provider)을 포함하여 이해관계자(stake holder)에 해답을 주는가?	
시급히 해결되어야(urgency) 할 필요성이 있는가?	

사회나 이해관계 분야에 있어서 영향력(impact)이 있는가?	
나를 비롯한 연구팀의 연구능력과 연구환경으로 해결할 수(feasible) 있는 것인가?	
충분히 해결할 수(time able) 있는 시간인가?	
충분한 예산(budget)이 있는가?	
선제적(preemptive)으로 수행할 가치가 있는가?	

2) 연구내용

외국에서는 일반적으로 연구내용을 별도의 섹션으로 다루지 않는다. 국내에서는 보통 학위논문이나 학술지의 논문보다 프로젝트 형태의 연구보고서나 연구결과물에 많이 제시되는 부분이다. 연구내용은 연구문제나 연구목적과 관련하여 구체적으로 수행된 과정개요(process)나 산출물(output)에 대한 명세서라고 볼 수 있다. 학위논문에서는 생략되는 경우도 있다. 연구문제와 관련하여 다뤄져야 할 범위는 다양하고 광범위하기 때문에 이 연구가 추진했던 또는 수행했던 내용들을 연구문제와 관련하여 간략하게 압출하여 제시하는 것이 바람직하다. 다음은 저자가 「온라인 기초학력 진단-보정 시스템 활용 현황 분석 및 발전 방향」이라는 연구에서 제시한 연구내용이다(박성열 외, 2017). 이러한 연구내용은 일반적으로 세부 연구목적과 관련이 있다.

- 온라인 기초학력 진단-보정 시스템 관련 사용 의도 분석
- 온라인 기초학력 진단-보정 시스템의 데이터 분석 및 시사점 도출
- 온라인 기초학력 진단-보정 시스템 활용 모델 제시
- 기초학력 사이트 분석을 통한 온라인 기초학력 발전 방향 도출

3) 연구범위

연구범위(scopes of research)는 연구내용의 경계선(boundary or margin)을 나타낸다. 이러한 연구범위는 연구내용과 관련이 있으면서 그에 따라 발생하는 제한점(limitation of research)과도 관계가 있다. 연구범위는 연구자나 연구팀이 실제로 실행하는 영역이다. 가령, 온라인 기초학력 진단-보정 시스템이라고 하면 여러 민간 사설 기관의 시스템도 있고 국가에서 운영하는 시스템도 있을 것이다. 이 연구에서 국가 그것도 시 · 도교육청이 아니라 중앙에서 운영하는 시스템만을 한정하여 조사 분석을 수행한다면 연구범위는 중앙 운영 온라인 기초학력 진단-보정 시스템까지가 된다. 또한 온라인 기초학력 진단-보정 시스템 관련 사용 의도를 초등학교 교사만 조사 · 분석한다면 연구범위는 초등학교 교사로 제한되는 것이다.

연구범위는 연구자가 많은 부분을 다 연구하지 않고 연구의 핵심주제와 관련된 것을 집중적으로 다루고자 하는 영역이기 때문에 현실적으로 시간, 재정, 연구역량의 한계 등을 고려해야 한다. 또한 연구범위는 연구대상 및 표집, 연구 시기 및 기간, 연구환경 및 방법, 비용 등도 함께 살펴보아야 한다.

4) 연구 제한점

연구 제한점(limitation of research)은 연구범위에 따라 발생하는 것이다. 연구 제한점은 일반적으로 연구의 일반화(generalization)와 관련 있다. 과학적 연구라는 것은 비슷한 대상으로 비슷한 실험이나 조사를 하였을 때 비슷한 연구결과가 발생해야 하며, 특정한 조건을 통제하였을 때 결과를 예측할 수 있거나 기대할 수 있어야 한다. 연구 제한점 중 대표적인 것은 연구범위에 따른 일반화가 어려워지는 경우이다. 가령, 연구범위가 초등학교 교사 대상이라면 그 연구결과를 초등학교 교사가 아닌 중등교사까지 확대 해석하거나 해당 결과를 동일하게 적용하는 일반화에는 어려움이 발생한다는 것이다. 또한 국가가 개발 운영하는 시스템이라면 민간 온라인 시스템까지 적용하여 예측하기 어렵다는 것도 일반화에 대한 예시라 할 수 있다.

시간의 일반화도 마찬가지이다. 예를 들어, 대통령 선거 직후의 지지율과 취임 2~3년 후의 지지율에 차이가 나타날 수 있는 것과 같이 특정 시기에 수행된 연구결과가 일반적인 시기에 수행된 연구결과와 다를 수 있다. 이러한 한계가 발생하는 것을 일반적으로 연구 제한점이라고 한다. 연구내용이 많고 범위가 넓을수록 연구 제한점은 적고 일반화 가능성은 커지겠지만 상대적으로 현실적인 연구수행 자체의 어려움은 더욱 커질 수 있다. 그리고 실제로 연구목적과 목표에 맞게 연구를 적절히 설계하고, 연구 장비나 시설이 우수하고, 연구방법을 체계적으로 적용한다면 연구범위가 작더라도 연구 제한점을 줄이고 연구에서 나타난 결과를 일반화시키는 데 기여할 수 있다.

2. 연구계획과 연구계획서

연구계획(research plan)은 앞의 연구문제와 같이 광의의 연구계획과 좁은 범위의 연구방법 중심의 연구설계(research design)가 있다. 영어로는 plan이라는 말과 design이라는 말로 구분되지만 우리 말로는 설계나 계획 둘 다 가능하기 때문에 혼용하는 경우가 많으나 여기서는 연구계획으로 명명하여 설명한다. 연구계획은 연구를 성공적으로 수행하기 위한 전반적인 과정의 명세(specification)라고 볼 수 있다. 따라서 연구계획이 더 광범위한 개념이기 때문에 일반적으로 연구계획은 연구설계를 포함한다. 이러한 명세과정이 완성된 것을 연구계획서(research proposal)라고 한다. 흔히 프로포절 발표를 한다는 것은 연구수행계획서에 근거한 연구수행 절차를 설명하는 것을 의미한다. 연구계획은 가능한 상세하게 그리고 구체적으로 작성하는 것이 바람직하다. 상세하고 구체적으로 작성된 계획서는 검토단계에서 연구대상, 연구기간, 연구방법 등 본 연구를 수행하는 과정에서 발생할 수 있는 다양한 오류(error)를 줄

일 수 있기 때문이다.

연구계획은 학위논문을 위한 것일 수도 있고, 특정 연구프로젝트(사업)를 수주 또는 수행하기 위한 것일 수도 있다. 학위논문인 경우는 조금 더 이론적이고 학문적인 내용이 포함되는 것이 바람직하고, 연구프로젝트 기반의 연구계획은 연구프로젝트를 발주하는 기관의 의도나 요구하는 것(성과)에 중점을 두고 설계하는 것이 바람직하다.

일반적으로 연구프로젝트나 사업은 연구수행을 요청하는 기관에서 연구를 수행하는 기관이 정해진 기간 내에 어떠한 연구내용과 범위를 어떻게 수행할 것인지를 요구하는 사업 또는 연구계획요청서(request for proposal: RFP)를 공개한다. 프로젝트나 사업 수주를 위해서는 연구수행을 요청하는 기관에서 필요로 하는 내용을 충분히 달성할 수 있는 것을 증명할 수 있도록 연구계획서 내에 연구주제나 내용에 대한 이해도, 연구 참여 인력의 전문성, 유사연구주제 수행 경험, 수행가능성, 연구방법의 적절성, 단기 · 장기적인 성과발생 가능성, 예산과 기간의 효율성, 프로젝트 위기관리(risk management), 사후 및 유지관리(post project management & maintenance plan), 주관 발주기관과의 커뮤니케이션 등이 포함되어야 한다. 나아가 연구 수행 요청기관에서 생각하지 못했거나, 발표하는 연구자나 연구팀이 연구설계서를 준비하면서 연구계획요청서에 포함되어 있지 않았지만 연구사업을 수행함에 있어 중요하게 다뤄져야 할 내용에 대해 추가제안(additional suggestion)을 할 수도 있다.

학술적인 논문을 수행함에 있어 연구계획서 작성은 간단하게 설명하면 하나의 본 연구를 위한 예비연구(preliminary research)라고 할 수 있다. 즉, 이러한 예비연구가 수행되어야 본 연구를 위한 연구계획서가 완성될 수 있다. 연구계획서에 포함되어야 하는 내용은 다음과 같다.

1) 서론

서론(introduction)은 연구의 전반적인 개요를 다루는 것이다. 서론에는 보통 연구제목, 연구의 필요성, 연구의 주목적 및 세부적인 목적, 그리고 구체적인 연구문제, 용어의 정의(definition of terms) 등이 포함된다. 구체적 연구문제나 용어의 정의는 연구방법에서 제시할 수도 있다.

2) 이론적 배경

이론적 배경(review of literature)은 연구를 계획함에 있어서 무시할 수 없는 중요한 부분이다. 연구계획에서는 일반적으로 연구방법이 가장 중요하다고 생각하는데 이러한 연구방법을 설정함에 있어 그 밑바탕이 되는 것이 이론적 배경이기 때문이다. 특정 연구문제에서 기존 연구들은 어떠한 내용을 다루고 있으며, 연구방법은 어떤 것을 적용했는지 확인할 수 있기 때문이다. 또한 연구방법에서 도입된 측정도구와 통계분석 결과에 대해 미리 파악할 수 있는 것도 중요한 부분이다.

이론적 배경은 크게 세 부분으로 나뉘어 진행될 수 있다. 첫째는 연구주제에 포함된 특정 연구대상이나 제도, 기술, 상품 등에 대한 문헌분석이다. 가령, 교육과정과 관련한 연구주제인 경우, 교육과정의 변천이나 현재의 제도, 앞으로 교육과정 개정 등에 대한 분석을 수행할 수 있다. 예를 들어, 연구주제가 국가직무능력표준(national competency standard: NCS)이라면 NCS의 도입과정과 변천 그리고 해외사례에 대한 분석이 포함될 수 있다.

둘째는 연구문제나 가설을 설정함에 있어 기본이 되는 연구이론이나 모형에 대한 분석이다. 즉, 연구를 진행함에 있어 근간이 되는 연구프레임을 갖추는 데 도움을 주는 기존 이론이나 모델을 분석하는 것이다. 가령, 온라인 교육이나 이러닝 자아효능감(e-learning self-efficacy)이 이러닝 활용에 영향을 준다고 가정한 것이 연구의 내용이라면 자아효능감의 기반이 되는 사회

학습이론(social learning theory)에 대해 분석을 수행하는 것이다. 또한 이러닝 채택(acceptance)과 활용을 설명해 주는 가장 기본적인 정보기술채택모형(technology acceptance model: TAM)에 대한 선행연구나 그로부터 파생된 최신 모형에 대해 분석하는 것을 예로 들 수 있다.

셋째는 연구문제 및 가설과 관련하여 삽입된 변인들에 대한 선행문헌 연구 분석이다(review of previous study). 선행문헌 연구는 고전적인 연구부터 최근 것까지 할 수 있지만 가장 기본적이고 고전적인 것은 간단히 설명하고 가능한 최근 내용 위주로 설명하는 것이 바람직하다. 90년대보다는 2000년대, 2000년대보다는 2010년이나 2020년대 것을 분석하여 통합적인 해석을 내리는 것이 좋다. 최근 문헌을 분석하는 이유는 과거에 비해 연구대상 및 환경적 성격이나 특징이 변화되었을 수 있고, 제도, 기술, 정책 등이 변화했을 수도 있기 때문이다. 따라서 이러한 변화가 반영된 최신의 연구가 더 신뢰할 만한 정보를 줄 수 있으므로 가급적 최근 문헌을 사용하는 것이 좋다. 반드시 필요한 경우가 아니라면(역사적 연구나 연구의 수가 부족한 경우 등) 30년 전 이상의 문헌을 문헌분석에 포함하여 자신의 연구프레임 설정에 반영하는 것은 바람직하지 않다.

3) 연구방법

연구방법(research methodology)은 연구계획에서 가장 핵심인 부분이다. 앞의 문헌 연구도 중요하지만 결국 연구계획이라는 것은 어떻게 연구를 수행할 것인지를 알려 주는 것이기 때문이다. 연구방법에 포함될 내용은 다음과 같다.

(1) 연구절차

연구절차(research process)는 보통 그림 형태로 연구의 전반적인 수행 절차를 도식화하는 것이다. 연구가 어떻게 최종 결론이나 제언까지 도출되었는지 그림 형태로 설명하는 것으로, 연구계획에 대한 전반적인 내용을 간략하게 표기함으로써 해당 연구절차만 확인하여도 어떻게 연구가 진행되는지 이해할 수 있는 것이 바람직하다. 〈표 3-2〉는 연구절차의 일반적 단계와 관련된 내용을 제시하고 있다.

〈표 3-2〉 **연구절차의 일반적 단계**

수행단계 1	문헌 수집 및 분석 프로세스	비고
↓	국내·외 관련 문헌 수집 관련변인 수행 연구 비교 분석 잠정적 문헌결과 도출	온라인 포함 변인관련성 중심
수행단계 2	연구모형 및 가설설정	
↓	변인 중심으로 관계성을 연구모형에서 제시 연구모형에 따른 가설제시	지금까지의 문헌분석 결과에 따른 잠정적 연구모형
수행단계 3	연구대상 전집 및 표집방법	
↓	연구대상의 설정, 표집크기, 방법 설정 연구대상 데이터 수집절차 계획 제시	설문조사, 실험, 관찰법 등에 따라 달라짐
수행단계 4	측정도구 개발	
↓	연구대상에 대한 일반적인 정보 관련 조사도구 변인 중심의 조사도구 개발 프로세스 제시 및 예비 조사도구의 타당도 및 신뢰도 제시	예비문헌분석에 따라 잠정적 조사도구개발이 완료된 경우 제시
수행단계 5	자료처리 및 통계분석	
↓	수집된 자료를 어떠한 프로그램에서 어떻게 통계분석을 수행할지 제시 기술통계 및 추리통계분석방법 제시 평균, 표준편차, 빈도, 퍼센트, 개념타당도 및 신뢰도, t-test, ANOVA, 회귀분석 및 다변량 분석, 구조모형 분석 등	SAS, SPSS 등 범용 프로그램, 특별 목적 프로그램 제시. LISREL, AMOS 등 설정된 관계성에 따라 어떠한 분석을 수행할 것인지 예시
수행단계 6	잠정적 결론, 기대효과, 한계점	
↓	현재까지 예비조사에 따른 결론 제시 연구가 수행됨에 따라 발생할 수 있는 기대효과 가상적으로 제시 현재까지 연구수행에 따라 발생한 한계점 및 극복방안 제시	기대효과와 한계점은 별도의 섹션으로 제시하여도 됨

(2) 연구설계, 모형 및 가설

앞서 설명한 연구절차와 관련하여 구체적으로 단계별 수행을 진행하는 기본적인 방식을 연구설계(research design)라고 한다. 연구설계는 연구계획 그리고 그것을 담는 연구계획서에서 가장 중요한 내용으로, 양적 vs. 질적 연구의 접근부터 실험, 조사, 관찰 연구, 그리고 종단적 vs. 횡단적 연구 등 큰 방향에서의 연구설계가 결정된 후 그에 따라 구체적으로 검증하고자 하는 연구모형이 제시되는 것이 일반적이다.

연구계획에서 제시되는 모형(theoretical model)은 연구자가 연구를 수행하는 중에 변화가 생길 수도 있지만 근본적으로는 제시한 모형에 따라 연구변인 간의 관계성 분석이 이루어진다는 것을 독자에게 알려 준다. 연구모형에서는 변인 간의 관계성을 주로 화살표로 나타내며 화살표를 출발하는 변인이 독립변인(independent variable), 화살표를 받는 변인이 종속변인(dependent variable)이 된다. 독립변인은 예측변인(predictive variable, influential variable)으로도 표현되며, 종속변인은 반응변인(response variable)이라고 명명하기도 한다. 구조방정식모형(structural equation model)을 사용하는 연구에서는 외생변인(exogenous variable)과 내생변인(endogenous variable)으로 구분하기도 한다. 다양한 변인에 대한 설명은 연구방법에서 조금 더 자세하게 다루도록 하겠다.

[그림 3-2]는 연구모형의 예시로, 사회관계망 참여(SNS participation), 사회관계 참여 허용(social acceptance), 학교생활 태도(school life attitudes)가 학습성과(learning outcome) 하위요소인 사회적 영역(social domain), 인지적 영역(cognitive domain), 정의적 영역(affective domain), 운동기능적 영역(psychomotor domain)에 영향을 미친다는 관계성을 중심으로 만들어진 연구모형이다.

연구모형이 설정되면 해당 연구모형에 따라 연구가설(hypothesis)을 제시하는 것이 필요하다. 연구가설은 연구에서 검증하고자 하는 것을 예측하여 미리 설정하는 것으로 예측되는 결과를 변인에 따라 각각 자세히 기술하는 것

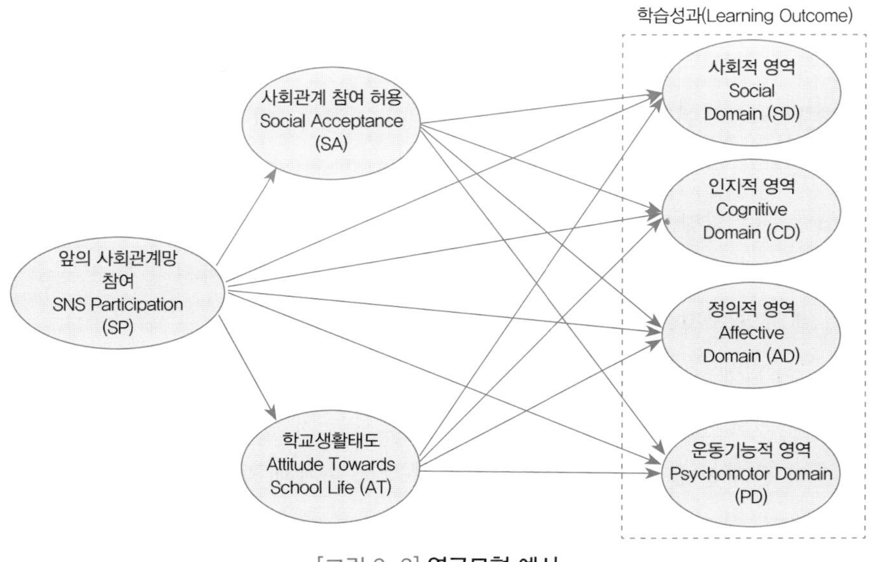

[그림 3-2] **연구모형 예시**

출처: Park, S. Y., Cha, S., Lim, K., & Jung, S. (2014). The relationship between university student learning outcomes and participation in social network services, social acceptance and attitude towards school life. *British Journal of Educational Technology, 45*(1), 97-111.

이 일반적이다. 이러한 가설은 영가설(null hypothesis)과 대안가설(alternative hypothesis)로 나뉜다. 해당 내용은 추후 통계분석에서 자세히 다룰 예정이다. 다음은 연구가설 설정의 예시로 연구모형에서 종속변인의 직접 효과(direct effect)에 해당하는 부분의 가설만 나열하였다.

H_1: 대학생의 SD 학습성과는 그들의 SP(H_{11}), SA(H_{12}), AT(H_{13})에 의해 영향을 받는다.

H_2: 대학생의 CD 학습성과는 그들의 SP(H_{21}), SA(H_{22}), AT(H_{23})에 의해 영향을 받는다.

H_3: 대학생의 AD 학습성과는 그들의 SP(H_{31}), SA(H_{32}), AT(H_{33})에 의해 영향을 받는다.

H_4: 대학생의 PD 학습성과는 그들의 SP(H_{41}), SA(H_{42}), AT(H_{43})에 의해 영향을 받는다.

(3) 측정

측정도구(measurement item)는 변인의 값(value)을 측정하기 위한 도구(tool)이다. 연구계획서는 연구에 도입하여 사용될 측정도구에 대해 자세하게 기술하는 것이 좋다. 가령, 학습성과라는 변인을 측정하기 위해 어떤 연구에서 개발된 것을 사용하겠다고 적시하거나 혹은 기 개발된 도구를 본인의 연구에 어떻게 수정·보완하여 사용할 것인지에 대해 설명하는 것이다. 그리고 해당 도구를 이용하여 값을 측정할 때 어떤 척도(scale, 예: Liker-type 1점~5점 척도)를 기준으로 사용할 것인지의 설명도 필요할 것이다.

측정도구의 경우 모든 변인에 대해 어떠한 도구를 사용할 것인지 그리고 아직 완벽하게 측정도구가 결정되지 않았을 경우 어떻게 해당 변인을 측정할 도구를 개발할 것인지를 명세화하는 것이 연구계획서에 포함되어야 한다.

연구자는 본 조사에 앞서 해당 연구대상 일부에게 예비조사를 수행할 수 있다. 예비조사 결과는 측정도구에 대한 타당도와 신뢰도의 사전 결과 값을 확인할 수 있으며, 설문지의 오류나 문제점 등을 본 조사에 앞서 미리 확인하는 데 사용할 수 있다.

(4) 연구대상과 표집

연구대상(population)은 꼭 사람이 아니어도 되지만(예: 기계부품이 될 수도 있으며 과거에 수집된 데이터도 가능하다) 사회과학분야 연구의 경우 대개는 사람을 대상으로 삼는다. 연구대상의 전체를 전집 또는 모집(population)이라고 하고 그중 연구자가 선택하여 데이터를 수집하는 대상을 표집(sample)이라고 한다. 표집을 통해 데이터를 수집하는 모든 과정을 샘플링(sampling)이라고 한다. 연구계획에서는 연구대상은 누구이며, 그중 어떤 방식으로 어느 기간에 어떻게 데이터를 수집할 것인지 명세화되어야 한다. 또한 전집의 크기는 어느 정도이고, 그중 표집의 크기(sample size)는 어떻게 결정할지에 대해서도 설명이 필요하다. 마지막으로 사람을 대상으로 할 때 표집 데이터를 수집하기 위해 인센티브를 줄 계획이 있다면 해당 내용도 함께 제시하는 것이 필요하다.

(5) 데이터 처리 및 통계분석

측정도구를 통해 표집 변인의 값을 측정한 데이터는 일단 코딩이라는 작업을 해야 한다. 우편 설문조사(mail survey)나 직접 설문지를 배포하여 설문 조사를 수행한 경우 연구자가 직접 데이터를 입력하는 코딩 과정으로 하나의 데이터 세트를 완성하는 것이다. 최근 많이 활용하는 온라인 설문(online survey)이나 전화 응답 조사 방식의 경우에는 자동으로 코딩이 되어 데이터 세트 생성 과정이 조금 더 편리하다. 이러한 데이터 수집 및 처리 과정 역시 구체적으로 얼마만큼의 기간 동안 어떠한 방법을 사용할 것인지 연구계획서에 제시하는 것이 필요하다.

통계분석(statistical analysis) 부분에는 어떤 통계 프로그램을 사용하여 통계분석을 수행할 것인지 기술통계와 추리통계분석을 나누어 설명하는 것이 필요하다. 또한 이미 일정 연구대상으로 예비조사(pilot study)를 수행한 결과가 있다면 여기서 제시하는 것이 바람직하다.

4) 연구결론, 기대효과, 한계

연구계획서에 연구방법 다음으로 다뤄져야 할 것은 현재까지 연구계획서를 작성함에 있어서 연구자가 예측하는 잠정적인 연구결론(conclusions), 그리고 연구수행으로부터 발생할 수 있는 기대효과(expected outcomes) 등이다. 또한 연구수행에 있어 발생할 수 있는 행·재정적, 기술적인 한계점 그리고 이러한 한계를 극복하기 위한 향후 방안에 대해 제시하는 것도 바람직하다. 만약 한계(limitations)에 대한 해결방안 도출이 없다면 그러한 한계점을 받아들여 어느 범위까지 연구를 수행하겠다는 것을 제시하는 것도 필요하다.

5) 연구추진 시간일정

마지막으로 연구계획서에는 앞의 연구수행절차를 시기별로 제시한 타임 테

〈표 3-3〉 **연구추진 일정**

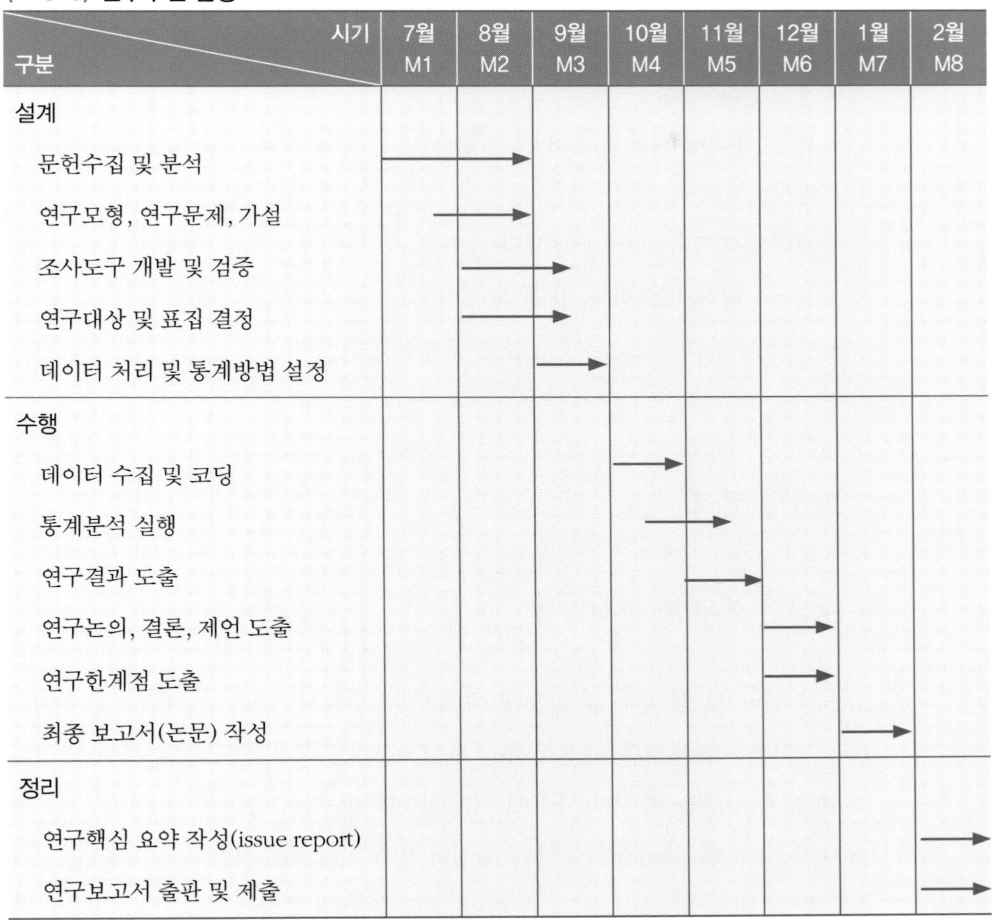

구분 \ 시기	7월 M1	8월 M2	9월 M3	10월 M4	11월 M5	12월 M6	1월 M7	2월 M8
설계								
문헌수집 및 분석	→	→						
연구모형, 연구문제, 가설	→	→						
조사도구 개발 및 검증		→	→					
연구대상 및 표집 결정		→	→					
데이터 처리 및 통계방법 설정			→					
수행								
데이터 수집 및 코딩				→				
통계분석 실행				→	→			
연구결과 도출					→			
연구논의, 결론, 제언 도출						→		
연구한계점 도출						→		
최종 보고서(논문) 작성							→	
정리								
연구핵심 요약 작성(issue report)								→
연구보고서 출판 및 제출								→

이블(time schedule)이 필요하다. 〈표 3-3〉은 연구추진 일정의 간단한 예이다.

6) 부록

연구추진 일정까지 제시하면 연구계획서에 필요한 내용들이 모두 포함되었다고 할 수 있다. 하지만 그 외에 추가적으로 별도의 정보를 제시할 필요가 있는 것은 따로 정리하여 부록(appendix)으로 정리하는 것이 일반적이다. 부록에 포함되는 내용들의 예시는 다음과 같다.

- 참고문헌 목록
- 본 조사에서 사용하고자 하는 측정도구 또는 예비조사에서 사용된 측정도구
- 예비조사가 수행되어 생성된 기초 통계
- 연구수행에 필요한 사전 윤리 승인 자료 등
- 예산 사용 계획(프로젝트 관련 연구계획서일 경우)

3. 문헌분석

1) 문헌 연구 및 분석방법

문헌 연구 및 분석의 중요성에 대해서는 앞에서 설명했기 때문에 생략하겠다. 문헌이라는 것은 자신이 연구하고자 하는 주제, 연구문제 등과 관련하여 선행된 것 또는 비슷한 시기에 진행된 어떠한 것이라도 될 수 있다. 인쇄물(paper base publication)뿐 아니라 사진과 영상, e-book 기반의 전자출판, 클라우드 환경 내 관련 파일 등 그 어떠한 것도 문헌에 포함될 수 있다. 이러한 다양성으로, 1차적 문헌과 동시에 1차적 자료(resources)라는 말로도 사용되며 이 두 단어는 같은 의미로 쓰일 수 있다.

2) 자료의 종류

(1) 1차 자료

문헌은 1차 자료와 2차 자료로 나뉜다. 1차 자료(primary sources)는 가공되지 않은 정보(raw information)나 데이터를 포함하거나, 연구자가 연구를 수행

하는 과정에서 직접(first hand) 얻은 자료나 정보가 포함된다. 1차 자료는 연구자가 만들어 내거나 다른 사람이 만들어 낸 일차적 데이터(primary data)를 포함한 자원의 일체를 의미한다. 즉, 1차 자료는 다른 사람이 만들었다고 해도 사용되거나 해석되지 않고, 통합되지 않은 순수한 문헌이나 데이터(raw data)이다. 1차 자료는 1차적 데이터를 포함한 넓은 의미라고 이해할 수 있다.

만약 특정 교육학자가 이론을 연구하고 사망하였다면 그 연구자가 출판했던 저서나 논문들이 가공되지 않은 첫 번째 자료가 될 것이다. 이러한 자료들을 수집하여 연구자가 자신의 연구프레임에서 해석하여 연구결과를 만들어 낸다면 1차 자료가 된다. 주기적으로 각종 정부에서 실행하는 센서스 통계조사 역시 1차 자료가 될 수 있다. 이러한 1차적 통계데이터는 연구자에 의해 재해석될 수 있다. 정부에서 발간하는 각종 보고서 형태의 백서(white report)도 중요한 1차적 자료이다. 팬데믹으로 유행된 COVID-19와 관련한 발병 지역, 발병률 등과 같은 공공 의료통계와 질병관리 공무원의 발표내용과 발표자료 역시 1차적 자료이다.

공공뿐만 아니라 일반 민간부문에도 신문이나 잡지 등 여러 형태의 1차 자료가 있다. 있는 그대로 특정 사건에 대해 보도된 여러 내용은 연구자가 수집하여 통합적으로 해석할 수 있다. 잡지에 실린 각종 유행과 관련된 정보를 수집하여 연구에 사용할 수도 있다.

1차 자료의 가장 중요한 원천은 다른 연구자가 연구한 결과를 전문 학술지(academic journal)에 발표한 내용이다. 특히 자연과학은 특정 분야의 경우 연구개발(R&D) 주기가 매우 짧기 때문에 빠르게 연구결과가 학술지에 발표되는데 이러한 연구결과는 다른 연구자들에게 주요한 1차 자료가 된다.

국내의 경우 1차 자료 중 교육과 관련해서 중요한 원천은 교육부 등 정부에서 발표하는 보도자료이다. 이러한 보도자료는 정부에서 시행하고자 하는 중요한 정보를 다루고 있으며, 일반적으로 작성자의 정보를 포함한다.

(2) 2차 자료

2차 자료(secondary sources)는 1차 자료를 이용하여 통합하거나, 다른 연구자가 특정 기준이나 준거를 이용하여 분석 또는 해석한 자료이다. 일반적으로 학회나 특정 연구단체의 학술지 논문(journal article), 교과서나 참고서, 백과사전, 비평 문헌 등이 여기에 해당한다. 학술지 논문에서 만약 특정 연구자가 직접 개발한 측정도구를 통해 측정한 데이터가 있다고 하고 그것을 내가 사용한다면 그것은 1차적 자료가 될 것이다. 그러나 학술지 논문에서 다른 연구자(A)가 이미 연구한 결과나 데이터를 이용해 저자(B)가 해석을 하여 논문을 발간하였을 때 해당 자료를 내가 사용한다면 그것은 2차 자료가 된다. 여기서 새로운 해석을 한 것은 2차 자료이고, 저자(B)가 저자(A)의 데이터를 자신의 연구에 제시한 것을 내가 그대로 사용한다면 그것은 2차 자료라기보다는 재인용이 될 것이다. 실제로 이러한 상황은 자주 발생하지만 저자(A)의 데이터를 직접 구하기 어려운 특수한 경우를 제외하고는 1차 자료인 저자(A)의 자료를 구해 그것을 해석하고 인용하는 것이 더 바람직하다.

보통 2차 자료는 1차 자료를 이용하여 만들어진 자료이기 때문에 직접적으로 그것을 분석하기보다는 우리가 만든 연구문제, 연구가설 등을 지지하기 위한 목적으로 사용한다. 또한 자신의 연구결과에 대해 보충적 설명을 하기 위해 사용하기도 한다.

2차 자료 중 가장 대표적인 것이 메타분석(meta analysis)을 통해서 생성된 결과이다. 메타분석은 기존 학술지에 발표된 각종 연구결과를 통합 압축하여 통계적으로 새로운 결과를 발생하는 분석기법이다. 이러한 메타분석으로부터 발생한 데이터를 메타데이터라고 하고 메타데이터는 흔히 효과크기(effect size)로 제시되어 관련성의 정도를 나타낼 수 있다. 메타분석은 추후 더 자세히 다룰 예정이다.

연구방법론에서 일반적으로 다루지 않는 3차 자료(tertiary sources)는 보통 2차 자료를 손쉽게 찾을 수 있도록 정리해 놓은 자료이다. 가령, 특정 연구자가 자신만의 카테고리로 각종 연구의 2차 자료를 정리해 놓아 손쉽게 찾을 수 있게 해 놓았다면 3차 자료가 될 수 있다.

3) 문헌 연구방법 및 절차

문헌 연구 수행에 정석이 있는 것은 아니나 문헌 연구방법과 절차에 있어서 공통적으로 수행하는 부분들은 존재한다. 문헌 연구의 목적은 연구자가 연구 프레임을 설정하거나 연구문제 또는 연구가설을 설정하는 데 도움을 주기 위한 것이다. 또한 기존 선행연구에서 어떤 연구방법(표집, 측정, 통계분석 등)을 적용해서 어떤 결과가 도출되었으며, 이를 본인의 연구에 어떻게 적용할 것인지 가이드라인을 제공하고자 수행하는 것이다. 따라서 대부분의 연구는 선행연구결과를 포함하고 있으며 그렇지 않은 새로운 연구는 드물다. 하지만 간혹 자연과학의 경우 이전 연구결과가 전혀 없는 새로운 연구일 때 선행 문헌 연구는 필요하지 않다.

(1) 키워드 방식의 검색 및 분석

문헌 연구에 있어서 가장 첫 번째로 수행해야 하는 것이 키워드(key word)로 검색하는 것이다. 키워드란 연구의 주제어이다. 키워드 생성에 딱 정해진 방법은 없지만 일반적으로 키워드란 연구에 있어서 핵심주제어이기 때문에 도출해 내는 가이드라인은 존재한다. 키워드란 연구 타이틀, 연구주제, 변인, 방법, 결과 등을 대표적으로 나타내는 용어이므로 자신이 수행하고자 하는 연구에 있어서 상기 용어 등을 고려해서 설정하는 것이 바람직하다.

저자의 SSCI(Social Science Citation Index) 논문 중 하나에 대해 키워드를 중심으로 문헌분석한 예를 들어 설명하겠다. 「South Korean university students' mobile learning acceptance and experience based on the perceived attributes, system quality and resistance」라는 연구(Park, Lee, & Kim, 2016)를 수행함에 있어 키워드는 다음과 같이 설정될 수 있다.

모바일러닝 채택 & 수용(mobile learning acceptance and intention to use), 모

바일러닝 경험(mobile learning experience), 모바일러닝의 혁신속성(attributes of mobile learning), 모바일러닝 시스템환경(system quality of mobile learning), 모바일러닝 혁신저항(mobile learning resistance)이 일단 논문명과 관련하여 제시될 수 있다. 여기서 단순히 논문명에 직접 언급된 것 이외에 관련 이론으로 키워드를 만들어 낼 수도 있다. 즉, 혁신수용이론(adoption of innovation) 그리고 혁신저항이론(resistance of innovation), 그리고 정보기술채택수용이론(technology acceptance model: TAM) 등이 관련 키워드가 될 수 있다.

(2) 키워드와 키워드의 연계분석

키워드 검색을 하면 각종 연구논문(1차적 자료)들이 나올 것이다. 이러한 논문들의 결과는 1차적 자료이지만 논문 안에서 다른 논문을 합성하여 연구프레임을 만들어 낸 것들은 사실 2차적 자료이다. 이와 같은 2차적 자료를 검색하여 자신의 문헌분석을 수행할 수 있다.

(3) 문장으로 분석

문헌분석은 키워드로 수행할 수 있지만 키워드와 키워드를 연계하여 검색할 수도 있다. 나아가 키워드를 연계하여 하나의 문장으로 검색을 할 수도 있다.

(4) 학회지 분석

키워드를 중심으로 다른 논문들을 살펴보면 관련 학회지들을 알 수 있다. 이러한 학회지에 들어가 자신의 연구주제와 관련하여 검색함으로써 분석을 실시할 수 있다. 자기 연구주제와 관련된 학회지는 가장 중요한 연구자료의 원천이라고 할 수 있다.

(5) 문헌 정리 및 메모

학회지나 각종 저서로부터 연구 관련 문헌을 수집하고 나서 일반적으로 폴더를 생성하여 저장한다. 저장할 때 좋은 방법으로는 우선 연구 안에 포함된

변인별로 서브폴더를 생성하고 각 연구물을 저장하는 것이다. 각 연구물을 저장할 때 파일명에 간단한 내용을 설명하는 것이 바람직하다.

(6) 대표적인 국내외 참고문헌 사이트

문헌을 수집할 때 좋은 접속 사이트는 다음과 같다.

① 구글 스칼라

다음 그림은 구글 스칼라에서 키워드로 연구주제와 저자 이름을 삽입하여 검색한 화면이다. 볼드체와 초록색으로 표시된 것이 키워드와 매치된 부분이다. 맨 위의 [PDF] 옆의 타이틀을 클릭하면 다운로드하여 리뷰를 할 수 있다. 그 아래에 동일 저자와 유사한 연구 관련 논문들의 타이틀이 유사도 순위로 정렬 · 제시되고 있다. 참고로 인용 2566은 이 논문이 다른 저자의 논문에서 인용(citation)된 건수를 의미하며 피인용지수라고 불린다. 전체 피인용지수는 2566개이고 그 옆의 Web of Science 699는 전 세계 저명학술지, 즉 Science Citation Index(SCI)나 Social Science Citation Index(SSCI)에서 이 논문이 다른 논문에서 인용된 피인용건수를 의미한다. 이 피인용지수가 높을수록 질적으로 우수한 논문으로 평가된다.

◆ Consideration for good quality ◆

효과지수, 피인용지수 – Impact factor(IF): 학술지의 질적 평가 요소로 영향력 관련 지표
피인용회수 – Citation number: 각각 논문이 제3자의 연구에 인용된 횟수

Science Citation Index: Clarivate Analytics의 과학기술분야 학술지. SCIE(expanded) 현재는 폐지 통합, SSCI(social science citation index), A&HCI

WOS 서비스 제공 SCOPUS: WOS에 비해 나중에 서비스 시작 Elsevier
KCI(Korean Citation Index): 한국피인용지수

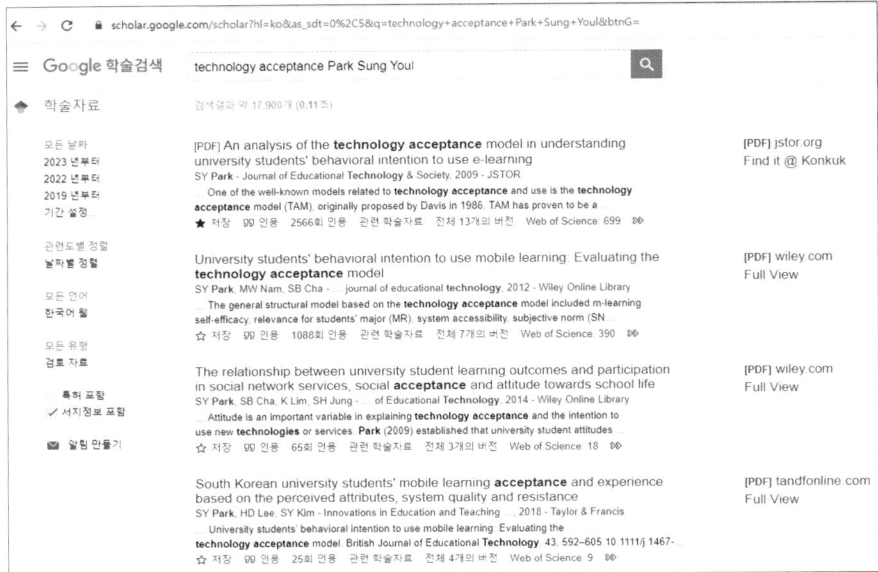

② 한국연구재단의 한국학술지인용색인

다음 그림은 정부 한국연구재단의 한국학술지인용색인 사이트를 통해 정보기술수용모델 대학생 모바일러닝 사용의도를 삽입하여 국내 연구재단 등재지 목록으로부터 검색한 화면이다. 여기서 KCI 원문을 클릭하면 다운로드하여 리뷰를 할 수 있다.

③ Web of Science

다음 화면은 전 세계에서 가장 유명한 Web of Science(WOS)의 데이터 베이스에서 키워드를 삽입하여 검색한 화면이다. WOS는 SCOPUS와 더불어 세계 과학 학술지 데이터 베이스를 제공하는 플랫폼이라고 볼 수 있다. 노란색으로 하이라이트된 부분이 키워드와 매치된 것이다.

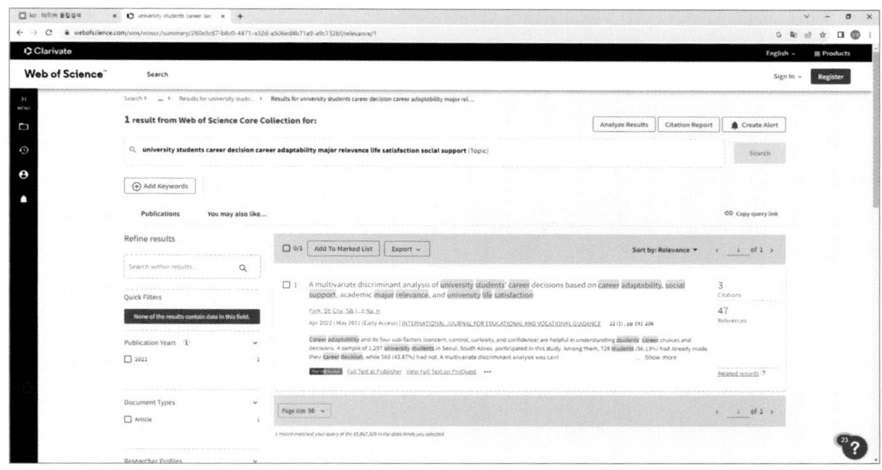

표집과 측정

교육연구방법론

제2부

제4장 표집

제5장 측정

제6장 타당도와 신뢰도

제4장

표집

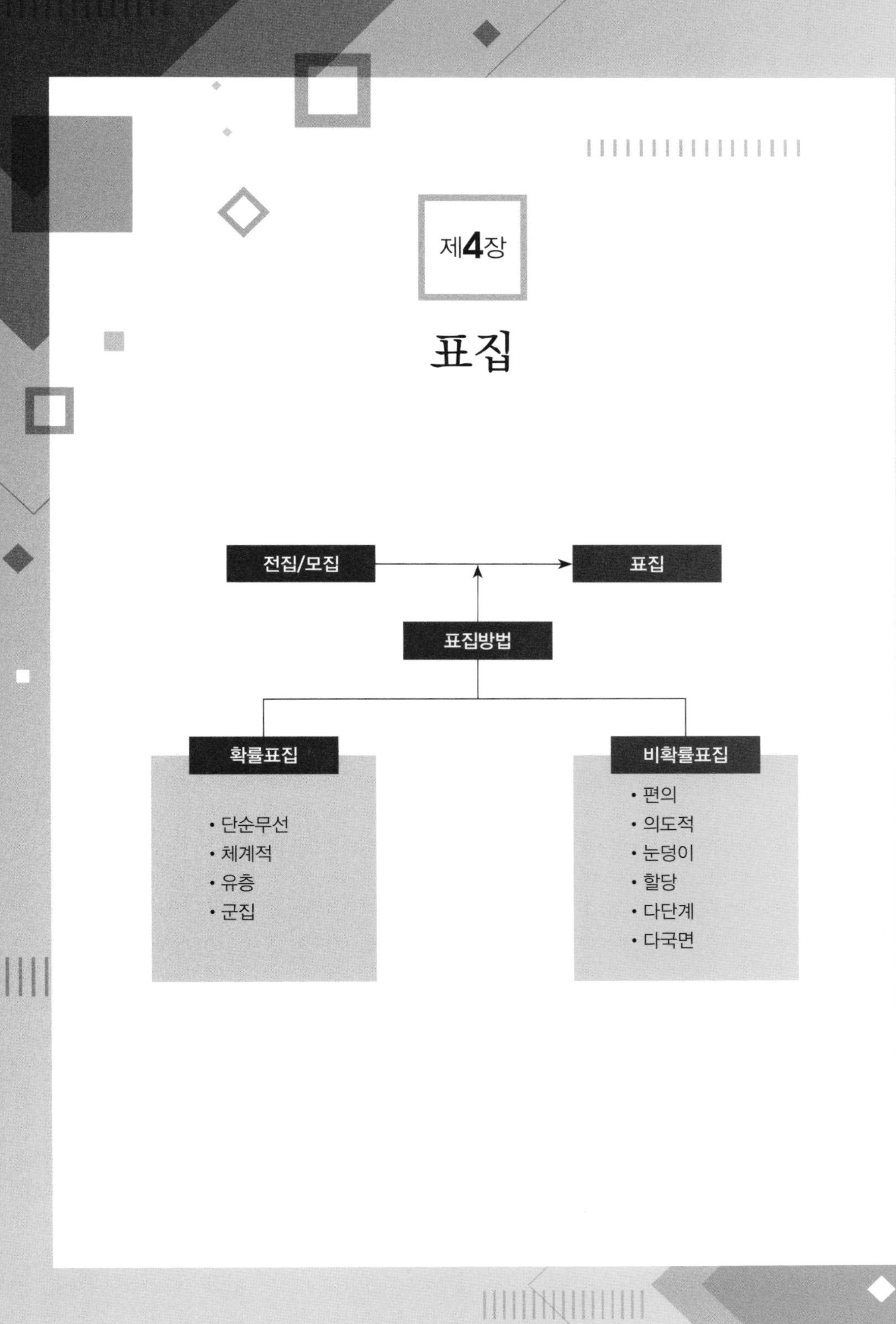

전집/모집
표집
표집방법
확률표집
• 단순무선
• 체계적
• 유층
• 군집
비확률표집
• 편의
• 의도적
• 눈덩이
• 할당
• 다단계
• 다국면

1. 전집과 표집

1) 전집

연구의 출발점은 연구대상 또는 개체(objects)들의 전체 집단이나 집합, 즉 전집(population) 또는 모집의 규정이다. 이러한 전집은 연구자가 과학적인 분석을 통해 탐구하고자 하는 대상의 전체 특성과 속성을 담고 있다. 이 대상은 사람이나 사물일 수 있을 뿐만 아니라 추상적인 개념, 서비스, 제도, 가격 등 무형적인 요소도 포함될 수 있다. 예를 들어, 인구 조사에서의 전집은 특정 국가의 모든 시민으로 이루어진 집단이 될 수 있다.

2) 표집

표집(sample) 또는 표본은 전집으로부터 선택된 작은 부분 집단이나 하위 그룹을 의미한다. 이 작은 그룹은 연구과정에서 분석하고자 하는 대상을 대표하는 중요한 역할을 수행한다. 표집은 전체 집단을 조사하는 것보다 비용과 시간을 절약하면서도 신뢰할 수 있는 결과를 얻기 위한 필수적인 그룹이다. 효과적인 표집방법을 선택하고 적용하는 것은 연구결과의 신뢰성과 유용성을 결정하는 중요한 과정이 될 수 있다.

3) 전집 정의의 중요성

어떤 표집방법을 선택하든, 먼저 전집을 명확하게 정의하는 것이 필요하다(define population). 전집의 정의는 연구과정에서 사용될 용어와 범위를 명확히 하여 연구자들 간의 일관성을 확보할 수 있다. 이 정의는 연구자가 어떤 특성이나 속성을 중요하게 여기는지, 어떤 범위 내에서 연구를 진행할 것인지를 결정하는 데 도움을 주며 연구결과의 일반화를 결정하는 중요 요소로 작용한다.

4) 표집과 연구의 목적

연구는 결국 표집의 결과를 통해 전집의 특성과 상황을 유추하거나 일반화하는 것을 목표로 한다. 표본을 분석하고 그 결과를 토대로 전집에 대한 규칙성이나 경향성을 파악하려는 것이다. 이렇게 얻은 정보를 바탕으로 연구자는 보다 큰 규모의 전집에 적용할 수 있는 일반적인 원리나 지식을 얻을 수 있다.

5) 표집을 사용하는 이유

첫째, 전집의 문제이다. 전집을 정의하더라도 전체 대상에 접근하는 것이 어려울 수 있다. 특정 대학의 모든 학생을 대상으로 동일한 시간과 장소에서 조사하는 것은 물리적으로 한계가 있다. 전집이 정의되어도 일부 상황에서는 전체 대상 자체에 접근하기가 어려울 수도 있다. 전집이 규정되어도 전집 자체가 계속 변화하기도 한다. 예를 들어, 학기마다 휴학과 복학으로 인해 전집의 구성이 바뀌고 유동적이다.

둘째, 시간과 비용의 문제이다. 전집에 접근할 수 있더라도 모든 개체를 조사하고 분석하는 것은 많은 시간과 비용이 소요된다. 이런 경우에 표집을 활용하여 효율적으로 연구를 수행할 수 있다.

셋째, 분석의 효율성이다. 때로는 전집을 조사하거나 분석하는 것보다 표집과 관련된 분석을 수행하는 것이 더 효율적이다. 적절한 표집방법, 정확한 측정도구, 통계적 기법을 사용하여 분석하면 전집을 조사한 결과와 유사한 결과를 얻을 수 있다.

◆ 표집을 사용하는 이유: 예시와 함께 알아보기 ◆

대학교에서 학생들의 전체 대상을 분석하려고 할 때, 모든 학생을 대상으로 조사하는 것은 현실적으로 어렵다. 이런 경우, 효과적인 표집방법을 선택하여 대표성 있는 표본을 선정하는 것이 필요하다.
예를 들어, 특정 대학교의 하위 단과대학별로 몇 개의 학과를 뽑고, 각 학과별로 학생명부를 이용하여 일정한 학생 수를 무작위로 선택하여 조사할 수 있다. 이렇게 하면 단과대학과 학과별 특성이 골고루 반영되어 전체 대상의 특성을 유추하는 데 도움이 될 수 있으며 뽑는 과정도 효율적이다.

전집과 표집의 관계는 [그림 4-1]과 같이 도식화될 수 있다.

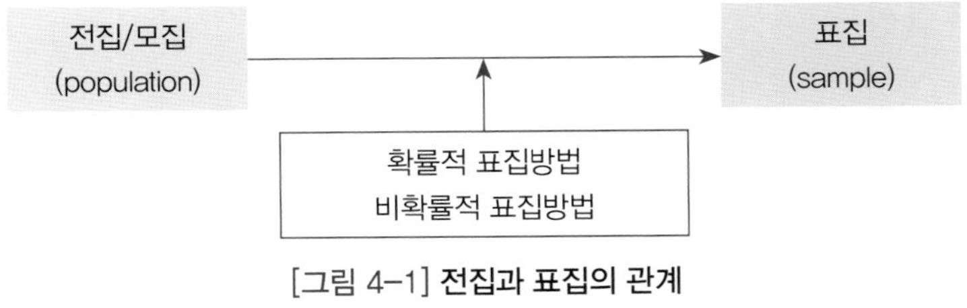

[그림 4-1] **전집과 표집의 관계**

2. 표집방법

연구나 조사를 수행할 때 전집의 특성을 완벽하게 파악하려면 모든 개체를 대상으로 조사하는 것이 이상적일 것이나 현실적으로 이러한 전집을 모두 조사하는 것은 앞에서 언급하였듯이 어려운 경우가 많다. 이때 필요한 것이 효과적인 표집방법(sampling)이다. 표집방법을 통해 선택된 표집이 전집의 특성을 충분히 대표할 수 있도록 하여 연구결과의 신뢰성과 일반화 가능성을 높이는 것이 표집방법의 목표이다.

표집방법, 즉 샘플링을 통해 얻을 수 있는 표집은 크게 확률 표집(probability

sample)과 비확률 표집(non-probability sample)으로 나뉜다. 여기서는 확률 표집에 대해 자세히 알아보겠다. 확률 표집은 전집에서 표본을 선택할 때, 각 개체가 뽑힐 확률이 동일하며(same probability to select), 이 확률이 미리 알려져 있는 상태를 말한다(known probability to select). 뽑힐 확률이 동일하다는 것은, 가령 100명 중 10명을 뽑는다고 할 때 A라는 사람과 B라는 사람이 뽑힐 확률이 1/10로 똑같다는 것을 의미한다. 만약 B라는 사람이 어떠한 방식으로도 A라는 사람보다 더 뽑힐 확률이 있다면 그 원칙이 깨진 것이다. 뽑힐 확률이 미리 알려진 것은 100명 중 10명이 뽑히는 확률 2/10가 아니고 1/10로 이미 설정되었다는 의미이다. 이러한 두 가지 요소는 결국 다음의 세 가지 중요한 원칙을 확보하고자 수행하는 것이다.

1) 독립성

독립성(independence)이란 표집 과정에서 한 개체의 선택 여부가 다른 개체의 선택에 영향을 미치지 않는 것을 말한다. 개체 간의 관계나 연결성이 표집 결과에 영향을 미치지 않아야 한다.

흔히 '친구 따라 강남 간다'라는 말이 있다. A와 B가 서로 친구일 때 A가 뽑히면서 슬쩍 B의 손을 잡고 표집에 들어간다면 그것은 독립성이 깨진 것이다.

또 다른 예로 A라는 사람이 세대주이고 A의 부인 B가 있을 때, 만약 A가 선택될 때 B라는 사람도 동시에 선택된다면 그 역시 독립성이 없는 것이라고 할 수 있다.

2) 무선성

무선성(randomness)은 표본 선택이 규칙 없이 무작위로 이루어져야 함을 말한다. 선택된 개체들이 어떤 규칙이나 패턴에 따라 선택되면 무선성이 깨진 것이다. 무선성이 보장되어야만 표본이 왜곡 없이 전체 집단을 대표할 수 있다.

복권 추첨에서 무선성의 개념을 이해할 수 있다. 복권 추첨에서는 번호가 무작위로 선택되어야 공정한 결과를 얻을 수 있다. 만약 추첨이 공평하지 않게 조작된다면 결과가 왜곡될 것이다. 또한 검은 보자기에 특정인들의 식별번호(ID)를 집어넣고 보자기 속 번호를 손으로 눈을 감고 뽑는다면 그것이 가장 대표적인 무선적인 방법이다.

3) 대표성

대표성(representativeness)은 확률 표집의 궁극적인 목표이다. 상기의 독립성과 무선성도 결국 대표성을 확보하기 위함이다. 대표성은 확률이론에 근거한 통계를 가지고 전집의 결과를 유추하거나 일반화(generalization)시키는 데 필요한 것이다. 표집된 대표성이 부족한 표본은 연구결과의 일반화나 예측에 신뢰성이 떨어지기 때문이다.

본 선거가 아니고 선거 예측에서 대표성의 중요성을 생각해 보자. 선거 예측을 위해 표본을 선택할 때, 각 지역의 정당이나 인구 그룹의 비율을 정확하게 반영하는 표본이 필요하다. 예를 들면, 70명이 여성이고 30명이 남성으로

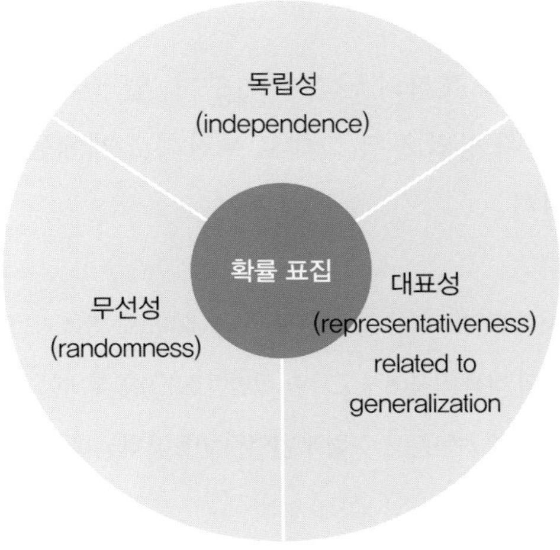

[그림 4-2] **확률 표집의 목적**

전집이 구성되어 있는데 그중 10명의 표집을 만들었다고 가정해 보자. 10명의 표집이 여성이 3명이고 남성이 7명이라면 그 표집이 전집을 대표한다고 말하기 어려울 것이다. 적어도 여성이 6명, 남성이 4명이라면 받아들일 수 있을 것이고 그보다 더 좋은 것은 여성이 7명이고 남성이 3명으로 구성되는 것이다. 이때 여성과 남성의 비율이 반영되어 대표성 있는 표집이라고 할 수 있다. 또한 특정 정당을 지지하는 유권자가 많이 사는 지역의 주민을 대부분 선발하여 표집을 한다면 왜곡된 결과가 나올 것이다.

3. 확률 표집의 종류

확률 표집은 앞에서 설명한 무선성과 독립성 그리고 대표성이 있는 표집방법이다. 확률 표집에는 단순무선표집(simple random sample), 체계적 무선표집(systematic random sample), 유층표집(stratified random sample), 군집표집(cluster sample)이 있다.

1) 단순무선표집

단순무선표집은 확률 표집의 근간을 이루며, 연구에서 대표성을 확보하는 핵심적인 전략이다. 이 방법은 말 그대로 무작위로 개체들을 선택하는 과정을 통해 표본을 형성한다.

예시 고등학교에서 100명의 학생 중 10명을 조사 대상으로 뽑을 때를 가정해 보자. 단순무선표집을 사용하면, 100명의 학생 각자에게 고유한 식별번호(ID)를 부여한 후, 통계 프로그램을 활용하여 무작위로 10개의 번호를 선택한다. 이렇게 선택된 번호에 해당하는 학생들을 조사에 참여시키는 방식이다.

단순무선표집을 실시하기 위해서는 난수표(random number table)와 통계 프로그램이 사용된다. 난수표는 이미 무작위로 생성된 숫자들이 포함된 표이다. 이 표를 이용해 무작위 선택을 하고 선택된 숫자에 해당하는 ID를 뽑는 방식이다. 통계 프로그램은 난수를 생성하거나 난수표를 기반으로 자동으로 표본을 선택해 주는 역할을 한다.

예시 1부터 100까지의 숫자 중에서 10개의 숫자를 뽑는 상황을 상상해 보자. 난수표에서 무작위로 위치를 지정하고 해당 위치에 있는 숫자를 선택하여 10개의 숫자를 구성한다. 보통 난수표는 5개 자리의 수로 이루어져 끝의 2자리 수를 이용하여 10개를 만들면 된다.

다음 그림에는 5개의 숫자로 이뤄진 난수표가 있다. 여기서 무작위로 한 지점을 선택하고 그 뒤 2자리를 이용하여(100명에서 10명 선발이니 2자리가 필요함) ID에 해당하는 사람을 뽑고 거기서부터 특정 원칙을 가지고(여기서는 아래로 5명씩 이동, 뒤에 나올 체계적 무선표집의 경우는 10명씩 이동) 선발하는 방식이다. 다음 그림의 62509에서 뒷번호 09에 해당하는 사람을 뽑고 그 밑으로 5개씩 이동하여 81, 03, 28, 69, 65, 76 등의 순서로 뽑아 10명을 선발하는 방식이다. 만약 동일 숫자가 발생하거나 00번이 나올 경우는 한 칸 아래 숫자를 선택하면 된다.

Random Number Table

13962	70992	65172	28053	02190	83634	66012	70305	66761	88344
43905	46941	72300	11641	43548	30455	07686	31840	03261	89139
00504	48658	38051	59408	16508	82979	92002	63606	41078	86326
61274	57238	47267	35303	29066	02140	60867	39847	50968	96719
43753	21159	16239	50595	62509	61207	86816	29902	23395	72640
83503	51662	21636	68192	84294	38754	84755	34053	94582	29215
36807	71420	35804	44862	23577	79551	42003	58684	09271	68396
19110	55680	18792	41487	16614	83053	00812	16749	45347	88199
82615	86984	93290	87971	60022	35415	20852	02909	99476	45568
05621	26584	36493	63013	68181	57702	49510	75304	38724	15712
06936	37293	55875	71213	83025	46063	74665	12178	10741	58362
84981	60458	16194	92403	80951	80068	47076	23310	74899	87929
66354	88441	96191	04794	14714	64749	43097	83976	83281	72038
49602	94109	36460	62353	00721	66980	82554	90270	12312	56299
78430	72391	96973	70437	97803	78683	04670	70667	58912	21883
33331	51803	15934	75807	46561	80188	78984	29317	27971	16440
62843	84445	56652	91797	45284	25842	96246	73504	21631	81223
19528	15445	77764	33446	41204	70067	33354	70680	66664	75486
16737	01887	50934	43306	75190	86997	56561	79018	34273	25196
99389	06685	45945	62000	76228	60645	87750	46329	46544	95665
36160	38196	77705	28891	12106	56281	86222	66116	39626	06080
05505	45420	44016	79662	92069	27628	50002	32540	19848	27319
85962	19758	92795	00458	71289	05884	37963	23322	73243	98185
28763	04900	54460	22083	89279	43492	00066	40857	86568	49336
42222	40446	82240	79159	44168	38213	46839	26598	29983	67645
43626	40039	51492	36488	70280	24218	14596	04744	89336	35630
97761	43444	95895	24102	07006	71923	04800	32062	41425	66862
49275	44270	52512	03951	21651	53867	73531	70073	45542	22831
15797	75134	39856	73527	78417	36208	59510	76913	22499	68467
04497	24853	43879	07613	26400	17180	18880	66083	02196	10638
95468	87411	30647	88711	01765	57688	60665	57636	36070	37285
01420	74218	71047	14401	74537	14820	45248	78007	65911	38583
74633	40171	97092	79137	30698	97915	36305	42613	87251	75608
46662	99688	59576	04887	02310	35508	69481	30300	94047	57096
10853	10393	03013	90372	89639	65800	88532	71789	59964	50681
68583	01032	67938	29733	71176	35699	10551	15091	52947	20134

실제로는 직접 난수표를 사용하는 경우는 드물다. 대부분의 경우 통계 프로그램을 활용하여 난수를 생성하고 표본을 선택하며, 이는 더욱 효율적이고 정확한 방법이다. 다음 그림은 Windows SAS 프로그램을 이용하여 100명 중 10명을 단순무선표집방식으로 추출한 결과이다.

SAS 시스템

OBS	i	x	id
1	8	0.03122	4
2	3	0.07148	8
3	4	0.13120	14
4	10	0.14410	15
5	1	0.19645	20
6	2	0.19407	20
7	9	0.30373	31
8	6	0.40223	41
9	5	0.73558	74
10	7	0.77614	78

SAS와 같은 통계전용 프로그램을 사용하는 것이 좋지만 실제로 프로그램 작성이 어려울 수도 있다. 이런 경우 간단히 난수추출생성기(random number generator)를 이용하는 것도 좋다. 다음 그림은 난수추출생성기를 통해 100명 중 10명을 추출하는 것을 보여 주고 있다.

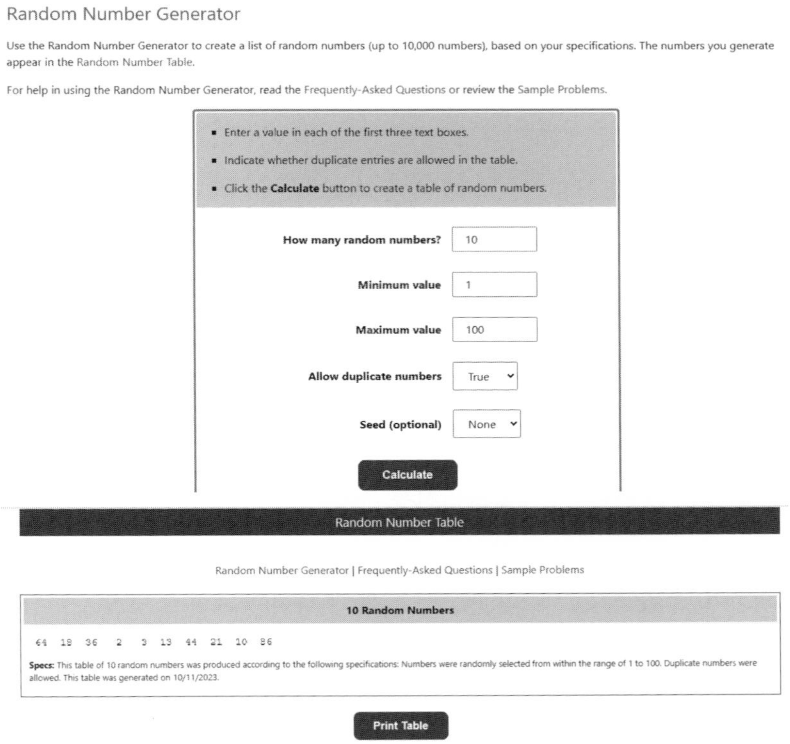

Random Number Generator

Use the Random Number Generator to create a list of random numbers (up to 10,000 numbers), based on your specifications. The numbers you generate appear in the Random Number Table.

For help in using the Random Number Generator, read the Frequently-Asked Questions or review the Sample Problems.

- Enter a value in each of the first three text boxes.
- Indicate whether duplicate entries are allowed in the table.
- Click the **Calculate** button to create a table of random numbers.

How many random numbers? 10

Minimum value 1

Maximum value 100

Allow duplicate numbers True

Seed (optional) None

Calculate

Random Number Table

Random Number Generator | Frequently-Asked Questions | Sample Problems

10 Random Numbers

64 18 36 2 3 13 44 21 10 86

Specs: This table of 10 random numbers was produced according to the following specifications: Numbers were randomly selected from within the range of 1 to 100. Duplicate numbers were allowed. This table was generated on 10/11/2023.

Print Table

출처: https://stattrek.com/statistics/random-number-generator

2) 체계적 무선표집

체계적 무선표집은 단순무선표집의 변형으로 표집크기가 결정된 상황에서 사용되는 표집방법이다. 체계적 무선표집은 난수를 선택하지만 단순한 난수 선택이 아닌 간격적인 선택을 통해 표본을 형성하는 방법이다.

예시 학교에서 총 100명(N)의 학생 중에서 10명을 조사하려고 할 때, 체계적 무선표집을 적용해 보면 다음과 같다. 표집크기 n은 10이며, 전체 학생들을 식별할 수 있는 고유번호(ID)를 부여한 후, 표집간격(sampling interval) k를 계산한다. 여기서 k는 전체 학생 수 N을 표집크기 n으로 나눈 값이므로 k=N/n=10이다. 그런 다음 난수표를 사용하여 1부터 k 사이 임의의 숫자 r을 선택한다. 선택한 r을 기준으로 하여 r, r+k, r+2k, … r+(n−1)k까지의 식별번호를 뽑는다.

체계적 무선표집은 선택 간격에 규칙이 있기 때문에 단순무선표집과는 다른 장단점을 가지고 있다.

- 장점: 체계적 무선표집은 전체 대상 내에서 일정한 간격으로 표본을 선택하기 때문에 특정 집단의 순위가 있을 때 그 특성을 반영하는 데 유용하다. 가령, 1번부터 100번의 순위 집단이 있다고 할 때 2번을 뽑고 그로부터 10명씩 뒤로 뽑는다면 순위가 반영된 표집을 구성할 수 있다.
- 단점: 하지만 체계적 무선표집은 일정한 간격으로 선택하기 때문에 특정한 패턴을 가진 전체 대상에서 편향된 결과를 가져올 수 있다. 예를 들어, 교사들을 대상으로 ICT리터러시를 측정하고자 할 때 정보화 부장이 학교 내에서 각 학교의 5번 식별코드 교사인 경우, 우연히 그 5번 교사가 선발되고 일정 간격으로 타 학교 교사도 뽑게 되면 정보화 능력이 뛰어난 교사들의 표본으로 구성될 수 있다.

3) 유층표집

유층표집은 대상이 특성에 따라 여러 하위 그룹으로 나뉠 때, 각 하위 그룹에서 일정 개체를 무작위로 추출하는 표집방법이다. 이러한 특성이 반영된 그룹이 유층(strata)이며, 유층표집을 통해 각 유층의 특성을 적절히 반영하여 대상을 조사할 수 있다. 유층은 1개(stratum)일 수도 있고 2개 이상(strata)일 수도 있다. 이러한 유층은 연구자가 연구를 수행함에 있어 중요한 변인으로 연구결과에 영향을 주는 그룹이다.

일반적으로 교육과 관련한 연구에서 흔히 사용되는 유층은 성별, 학력, 나이, 지역, 성적, 소득수준, 정보화 수준 등이다.

유층표집은 비율적 유층표집(proportional stratified sample)과 비비율적 유층표집(disproportional stratified sample) 두 가지로 나뉜다.

비율적 유층표집은 전집의 구성비율을 정확하게 반영하여 각 하위 그룹으로부터 무선적으로 뽑는 방식이다.

예시 전집의 남학생이 100명이고 여학생이 50명, 즉 2:1의 비율이라고 할 때 남학생 그룹에서 무선적으로 20명을 뽑고 여학생 그룹에서 10명을 무선적으로 뽑아 30명을 구성하였다면 비율적 유층표집이다.

비비율적 유층표집은 각 유층의 비율을 고려하지 않고, 특정 유층에서 더 많은 표본을 선택하는 방법이다. 이는 특정 유층의 중요도가 높을 때 사용되거나 특별히 비율을 정확하게 고려하지 않아도, 즉 비슷한 분포의 구성비율을 가지고 있을 때 유용하다. 예를 들어, 남학생과 여학생의 구성이 남학생이 조금 더 많다고 할 때 성별을 고려하여 하위 그룹을 만들고 그 안에서 일정 부분 무선적으로 뽑는 방식이다. 혹은 대학교에서 학교생활 만족도를 조사한다고 하자. 학년을 고려할 때 1학년에서 무작위로 일정 부분 뽑고 차례로 2, 3, 4학년 학생을 뽑을 수 있다. 이때 1학년 신입생들의 의식 수준을 더 중요하게 여기는 경우 1학년 유층에서 더 많은 표본을 선택하여 조사할 수 있다.

다음 표는 각 학년의 구성비율이 10으로 똑같을 때 5명을 각 학년별로 뽑은 비율적 유층표집과 1학년을 조금 더 뽑은 비비율적 유층표집을 나타낸다.

유층(학년)	비율적 유층표집	비비율적 유층표집
1학년	××○○○○×○××	○○○××○○○○○
2학년	○○○×××○○××	○×××○○×○○×
3학년	○×○×○×○×○×	×××○○×○×○×
4학년	×○○○××○×○×	×○×○×××○××
o=뽑힌 개체	n=20	n=20

4) 군집표집

군집표집은 조사 대상을 전체 개체가 아닌 하위 그룹인 클러스터로 나눈 뒤, 선택된 클러스터 내의 모든 개체를 표본으로 선택하는 표집방법이다. 이는 특정 그룹의 특성을 고려하여 표본을 선정함으로써 전체 연구대상 중에서 선발하는 것보다 더 효과적이고 경제적인 표본 선택이 가능하다. 군집표집과 유층표집은 모두 하위 그룹을 고려하여 표본을 선정한다는 점에서 유사하지만, 그룹을 선택하는 기준과 표본 선택 방식에서 차이가 있다.

- 하위 그룹의 선정: 군집표집은 자연적 혹은 행정적으로 발생한 클러스터를 활용하여 표본을 선택하는 반면, 유층표집은 변인의 특성에 따라 그룹을 구성하여 표본을 선정한다.
- 표본 선택 방식: 군집표집은 선택된 클러스터 내의 모든 개체를 표본으로 선택하는 방식을 채택하며, 유층표집은 각 그룹에서 무작위로 일부 개체를 선택한다.
- 하위 그룹의 속성: 군집표집의 하위 그룹은 속성이 보통 동질적(homogeneous)이나 유층표집의 하위 그룹은 속성이 보통 이질적(heterogeneous)이다.

예시 10개의 고등학교 그룹으로부터 대학의 이미지를 조사한다고 상상해 보자. 이 경우, 3개의 그룹(학교)을 무작위로 선택하고 선택된 그룹 내의 모든 학생을 표본으로 활용하는 경우 군집표집 방식이다.

클러스터(학교)	개체
1 탐방그룹	××××××××××
2 탐방그룹	××××××××××
3 탐방그룹	××××××××××
4 탐방그룹	○○○○○○○○○○
5 탐방그룹	××××××××××
6 탐방그룹	○○○○○○○○○○
7 탐방그룹	××××××××××
8 탐방그룹	××××××××××
9 탐방그룹	××××××××××
10 탐방그룹	○○○○○○○○○○
o=뽑힌 개체	n=30

군집표집은 개별 개체를 선택하는 것이 아닌 그룹을 대상으로 선택하기 때문에 앞의 다른 비율적 표집방법과는 조금 다른 특징을 가지고 있다.

- 비용 절감과 효율성: 군집표집은 그룹화된 대상을 선택함으로써 조사 비용을 줄일 수 있으며, 표본 선택 과정의 단순화로 조사 효율성을 높일 수 있다. 특히 표본 선택 과정이 전체를 대상으로 하는 것보다 간소화되는 효과가 있다.
- 그룹 특성 반영: 군집표집을 통해 그룹의 특성을 반영한 표본을 선정할 수 있어, 조사 결과가 전체 대상에 대한 대표성을 확보하면서도 그룹 특성을 살릴 수 있다.
- 대표성 유지 어려움: 그룹 내의 다양성을 반영하기 위해 조사 설계 단계

에서 신중한 고려가 필요하며, 그룹 내부의 변동성을 무시하면 대표성이 훼손될 수 있다.

4. 비확률 표집의 종류

비확률 표집은 확률적인 성질을 갖지 않으며, 표집개체의 독립성과 무선성을 보장하지 않는 표집방법이다. 따라서 대표성을 확보하기 어렵고, 표집의 결과를 전집의 결과로 유추 또는 일반화시키기 어려운 문제가 발생한다.

그러나 비확률 표집은 확률 표집으로 개체를 선택하기 어려운 상황에서 유용하게 활용 가능하며, 확률 표집보다 오히려 대표성이 확보된다고 판단되는 경우 더 나은 결과를 도출할 수도 있다.

예시 새로운 마을의 지역센터 입지 선정을 위해 지역 주민 전부를 조사하는 것보다 지역 전문가들의 지식과 경험을 활용하여 센터 입지를 결정하는 것이 더 효율적일 수 있다.

비확률 표집에는 다양한 방법이 존재하며, 각 방법은 연구목적과 상황에 따라 선택된다.

1) 편의표집

가장 흔하게 사용되는 비확률 표집방법으로, 연구자가 편리하거나 접근 가능한 개체를 선택하는 방식이다. 편의표집(convenience sample)은 표본을 선택할 때 무작위성이나 계획성 없이 주변의 편리함을 따라 선택하는 방법으로, 무계획표집(haphazard sample) 혹은 우연적 표집(accidental sample)이라고도 불린다. 편의표집에는 자원한 사람만 선발하여 구성하는 자원자표집(volunteer sample)도 있다.

예시 지방 선거에서 후보 지지를 조사하기 위해 도심의 번화가에서 지나가는 사람들을 대상으로 조사를 진행한다고 가정해 보자. 이 경우, 조사 대상자들이 편리한 장소에서 우연히 지나가는 사람들이므로 조사가 용이하고 응답률이 높을 수도 있다.

예시 의학 분야에서 임상실험을 할 때, 자원자들을 대상으로 연구를 진행하기도 한다. 이 경우, 자원자들이 자발적으로 참여하고 일정한 보상을 받으므로 응답률이 높을 수 있다.

편의표집은 간편함과 편리함을 제공하지만, 연구결과의 대표성을 보장하기 어려운 한계를 가지고 있다. 아무래도 편의표집은 무작위성이 부족하므로 전체 집단을 대표하지 못하고 특정한 성향을 가진 집단을 대표할 가능성이 높다. 또한 편의적으로 선택된 조사 대상은 연구자의 주관적 판단이나 관심사에 영향을 받을 수 있어 조사 결과에 편향을 가져올 수 있다.

따라서 편의표집을 활용할 때에는 주의 깊은 판단과 균형이 필요하다. 무작위성이 부족하더라도 신뢰도 있는 조사를 진행하기 위해 다음과 같은 접근을 고려할 수 있다.

- 표본 다양성: 가능한 다양한 성향과 배경을 가진 대상자들을 선택하여 대표성을 향상시킬 수 있다.
- 보완적 조사: 편의표집으로 얻은 데이터를 다른 데이터와 결합하여 조사 결과의 신뢰성을 높일 수 있다.

2) 의도적 표집

의도적 표집(purposive sample)은 연구자의 주관과 판단에 의해 표본을 선택하는 방법으로, 주관적 표집(subjective sample) 또는 판단적 표집(judgmental sample)이라고도 불린다. 이 방법은 연구자가 표본을 선택함에 있어서 주관적 판단과 의사결정을 활용하는 특징이 있다. 연구목적과 일치하는 특정 개체를 선택하는 방식으로, 특정 속성을 갖는 개체를 선정하여 연구결과를 뚜렷하게 할 수 있는 장점도 있다.

예시 어떤 지역의 시장 조사를 위해 몇몇 유명한 소상공인을 대상으로 조사를 수행한다고 가정해 보자. 이 경우, 소상공인들이 해당 지역의 시장 상황을 잘 알고 있으며 조사 데이터의 품질을 높일 수 있을 것으로 판단하여 의도적 표집방식을 적용한 것이다.

의도적 표집은 다음과 같은 상황에서 활용될 수 있다.

- 전문가(expert) 의견 수렴: 연구주제에 대해 전문적인 지식과 경험을 가진 전문가들을 대상으로 의견을 수렴하고자 할 때 의도적 표집방식을 활용할 수 있다.
- 특정 집단 연구: 특정한 집단이나 조건에 대한 연구를 진행하고자 할 때, 해당 집단의 대표적인 인물들을 선택하여 조사 데이터를 수집할 수 있다.

의도적 표집은 연구자의 주관과 판단에 의해 선택되므로 다음과 같은 제한점이 존재한다. 연구자의 주관과 의견이 조사 데이터에 영향을 미칠 수 있으며, 특정 성향을 가진 대상자들을 선택할 가능성이 높다. 또한 의도적 표집은 특정한 의도나 목적에 따라 선택되기 때문에 전체 집단을 대표하지 못하고 일부 성향을 강조하는 결과를 낼 수 있다.

의도적 표집을 사용할 때에는 편의표집과 마찬가지로 주의 깊은 판단과 균형이 필요하다. 연구결과의 신뢰성과 타당성을 유지하기 위해 다음과 같은 접근이 고려될 수 있다.

- 다양한 전문가 의견 수렴: 가능한 다양한 의견과 관점을 가진 전문가나 대상자들을 선택하여 의도적 표집 결과의 다양성을 확보할 수 있다. 가

령, 특정 이슈에 대해 찬성 전문가와 반대 전문가가 동시에 포함되면 다양한 의견이 나올 수 있다.

- 보완적 조사: 의도적 표집으로 얻은 데이터를 다른 데이터와 함께 사용하여 결과의 신뢰성을 높이는 데 활용할 수 있다.

3) 눈덩이표집

눈덩이표집(snowball sample)은 피라미드 모양을 띠며 한 인물을 표집하고 그 인물로부터 다른 인물들을 추가로 표집해 나가는 방식이다. 초기 선택된 개체를 기반으로 추가 개체를 추천받아 선택하는 방식으로, 네트워크 조사나 사회 현상의 연구에 활용된다. 눈덩이표집은 사회 네트워크를 조사하고자 할 때, 한 인물을 기점으로 그와 연결된 다른 인물들을 표집하여 네트워크 구조를 분석할 수 있다. 최근에 인터넷상에서 사람들을 선발하여 그 사람들이 다른 사람을 뽑아 올리는 네트워크 방식도 이에 해당한다. 눈덩이표집은 조사 대상자들을 직접 접근하기 어려운 환경에서, 초기 표본을 확보하는 데 적절하다.

예시 어떤 연구자가 특정 환경 문제에 관심을 가지고 있다고 가정해 보자. 이 연구자는 해당 문제와 관련된 전문가를 먼저 선정하고 그들로부터 해당 분야의 관련된 사람들을 소개받아 가며 조사 대상자들을 눈덩이처럼 불어나게 하는 방식을 선택할 수 있다.

눈덩이표집은 네트워크를 기반으로 하기 때문에 초기에 선택된 인물들의 네트워크 속성에 따라 조사 결과가 편향될 수 있는 한계도 발생한다. 더불어 눈덩이표집은 네트워크 내의 관계를 중심으로 표본을 선택하기 때문에 전체 인구의 대표성을 확보하지 못할 가능성도 있다.

4) 할당표집

할당표집(quota sample)은 다양한 그룹을 특정 비율로 선택하는 방식으로, 특정 그룹의 비율을 조사 결과에 반영하고자 할 때 사용된다. 할당표집은 차원표집(dimension sample)이라고도 하며, 전집을 여러 그룹(segment, strata)으로 나누고 각 그룹에 미리 정해진 개체 수를 할당하여 표본을 구성하는 방법이다. 이러한 방식은 유층표집과 유사한 성격을 가지며, 비확률 표집 중에서도 가장 정교한 표집방법 중 하나이다. 할당표집은 그룹별 대표성과 정확성의 균형을 고려하여 표본을 구성하는 중요한 방법이다. 각 그룹의 특성을 충분히 고려하고 표집크기를 조절함으로써 모집단의 다양한 특성을 대표적으로 포함할 수 있다.

연구자가 조사하고자 하는 여러 그룹 각각에 대해 대표성을 확보하고자 할 때 할당표집이 유용하다. 각 그룹에 일정 비율로 표본을 할당하여 전체 모집단의 다양한 특성을 갖춘 대표성을 확보할 수 있다.

반면에 할당표집은 각 그룹에 미리 정해진 개체 수를 할당함에 따라 편향된 성격의 표집이 구성될 수도 있다. 표집개체들이 뽑힐 확률이 똑같은 원칙이 무너졌다는 점에서 유층표집과 다르다. 월드컵에서 대륙별로 할당된 참가국 수가 사전에 미리 정해져 있는 것이 대표적인 사례이다.

예시 한 조사에서 어떤 대도시의 인구를 연령대와 직업으로 나누어 각 그룹에 해당하는 표본의 개수를 사전에 정해 놓고 조사를 진행하는 경우가 할당표집의 예시이다.

5) 다단계표집

표집을 확률 표집과 비확률 표집으로 나누는 것과 달리 몇 번에 걸쳐 만드는가 하는 관점으로도 살펴볼 수 있다. 다단계표집(multistage sample)은 표집을 구성하는 과정을 여러 단계로 나누어 진행하는 방법으로, 전집을 1차로 여러 개의 그룹이나 군집으로 나눈 뒤 그러한 군집에서 또다시 하위군집이나 유층으로 나누고 그로부터 무선표집 등을 수행하는 방식이다.

예시 대도시의 인구를 조사하고자 할 때, 먼저 대도시 내의 여러 동(neighborhood)을 군집으로 선정한 후, 각 동에서 주거형태(유층)로 세부적인 지역을 분류 조사하는 것이 다단계표집의 예시이다.

다단계표집은 다양한 상황에서 활용될 수 있으며, 대규모 조사에서 효율성과 정확성을 동시에 추구할 수 있는 방법이다. 전체 모집단을 한 번에 조사하기 어려운 경우, 다단계표집을 통해 여러 단계를 거치며 효율적으로 조사할 수 있으며, 표집크기를 각 단계에서 조절하여 효과적인 조사를 가능케 한다.

다단계표집은 효율성을 추구하지만 몇 가지 한계가 있을 수 있다. 상위군집에서 표본을 추출하다 보면 하위군집 내에서 비슷한 특성이 더 많이 나타날 수 있으며, 여러 단계를 거치므로 계획이 복잡하고 구현에 시간과 비용이 더 많이 소요될 수 있다.

6) 다국면표집

다국면표집(multiphase sample) 또는 혼합표집은 다양한 시각으로 모집단을 조사하고 분석하기 위한 방법이다. 여러 개의 국면(dimension)을 고려하여 표본을 추출하고 각 국면에서 얻은 정보를 통합해 모집단의 특성을 이해하고 분석하는 기법이다.

다국면표집은 모집단을 다양한 시각에서 조사하고 분석할 수 있어 중요한 장점을 가지고 있다. 여러 개의 국면에서 표본을 추출하므로 다양한 시각으로 모집단을 조사할 수 있고, 각 국면에서 얻은 정보를 통합해 모집단의 복잡한 특성을 분석하고 원인을 파악할 수 있다.

그러나 다양한 국면에서 표본을 추출할 때 각 국면의 특성을 고려하여 적절한 표집크기를 조절해야 하며, 다양한 국면에서 얻은 정보를 통합하고 해석하는 과정이 복잡할 수도 있다.

예시 의약품 개발 과정에서, 처음에는 심장이 약한 환자를 우선적으로 선발하여 임상실험을 하고(첫 번째 국면: first dimension) 나서 결과가 좋은 환자를 제외한 효과가 없는 환자들을 다시 선발하여 실험을 한다(두 번째 국면: second dimension). 효과 있는 사람과의 차이를 비교·분석하거나 두 번째 효과가 없던 사람들을 추가 분석해 원인을 파악하는 방식으로 연구하는 것이다.

7) 표집크기

통계적 조사나 실험에서 적절한 표집크기(sample size)를 선택하는 것은 연구의 타당성과 결과의 신뢰성을 보장하기 위해 중요한 단계라고 할 수 있다. 전집으로부터 표집방법을 사용하여 일정 개체를 선발한 수를 표집크기라고 한다. 전집 크기(N)와 표집된 개체 수(n)는 항상 차이가 발생하며, 만약 차이가 없다면 이는 전수조사(population research)에 해당된다. 그러나 일반적인 연구에서는 표집을 사용하기 때문에 n은 N보다 항상 작다. 표집크기가 전집 크기에 비해 작더라도 올바른 방법으로 표집을 추출하면 대표성을 유지할 수 있다. 적절한 표집크기를 결정하기 위해서는 연구의 목적과 중요성을 고려하여 연구의 균형을 유지해야 한다. 너무 작은 표집크기는 결과의 신뢰성을 떨어뜨리며, 너무 큰 표집크기는 비용과 시간을 낭비할 수 있다. 표집크기를 결정하는 요인은 다음과 같다.

(1) 표집크기 결정 요인

- 전집 접근성: 전집 접근성이 쉬울수록 크기는 커짐
- 전집 크기: 전집 크기가 클수록 표집크기는 커짐
- 전집 속성: 이질적이고 다양하게 구성되어 있을수록 크기는 커짐
- 유의도 수준(significance level): 유의도 수준이 높아질수록, 즉 99%가 90%

보다 더 큰 표집크기가 필요함. 반대로 신뢰구간추정(confidence interval level)의 경우 낮아질수록 더 많은 표집크기가 필요함. 즉, ±5%보다 ±1%의 구간추정 시 더 많은 표집크기가 필요함

- 표집방법: 유층표집보다는 무선표집이 더 표집크기가 커야 하며, 무선표집보다 군집표집이 일반적으로 크기가 커짐. 표집크기 순으로 나열하면 유층표집 < 무선표집 < 군집표집
- 검증방향: 일방향(one tailed) 검증보다는 양방향(two tailed) 검증이 더 많은 표집크기가 필요함
- 통계방법: 모수통계(parametric statistic)가 비모수통계(nonparametric statistics)보다 더 많은 표집크기가 필요하며, 특정 통계방법, 가령 상관관계 분석에는 최소 30개 정도의 표집크기가 필요함. 그룹 간 비교에는 보통 15개 정도의 개체 수가 필요함. 구조방정식에는 변인 수에 따라 다르지만, 보통 표집크기 200 이상을 요구하는 경우가 많음. 일반적으로 다변인분석(multivariate analysis)에 더 많은 표집크기가 요구됨
- 변인 수: 연구에 포함된 변인의 수가 많을수록 좀 더 많은 표집크기가 필요함. 즉, 다수의 독립변인이 포함될 경우 소수의 변인보다 더 표집크기

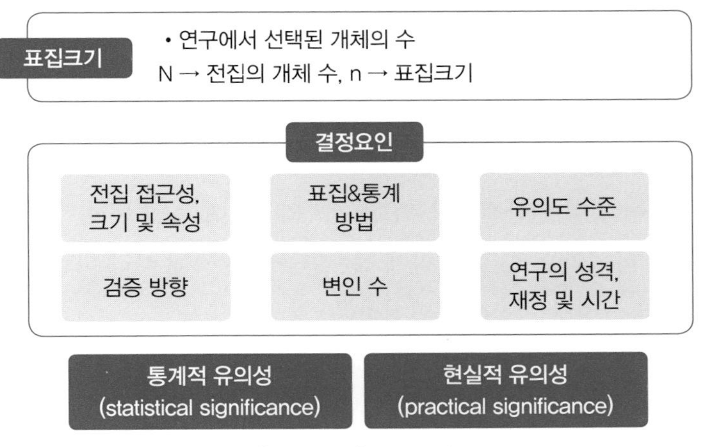

[그림 4-3] **표집크기**

가 필요함

- 연구 성격, 재정, 시간: 재정과 시간이 여유로울수록 표집크기가 커지며, 연구 성격의 경우 시급성이 강하고 사회적 파장이 클수록(코로나 같은 경우) 표집크기가 크면 좋겠지만 빨리 대처해야 할 필요성이 제기되면 일정 부분 표집 개체 수가 적더라도 연구가 진행됨

(2) 표집크기 결정 공식

표집크기 결정은 연구의 목적과 방법에 따라 정하는 것이 중요하지만, 수리적인 접근 역시 고려해야 한다. 통계적으로 유의미한 결과를 얻기 위해서는 충분한 표집크기가 필요하다. 여러 가지 공식과 지침을 활용하여 표집크기를 결정하는 방법을 알아보자.

표집크기 결정을 위한 여러 공식 중 하나는 다음과 같다.

$$n = \frac{\pi(1-\pi)}{\left[(\varepsilon^2 / z^2) + \frac{\pi(1-\pi)}{N}\right]}$$

Note: N=전집 크기, n=표집크기, π는 전집과 표집 간에 알려진 예비 비율의 기대치, ε는 받아들일 수 있는 오차(acceptable error), z는 신뢰수준과 관련된 양방향 기준치

만약 예상 비율인 π가 경험적으로 알려져 있지 않을 경우, 통상적으로 0.5를 사용하는 것이 일반적이다. 또한 95%의 유의도 수준에서 사용되는 z 값은 1.96이다. 마지막으로, 오차 한계 ε는 연구의 성격에 따라 다를 수 있으나, 대체로 0.05로 설정하는 것이 보편적이다.

전집의 크기가 5,000명이라고 가정하고 앞에서 언급한 값을 대입하여 표집크기를 계산하면 표집크기는 356.75로 약 357명이 된다.

현대에는 다양한 온라인 표집크기 계산 도구들이 제공되며, 이를 활용하면

더욱 쉽게 표집크기를 결정할 수 있다. 실제로는 다음과 같은 인터넷상의 계산기에 대입하여 표집크기를 구하면 95% 신뢰도(confidence) 수준에서 357명이 나오는 것을 확인할 수 있다. 앞의 공식과 같은 결과가 나온다.

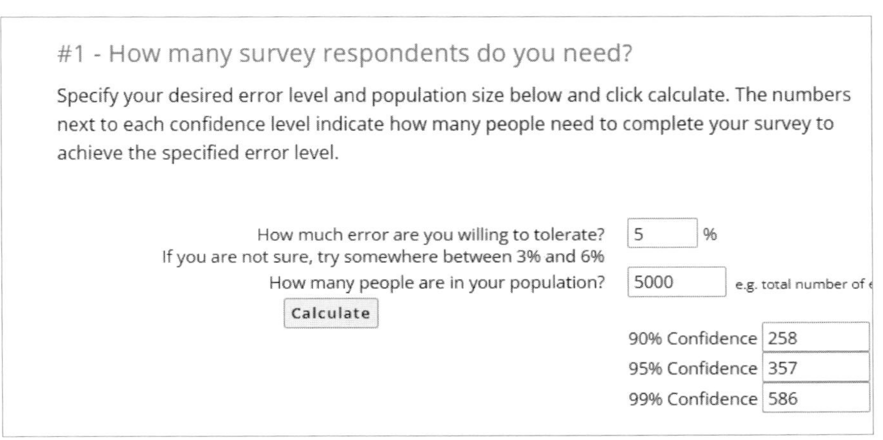

출처: https://www.custominsight.com/articles/random-sample-calculator.asp

가설검증력(power)과 표집크기도 밀접한 관련이 있다. 가설검증력은 연구에서 중요한 개념 중 하나로, 올바른 결정을 내리는 것을 의미한다. 가설검증력은 제2종 오류(type II error, Beta error)[1]와 관련이 있다. 제2종 오류란 영가설(H_0)이 거짓일 때(false) 기각을 하지 못하는 것을 말한다(fail to reject H_0). 가설검증력이란 1−제2종 오류이다.

가설검증력은 영가설이 거짓인 경우에 반드시 기각해야 하는 확률을 의미하며, 이는 유의도 수준, 효과크기(effet size), 표집크기에 의해 영향을 받는다. 표집크기가 작을수록 가설검증력이 낮아지고, 영가설이 거짓임에도 불구하고 기각을 할 수 없는 오류가 발생할 가능성이 높아진다.

가설검증력을 고려하여 표집크기를 결정하는 것은 연구의 신뢰성을 높이기 위한 중요한 단계이다. 이를 위해 사용되는 소프트웨어 중 하나로 'GPower'가

1) 제2종 오류는 뒤의 p. 221 오류 유형을 참조할 것.

있다. GPower는 가설검증력을 고려하여 표집크기를 계산해 주는 도구로서, 연구자들이 효과크기, 유의도 수준, 원하는 가설검증력 등을 고려하여 적절한 표집크기를 결정하는 데 도움을 준다.

예를 들어, 상관관계 분석을 수행한다고 가정해 보자. 상관계수가 0.6으로 예상되며, 95%의 가설검증력이 필요하다고 가정해 보면, 필요한 표집크기가 30이라는 결과를 얻게 된다. 이 값은 상관관계 분석을 위한 일반적인 표집크기 요구량인 30과 일치하는 것을 확인할 수 있다.

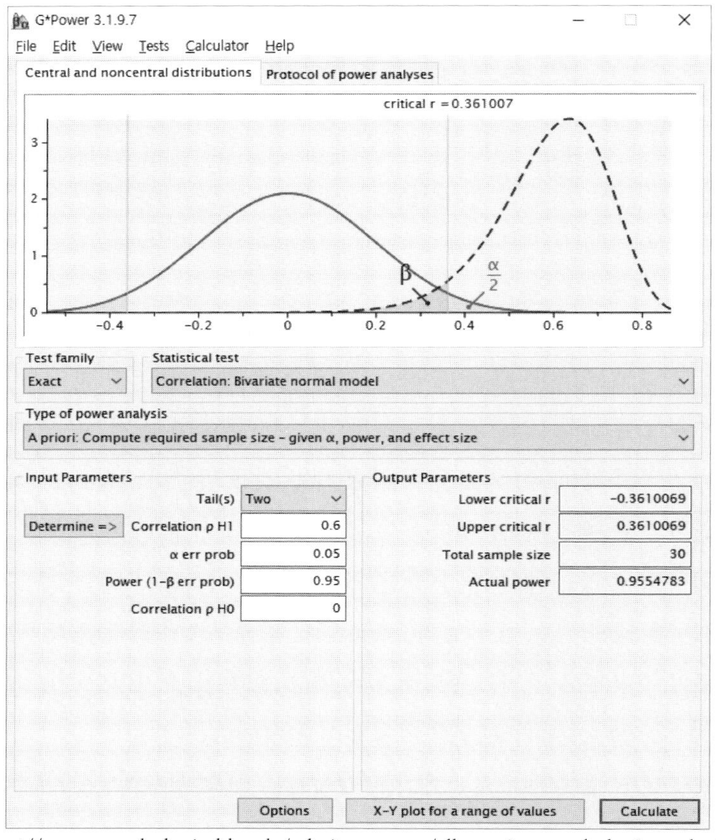

출처: https://www.psychologie.hhu.de/arbeitsgruppen/allgemeine-psychologie-und-arbeitspsychologie/gpower.html

마지막으로 효과크기(effect size)도 표집크기의 고려사항이 될 수 있다. 효과크기는 특정 통계치의 유의도(significance)보다는 특정 통계치의 강도(magnitude)와 더 관련이 있다. 즉, 효과크기를 나타내는 r의 값을 살펴볼 때, r=.8이 r=.4보다 효과크기가 더 크다고 말할 수 있다. 또한 두 그룹의 평균 차이에서 사례 수가 같다고 할 때 t=3.2값이 t=2.7보다 유의도가 높을 것이고 동시에 효과크기도 크다고 할 수 있다. 다음 그림은 다중회귀분석에서 필요한 표집크기를 사전에 결정하는 사이트의 예시이다. 효과크기를 0.15로 설정하고 파워를 0.8로 설정하였을 때 독립변인이 3개이고 종속변인이 1개, 그리고 유의도를 .05로 설정하였을 때 76명의 표집크기가 필요한 것이다.

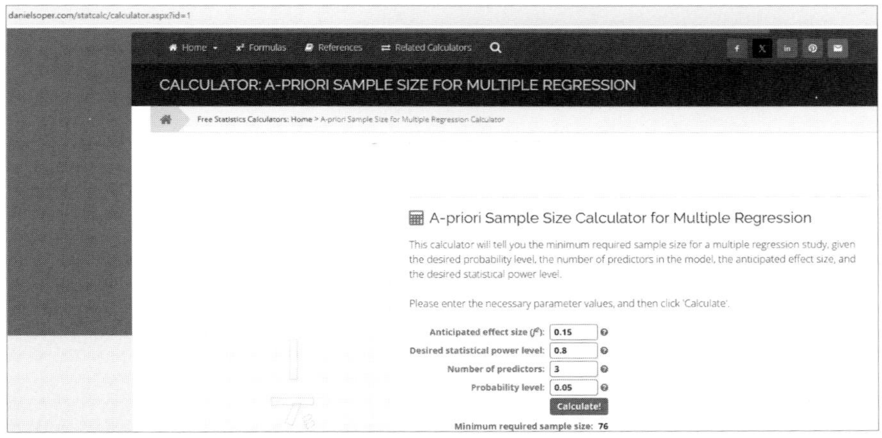

출처: https://www.danielsoper.com/statcalc/calculator.aspx?id=1

제5장

측정

측정
- 질적 vs 양적 데이터
- 이산형 vs 연속 데이터

척도
- 명명척도
- 서열척도
- 등간척도
- 비율척도
- 라이커트 타입 척도

표준화검사 도구
- 표준화 적성검사
- 표준화 성취검사
- 표준화 심리검사

1. 측정

데이터 분석의 핵심은 측정된 데이터를 바탕으로 정보를 얻는 것이다. 측정(measurement)은 개체(object)의 변인(variable)에 대해 값(value)을 부여하는 과정으로, 이를 통해 우리는 현상을 이해하고 분석할 수 있다. 측정은 물리적으로 볼 수 있고 만질 수 있는 개체의 변인, 즉 길이나 무게 같은 것뿐만 아니라 보이지 않는 지능, 태도, 적성 등 무형적인 것에도 값을 부여할 수 있다. 예를 들어, 학생의 지능을 평가하기 위해 지능검사를 수행하고, 이를 통해 각 학생에게 지능 지수를 부여하는 것이 측정이다. 학생의 성별은 남성 또는 여성으로 구분될 수 있으며, 이는 수치적인 값이 아니지만 측정 가능한 정보이다. 이러한 측정은 관찰(observation)을 통해 값을 부여할 수 있으며, 관찰은 눈으로도 기계적으로도 이루어질 수 있다. 공장에서 일정 부분 기준에 못 미칠 때 자동으로 감지하여 불량품 발생을 기록하는 것도 측정의 한 형태이다. 측정의 척도는 데이터의 특성을 구분 짓는 기준이 된다. 척도에 의해 측정된 결과(값)가 나뉠 수 있다.

측정

관찰을 통하여(different observation) 가치(value), 특히 수적인 가치(numeric value)를 부여하는 과정

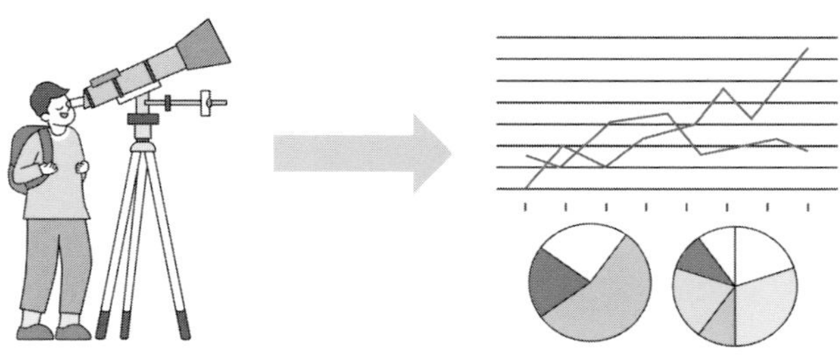

[그림 5-1] **측정의 개념**

2. 척도

1) 명명척도

명명척도(nominal scale)에 의해 측정된 값은 명명데이터(norminal data) 또는 범주 데이터(categorical data)라고 불린다. 개체에 이름 또는 라벨(label)을 부여하여 데이터를 분류하는 기준이다. 주로 질적인 특성을 다루며, 그중에서도 범주화된 항목을 표현하는 데 사용된다. 대표적인 예시로는 성(gender)이 있다. 각각의 개체는 '남성' 또는 '여성'이라는 범주로 분류되며, 이에 대응하는 라벨이 부여된다. 이러한 명명척도는 두 개 이상의 범주로 분류되는 경우도 흔히 있다. 예를 들어, 특정 지역의 구단을 'A팀', 'B팀', 'C팀' 등으로 분류하여 각각에 라벨을 부여할 수 있다. 명명척도에 의해 부여되는 라벨은 수적인 가치(numeric value)를 갖지 않는다. 즉, 라벨의 순서나 크기 비교가 의미가 없다. 예를 들어, 성의 경우 '남성'과 '여성'은 각각 0과 1로 부여할 수 있지만, 이는 수적인 관계를 나타내는 것이 아니다. 0보다 1이 큰 것이 아니고 단지 0과 1이 다른 속성으로 구분된 것이다. 단순히 다른 범주를 나타내는 데에 그 목적이 있다. 이렇게 2개의 값으로 범주가 나누어지는 경우 이분법 데이터(dichotomous data)라고 한다. 명명척도는 2개의 범주 이상을 나타내는 경우에도 적용 가능하다. 예를 들어, 여러 개의 지역을 기반으로 하는 스포츠 구단의 경우 각 구단의 이름에 코드를 부여하고, 이를 통해 각 구단의 특성을 분석할 수 있다. 이와 같이 명명척도는 범주 데이터를 표현하는 중요한 도구이다.

2) 서열척도

서열척도(ordinal scale)는 데이터를 순위대로 나열하고 각 개체의 상대적인 위치를 파악하는 데 사용되는 기준이다. 이는 주로 질적인 특성을 다루는 데에 활용되며, 데이터의 순위나 랭크를 통해 정보를 전달한다. 완벽하지는 않지만 다소 의미 있는 순위(meaningful rank) 또는 서열(order)을 만들어 낸다. 이러한 서열척도는 상대적인 위치를 표현하는 데 중요한 역할을 할 수 있다. 예를 들어, 학생들의 성적을 '우수', '보통', '미흡'과 같은 등급으로 표현해 보자. 이때 각 학생의 등급은 상대적인 순위를 가지며, '우수'가 '보통'보다 높은 등급임을 알 수 있다. 서열척도는 데이터 간의 순위를 파악하는 데 유용하지만, 각 순위 간의 간격이 동일하지 않다(no meaningful distance)는 점을 주의해야 한다. 즉, 서열 간의 차이를 정량적으로 해석할 수는 없다. 예를 들어, '우수'와 '보통' 간의 차이가 '보통'과 '미흡' 간의 차이와 동일하지 않을 수 있다. 서열척도로 측정된 데이터는 주로 순위나 등급을 기준으로 분석되며, 이를 통해 상대적인 우열을 비교하거나 그룹 간의 차이를 확인할 수 있다.

3) 등간척도

등간척도(interval scale)로 측정된 데이터는 의미 있는 순위가 발생한다. 측정으로부터 발생한 값이 동등한 간격(equal distance)을 가진다. 등간척도는 순위와 간격을 함께 나타내므로, 특정 개념의 크기나 성능을 비교하는 데 유용하다. 예를 들어, 온도의 경우 섭씨나 화씨로 표현되며, 온도 간의 순위와 간격을 알 수 있다. 섭씨 10도와 20도의 차이는 30도와 40도의 차이와 간격이 같다. 그러나 등간척도에서는 절대적인 '0' 값이 없다는 점에 주의해야 한다. 온도가 0도라는 것은 온도가 없는 것이 아니라 단지 10도부터 10도만큼 아래 온도이며, −10도보다 10도 위에 위치한 온도라는 점이다. 등간척도로 측정된 데이터는 숫자 간의 간격이 의미가 있으므로 데이터 간의 덧셈, 뺄셈 연산이 가능하며, 간격의 비율을 이용한 분석도 수행할 수 있다. 등간척도로부터 파생된 데이터는 보통 연속적인 특성을 다루는 데 유용하다. 데이터 간의 순위와 간격을 고려하여 평균, 표준편차 등의 기술통계(descriptive statistics) 분석을 수행할 수도 있다. 또한 등간척도 데이터를 범주로 전환하여 그 범주를 분석하는 것도 가능하다. 교육에서 흔히 사용하는 표준화된 학업성취 점수들은 등간척도의 점수로 간주한다.

4) 비율척도

비율척도(ratio scale)는 등간척도의 특징을 가지면서, 자연수 절대적인 '0' 값이 존재하는 척도이다. 이는 상대적인 위치를 나타내는 것뿐만 아니라 절대적인 양을 나타내는 데에도 사용된다. 비율척도로 측정된 데이터는 절대적인 의미가 있으므로 양적인 분석을 수행하는 데 유용하다. 예를 들어, 몸무게나 키의 경우, 각 개체 간의 차이를 비교하고 얼마나 큰 차이가 나는지를 알아내는 데 사용된다. 무게가 0이라는 것은 무게가 없다는 것이다. 비율척도로 측정된 데이터는 절대적인 '0' 값을 가지므로 덧셈, 뺄셈 연산은 물론 곱셈, 나눗셈 연산도 가능하다. 이는 데이터의 비율을 계산하거나 변화량을 분석하는 데 적절하며, 비율척도로부터 파생된 데이터는 양적인 속성을 가지므로 평균, 비율, 변화량 등 다양한 통계적 분석을 수행할 수 있다. 또한 비율척도 데이터의 특성을 고려하여 변인 간의 관계를 밝히는 데 활용된다.

3. 척도의 특징

하위척도는 상위척도에 종속(nested)된다는 특성을 가지고 있다. 이는 하위척도로 측정된 값은 상위척도의 값으로 변환되지 않지만, 상위척도의 값은 하위척도의 값으로 변환될 수 있다는 것을 의미한다. 예를 들어, 소득액을 '1억 이상=최상, 7천~1억=상, 5~7천=중간, 3~5천=하, 3천 이하=최하'로 분류한다면 비율척도의 값이 서열척도의 값으로 변환된 것이다.

척도의 종류에 따라 연산 기능이 다르게 작용한다. 비율척도는 사칙연산인 더하기, 빼기, 곱하기, 나누기가 모두 가능하며, 등간척도는 더하기와 빼기만 가능하다. 서열척도는 순위를 비교하는 연산만 가능하고, 명명척도는 비교나 순위를 나타낼 수 없다. 다양한 예시를 통해 각 척도의 특성을 이해할 수 있다. 예를 들어, 숫자 5와 6은 명명척도로는 서로 다른 개체를 나타내지만, 서열척도로는 5가 6보다 작은 순위를 가진다. 등간척도로 5와 6의 차이는 7과 8의 차이와 같다. 마지막으로, 6은 3의 2배이며 8은 4의 2배인 것이 비율척도의 데이터이다. 비율척도는 절대적인 크기와 비교가 모두 가능하다.

척도의 종류에 따라 사용되는 통계분석 방법이 달라진다. 등간척도와 비율척도 데이터는 모수통계방법(parametric statistics)을 사용할 수 있고, 서열척도와 명명척도 데이터는 비모수통계방법(nonparametric statistics)을 사용하는 것이 원칙이다. 모수와 비모수통계방법에 대한 설명은 통계의 가정요건에서 다루겠다.

척도의 특성을 이해하고 데이터의 종류에 따라 적절한 통계분석 방법을 선택하는 것이 중요하다. 데이터가 어떤 척도로 측정되었는지를 파악하여 데이터를 올바르게 해석하고 분석하는 데에 유의할 필요가 있다.

〈표 5-1〉 **척도의 특징**

척도의 특징	주요 사항
하위척도의 데이터는 상위척도에 종속	명명<서열<등간<비율
척도에 따라 연산 기능이 달라짐	명명척도(연산불가능), 서열척도(원칙적으로 연산불가능) 등간척도(덧셈, 뺄셈), 비율척도(사칙연산 모두 가능)
척도에 따라 통계방법이 달라짐	명명척도 서열척도(비모수통계), 등간척도 비율척도(모수통계)

4. 라이커트 타입 척도

라이커트 타입 척도(Likert type-scale)는 사회과학 연구에서 흔히 사용되는 측정도구 중 하나로, 의견, 태도, 감정 등을 평가하는 데에 활용된다. 이 척도는 서열척도의 일종으로, 특정 문항에 대한 응답자의 의견을 다양한 수준으로 나타내는 방식이다. 서열척도의 데이터이지만 등간척도로 인정하여 통계처리를 하는 것으로 동의가 이루어진 척도이다. 라이커트 타입 척도의 특징 중 하나는 단일개념(single trait)만을 측정하고자 설계되었다는 것이다. 즉, 컴퓨터 유용성을 측정하는 것은 유용성만 측정해야 하고 컴퓨터 사용 효능감을 측정하는 것은 효능감만 측정해야지 이것들을 혼합해서는 안 된다는 것이다.

라이커트 타입 척도는 보통 다선형 형식으로 구성된다. 응답자에게는 특정 주장에 대한 동의 정도를 표현하는 선택지가 제공된다. 이 선택지는 '매우 동의하지 않음', '동의하지 않음', '보통', '동의함', '매우 동의함' 등과 같이 다양한 정도로 표현된다.

라이커트 타입 척도는 태도나 의견을 정량화하여 측정하는 데에 유용하다. 예를 들어, '제품 A에 대한 만족도'를 평가하기 위해 응답자에게 '매우 만족하지 않음'부터 '매우 만족함'까지의 선택지를 제공하여 데이터를 수집할 수 있다. 매우 만족하지 않음은 1점으로, 만족하지 않음은 2점으로, 중간 정도임은 3점으로, 만족함은 4점으로, 매우 만족함은 5점으로 값을 부여하는 경우 라이커트 5점 척도(5-points Likert scale)라고 한다. 만족도를 비슷한 항목으로 여러 개 측정하였다면 그것들을 다 더하여 사용하는데 그렇게 다 더한 점수를 총합점수(summated score)라고 한다.

라이커트 타입 척도로 수집된 데이터는 보통 각 응답자의 선택을 수치로 변환하여 분석한다. 이러한 변환은 응답자의 선택에 따라 가중치를 부여하여 각 응답을 계산하는 방식으로 이루어진다. 라이커트 타입 척도를 사용할 때에는 문항의 정확성과 응답자의 이해도를 고려하여 문항을 설계해야 한다. 또한 각 선택지의 의미를 응답자가 명확하게 이해할 수 있도록 주의를 기울여야 한다. 라이커트 타입 척도는 응답자의 의견이나 태도를 정량화하여 측정하는 데에 유용한 도구이다.

〈표 5-2〉 라이커트 타입 척도의 특징

요소	주요 특징
척도의 성격	서열척도가 기본임. 그러나 경험적으로 등간척도로 인정하여 통계처리 가능
정서적인 면을 측정	태도(attitude): 부정(negative)~긍정(positive) 규범(norm): 그름(wrong)~옳음(right) 믿음(belief): 거짓(false)~진실(true) 감정(feeling): 싫음(unfavor)~좋음(favor)
많이 사용되는 척도의 수준	1점(매우 아니다)~5점(매우 그렇다) 1점(매우 아니다)~7점(매우 그렇다)
척도의 통계처리	총합점수(summated score)를 만들어 통계처리를 수행함

5. 질적 데이터와 양적 데이터

데이터는 질적 데이터와 양적 데이터로 나뉜다. 이 두 유형은 측정과 척도에 따라 결정되며, 각각의 특징과 활용 방법이 다르다.

1) 질적 데이터

질적 데이터(qualitative data)는 수적으로 측정할 수 없는 데이터로, 주로 개체들의 특성이나 분류에 관한 정보를 담는다. 이러한 데이터는 숫자로 표현될 수 없지만, 숫자를 부여하여 통계적으로 처리할 수 있다. 주로 기술적인 표현이나 고유한 특징을 나타낸다. 인종이나 성별 등이 질적 데이터의 예이다.

2) 양적 데이터

양적 데이터(quantitative data)는 숫자로 셀 수 있는 데이터로, 어떤 양적인 값이나 수치를 나타낸다. 이러한 데이터는 수치적인 계산과 분석을 통해 처리될 수 있다. 양적 데이터는 이산형 데이터와 연속형 데이터로 나뉜다.

(1) 이산형 데이터

이산형 데이터(discrete data)는 더 이상 쪼개거나 나눌 수 없는 개별적인 값의 집합이다. 이 값들은 정수로 표현되며, 불연속적인 특성을 가진다. 예를 들어, 학생 수, 동전의 앞뒤 등은 이산형 데이터의 예이다. 특정 학과의 학생 수가 30명이라면, 이 값은 더 이상 나눌 수 없는 하나의 개체로서 30명으로 고정된다. 학생 수가 27.8명과 2.2명으로 나뉠 수 없다는 의미이다. 또한 자신이 지지하는 스포츠팀의 승수도 이산형 데이터로 처리된다. 내가 좋아하는 특정 프로팀이 4승 2패 1무와 같은 승수를 가질 때, 이 값은 더 이상 쪼개지지 않는 정수로 표현된다.

(2) 연속형 데이터

연속형 데이터(continuous data)는 계속해서 변하는 수치적인 값들로 이루어진 데이터이다. 이 값들은 무한히 많은 부분이나 단위로 나뉠 수 있으며, 미세한 차이나 변화도 표현할 수 있다. 예를 들어, 무게, 시간, 소득액과 같은 값은 연속형 데이터이다. 무게는 10kg 단위로 나뉠 수 있으며, 시간은 30분 단위로도 나뉠 수 있다. 이러한 데이터는 소수점을 이용하여 더 미세한 단위로도 표현 가능하다.

질적 데이터에도 통계적 분석을 위해 숫자를 부여할 수 있다. 예를 들어, 인종을 백인은 1, 흑인은 2, 황인은 3으로 부여하는 식으로 숫자를 활용할 수 있다. 이러한 숫자 부여는 통계분석을 용이하게 하기 위한 방법 중 하나이다.

이처럼 질적 데이터와 양적 데이터는 각각의 특징과 활용 방법이 다르며, 연구나 분석을 할 때 어떤 데이터를 다루는지에 따라 적절한 방법이 선택되어야 한다.

6. 표준화 검사

1) 표준화 검사

표준화 검사(standardized test)는 일관성 있거나 표준화된 방식으로 수행되는 측정도구로, 일반적으로 미리 만들어진 문제나 측정도구가 사용되며 결과에 대한 해석방식도 사전에 결정된다. 이러한 표준화된 절차는 보통 특정 대상 그룹 간의 비교나 그룹 내의 개별 참여자 간 비교를 위해 활용되며, 장기간 동안 결과의 경향을 분석하는 데에도 활용된다.

표준화 검사는 학습 또는 평가 과정에서 일정한 척도로 객관적인 평가를 수행하고자 할 때 주로 사용된다. 초중고 학교에서의 학력진단 평가나 대학 수능과 같은 학업 평가, 또는 국제적으로 학생들의 성취도를 독해, 수학, 과학, 문제해결 영역을 중심으로 평가하는 PISA(Program for International Student Assessment)와 같은 평가도 표준화 검사의 일종이다.

표준화 검사의 가장 큰 장점 중 하나는 동일한 문제와 평가 체계를 사용하여 객관적인 비교와 평가를 할 수 있다는 것이다. 또한 결과의 통계적 분석이나 추이 파악이 용이하며, 다양한 연구나 비교 분석에 사용될 수 있다. 그러나 표준화 검사는 항상 모든 상황에 적합한 것은 아니다. 학생의 개별적인 창의성이나 특성을 반영하지 못할 수 있고, 문항의 제한적인 선택지로 인해 응답자의 의견을 충분히 나타내지 못할 수도 있다. 즉, 동일한 시험과 평가 시스템이 적용되나 실제로 검사에 참여한 학습자의 학습환경이나 관련 학습지원요소가 다르기 때문이다.

표준화 검사는 학교 교육 평가부터 국제적인 성취도 비교, 연구 분야에서도 다양하게 활용된다. 이를 통해 학습자나 그룹의 성취도를 정량적으로 파악하고, 더 나은 교육 및 연구 방향을 제시하는 데 도움이 될 수 있다.

2) 표준화 적성검사

표준화 적성검사(standardized aptitude test)는 개인의 인지 능력, 직업 관련 행동 역량, 개인적 심리적 속성(trait) 등을 평가하는 검사이다. 이는 개인이 특정 상황에 대처하는 능력뿐만 아니라 문제해결, 논리력, 수리 추리력, 언어 능력, 공간 인식, 개인 인성 등을 평가한다. 적성검사는 특정한 사전 학습 없이도 특정 상황이나 문제에 대처하는 능력을 파악하는 데 사용될 수 있다.

표준화 적성검사는 대학 입시나 대학원 진학과 같은 상황에서 특정한 능력을 평가하거나, 진로나 직업 관련 역량을 평가하는 데 사용되기도 한다. 대한민국의 수능시험과 미국의 대학수학능력시험(scholastic assessment test: SAT), 대학생들이 대학원 진학할 때 보는 대학원 기록시험(graduate record examination: GRE) 등이 표준화 적성검사의 대표적인 예시이다.

표준화 적성검사와 지능검사(intelligence quotient test: IQ Test)는 모두 정신적인 지적 능력(brain power)을 평가하는 도구이다. 표준화 적성검사는 문제해결, 언어 능력, 수리 능력, 공간파악 능력, 기억력, 소통능력, 창조력 등 구체적인 영역을 평가하는 데 중점을 두는 반면에 지능검사는 일반적인 지적 능력을 평가한다. IQ검사는 1~2차례 청소년기에만 하는 경우가 많다. 많은 검증이 이루어진 검사이므로 여러 차례 검사할 필요가 없기 때문이다. 또한 안정적인 결과를 제시하고, 지능은 나이를 먹는다고 해도 더 변화가 일어나지 않기 때문이다.

〈표 5-3〉 **적성검사와 IQ검사**

적성검사	IQ검사
• 특정한 영역의 지능적 역량을 검사 • 특정한 연령이 아닌 일반적 시점 기반 • 특정 영역별로 점수가 산출됨 • 보통 진로나 직업과 관련하여 사용됨	• 일반적이고 좀 더 포괄적인 지능역량을 검사 • 특정한 연령에서의 지능역량을 검사 • 하나의 점수로 산출됨 • 연구나 교육적인 측면에서 사용됨

표준화 적성검사는 학업 평가와 진로 선택을 비롯해 다양한 분야에서 활용된다. 개인의 강점과 약점을 파악하고 더 나은 선택을 할 수 있도록 도움을 주며, 학습자나 참여자의 능력을 정량화하고 비교할 수 있다.

3) 표준화 성취검사

표준화 적성검사가 사전에 특별히 수업(study or instruction)을 받지 않았어도 특정 영역, 상황, 사건 등에 대처하는 능력이나 역량을 평가하는 것이라면, 표준화 성취검사(standardized achievement test)는 사전에 수업이 진행되었다는 전제하에 수행되는 검사이다. 수업으로부터 학습(learning)이 발생하였는지에 대한 여부는 이와는 별개 문제이다.

적성검사가 앞으로의 일 처리나 유사한 것이 향후 발생했을 때 대처할 수 있는 정도를 평가하는 것이라면, 성취검사는 이미 특정 분야에서 획득한 지식이나 기술에 대해 성취 수준을 측정하는 것이다. 적성이 잠재성을 중심으로 미래 지향적인 평가라면 성취는 현재까지의 수준에 대한 정도를 평가하는 것이다.

국내에서는 초중고 기초학력진단검사를 비롯한 학력검사, 즉 일제고사가 표준화 성취검사의 일종이다. 미국에서는 교육부(U.S. Department of Education)와 교육과학원(Institute of Education Sciences) 전미교육통계센터(National Center for Education Statistics: NCES)의 국가 교육성취도 평가(National Assessment of Educational Process: NAEP)가 대표적인 표준화 성취검사이다. 그러나 이 평가는 국내의 학력진단검사와 달리 개인적 그리고 학교별로 성취도 결과를 제시하지 않는다. 지역별과 주별의 성취 수준을 제시한다.

〈표 5-4〉 적성검사와 성취도검사

적성검사	성취도검사
• 수업의 진행 없이 평가 수행 • 향후 발생할 수 있는 문제해결역량 중심 • 잠재성 위주의 미래지향검사 • 보통 진로나 직업과 관련하여 사용됨	• 수업이 진행된 후 평가 수행(때로는 수업 전에도 사전 성취도검사 수행) • 특정 분야의 지식과 기술 수준 중심 • 현재까지의 성취 수준 평가검사 • 입시나 교육 수준 비교를 중심으로 사용됨

4) 표준화 심리검사

표준화 심리검사(standardized psychological test)는 영어로 standardized psychometric test라고도 한다. 일반적으로 교육이나 진로 중심의 학문에서는 standardized psychological test라고 한다. 혹자는 psychometric test를 좀 더 넓은 표준화 검사로 간주하기도 한다. 그리고 앞에서 설명한 지능, 적성과 스킬, 그리고 개인적 특성(personality)을 측정하는 검사로 주장한다. 여기서는 앞에서 언급한 적성과 지능 그리고 성취도를 제외한 개인적 인성이나 특성을 검사하는 심리검사로 한정하여 다루겠다.

표준화 심리검사 도구는 인간의 개인적 심리적 특성을 측정하는 데 사용되며, 태도(attitude), 신념(belief), 규범(norm), 감정(emotion), 자아효능감(self-efficacy), 리더십(leadership), 사회성(social skill) 등을 평가한다. 이러한 도구들은 공공 연구기관이나 민간 사설 연구기관에서 다양한 타당도와 신뢰도 검사를 거쳐 개발되어 표준화된 도구들이다. 이러한 도구는 다양한 연구 분야에서 활용 가능하며, 연구자들이 심리적 특성을 정량적으로 평가하고 비교할 수 있도록 도와준다.

일반적으로 연구를 수행함에 있어 연구 전반에 대한 역량이 부족하거나 측정이나 분석에 자신이 없는 경우는 기존에 많이 검증되고 사용된 표준화 검사 도구 아니면 적어도 다른 연구자들에 의해 많이 사용되어 거의 표준화된 측정 도구를 사용하는 것이 바람직하다.

Savickas와 Porfeli(2012)의 진로적응력(career adaptability) 조사 도구나 Kolb의 학습 스타일 진단 도구(learning style inventory: LSI)는 표준화되어 많은 연구자에 의해 사용되는 표준화된 심리검사 도구라고 할 수 있다.

5) 표준화 검사의 연구적용

표준화 검사는 연구 분야에서 매우 중요한 역할을 한다. 연구자가 직접 검사를 개발하고 적용하는 것도 가능하지만, 현실적으로는 이미 개발된 표준화 검사를 활용하는 경우가 더 많다. 이는 대부분의 연구가 소수의 연구대상이 아닌 광역적이거나 대규모의 그룹을 대상으로 하기 때문이다. 표준화 검사 점수를 본인이 아닌 다른 사람이나 기관에서 수행한 데이터를 활용하여 연구에 적용하는 경우, 이는 2차 데이터로 간주된다. 이러한 2차 데이터는 타당도, 신뢰도, 변별도, 객관성 등이 이미 확인되어 있기 때문에 연구결과의 신인도를 높일 수 있다. 다른 기관이나 연구자에 의해 개발된 표준화 검사 점수를 활용하면 연구결과의 일반화가 용이해진다.

◆ 표준화 검사의 연구적용에 대한 예시 ◆

교육 연구: 교육 분야에서는 학생들의 학업성취도를 측정하기 위해 표준화된 학력 검사를 사용한다. 이를 통해 학생들의 학업 수준을 평가하고 교육 정책이나 교수법의 효과를 평가할 수 있다.

심리학 연구: 표준화된 심리검사를 사용하여 인간의 특성, 태도, 감정 등을 측정하고 분석할 수 있다. 이를 통해 특정 집단의 심리적 특성을 파악하거나 개인의 성격 특성과 행동 양식을 연구할 수 있다.

직업 연구: 직업 적성이나 기술 능력을 평가하기 위해 표준화된 적성검사나 기술검사를 사용한다. 이를 통해 개인의 적합한 직업 분야나 역할을 찾는 데 도움을 줄 수 있으며 진로지도에 사용할 수도 있다.

의학 및 건강 연구: 의료 분야에서는 표준화된 신체검사나 검사도구를 사용하여 환자의 건강 상태를 평가하고 진단을 내릴 수 있다. 또한 표준화된 심리검사를 사용하여 환자의 정신건강 상태를 평가하고 치료 방향을 결정할 수 있다.

사회과학 연구: 사회 현상을 연구하거나 인구 통계를 분석할 때, 표준화된 설문조사나 조사 도구를 사용하여 데이터를 수집하고 분석한다. 이를 통해 사회 현상의 변화나 패턴을 이해하고 설명할 수 있으며 시기적으로 나누어 종단분석도 가능하다.

제6장

타당도와 신뢰도

타당도

- 내용타당도
- 예언타당도
- 공인타당도
- 구성타당도
- 수렴타당도
- 판별타당도

신뢰도

- 재검사신뢰도
- 평정자 간 신뢰도
- 동등형신뢰도
- 반분검사신뢰도
- 내적 일치도신뢰도
- 지표신뢰도
- 개념신뢰도

1. 개념

측정과 관련하여 중요한 두 가지 고려 요인은 타당도와 신뢰도이다. 타당도와 신뢰도는 측정과 관련한 것과 연구 자체나 수행과 관련된 것 두 가지로 나눌 수 있다. 일반적으로 타당도와 신뢰도를 언급하면 측정과 관련한 것을 의미하나 인과관계 및 실험연구와 관련된 연구 전체 수행이나 연구결과의 일반화에 대한 것도 있으므로 이에 대해서도 다루겠다. 먼저 측정과 관련된 타당도와 신뢰도를 설명하고, 연구 자체나 연구수행과 관련된 타당도(예: 연구의 내적 · 외적 타당도)와 연구결과의 신뢰도는 뒤에서 다루겠다.

타당도와 신뢰도는 연구의 질을 좌우하는 중요한 요인이다. 만약 측정과 관련된 타당도와 신뢰도가 담보되지 않는다면 그러한 측정결과로부터 발생한 연구결과 그리고 그 연구결과 해석 모두 연속적으로 오류가 발생하기 때문이다. 타당도는 측정하고자 하는 것을 과연 측정하고 있는가, 즉 무엇을 측정하는가(what to measure)를 나타내는 것이고, 신뢰도는 측정을 일관적으로 정확하게 측정하고 있는가(how to measure)를 나타내는 지수라고 볼 수 있다. 예를 들어, 질량을 측정하는 도구가 질량보다 무게만 단순히 측정한다면 그것은 타당도가 없는 도구이다. 또한 무게를 측정하는 도구의 수치가 측정할 때마다 0점 조정이 안 되어서 오차가 매번 발생한다면 그것은 신뢰도가 낮은 것이다.

타당도는 물리적인 개체나 현상뿐만 아니라 심리 · 정서적인 면도 측정 가능하다. 타당도는 연구자가 개념이나 정서적 특성을 측정한 결과가 이들을 설명하는 기존 이론이나 이미 타당도가 확보된 기존 조사 도구에 잘 부합하는 정도를 파악하는 것에 의해 평가될 수 있다. 반면에 신뢰도는 측정결과가 다른 시간, 다른 연구자가, 다른 개체들에게 적용하여 측정하였을 때도 일관성이 있는 결과가 나오는가의 정도, 즉 일관성(consistency)과 측정결과가 원래의 값과 일치하는가의 정확도(accuracy)에 의해 평가될 수 있다. 신뢰도의 경우 똑같은 조건에서 똑같은 표집단위(개체)에게 똑같은 방법으로 측정하였을 때 똑같은 결과가 나와야 한다.

이러한 타당도와 신뢰도는 부합의 정도로 평가될 수 있으며 실제로는 모두 상관관계와 관련이 있다. 따라서 상관계수를 산출하는 것에 의해 평가될 수 있다. 측정의 타당도와 신뢰도는 상관계수의 확장이라고 할 수 있다. 타당도와 신뢰도의 관계는 타당도가 먼저이며 그다음이 신뢰도이다. 즉, 타당도가 있으면 신뢰도가 확보될 가능성이 있지만, 신뢰도가 있다고 타당도가 확보되지는 않기 때문이다.

[그림 6-1]은 타당도와 신뢰도의 관계를 구조적으로 보여 주는 것이다. 타깃에 대하여 사격을 하였을 때 발생할 수 있는 경우의 수이다. 가운데 있는 점에 총알이 많이 맞는 것이 결국 타당도와 신뢰도가 있는 총기이다. A는 타당도와 신뢰도가 모두 낮은 총기가 사용된 경우이다. B는 타당도는 있으나 신뢰도가 낮은 총기이다. C는 타당도는 낮지만, 신뢰도가 높은 총기의 사용이다. 마지막으로 D의 경우 타당도와 신뢰도가 모두 높아 가운데 있는 점에 많이 총알이 박힌 것이다.

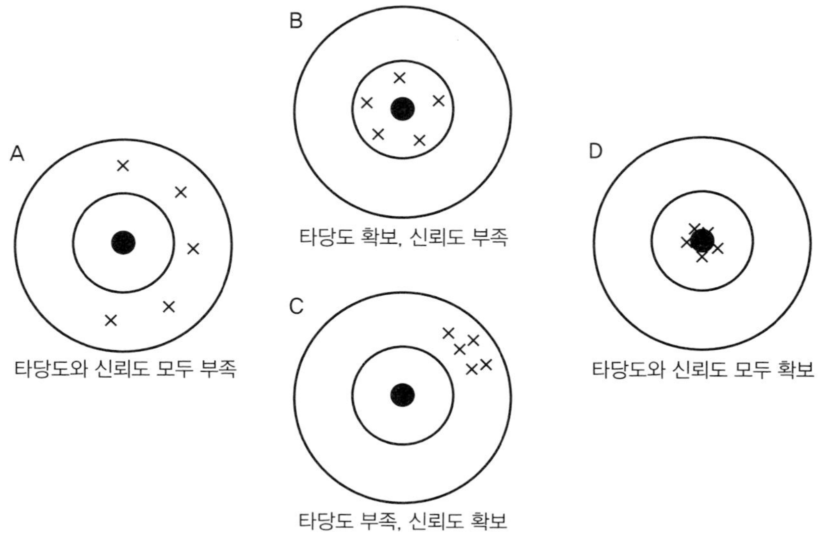

[그림 6-1] **타당도와 신뢰도의 관계**

〈표 6-1〉 **신뢰도와 타당도 비교**

구분	신뢰도	타당도
정의	동일한 조건에서 반복 측정 시 정확하고 일관성 보장	측정도구가 목표 개념을 정확하게 측정하는 정도
목적	연구결과의 일관성과 신뢰성 확보	연구결과의 타당성과 일반화 확보
종류	측정아이템 간 내적 · 외적신뢰도	내용타당도, 예측타당도, 구성타당도 등 다양한 종류
평가	동일한 조건에서 반복 측정 결과의 정확성과 일관성 평가	기존 이론 또는 개념과 측정도구의 부합성 평가
예시	동일한 설문조사를 다시 시행했을 때 동일한 결과가 나오는 경우	몸무게를 재는 도구가 실제로 몸무게를 정확하게 측정하는 경우
관련성	일관성, 안정성, 정확성을 보장	타당성과 설정 준거에 대한 일치성을 보장

2. 타당도의 종류

1) 내용타당도

내용타당도(content validity)는 연구에서 가장 기초적이면서도 중요한 타당성 평가방법 중 하나로, 측정하고 있는 개념이나 성질의 모든 측면을 충분히 반영하고 있는지를 평가하는 요소이다. 이는 연구자가 개발한 측정도구가 목표로 하는 대상을 정확하게 다루고 있는지를 검토하며, 연구결과의 타당성과 신뢰성을 보장하기 위한 것이다. 내용타당도는 '측정하고자 하는 개념이나 특성의 모든 부분을 충분히 포함하고 있는가?'라는 핵심 질문을 다루는 것이다.

내용타당도의 평가는 주로 전문가의 의견을 활용하여 진행된다. 연구도구의 개발 초기에는 해당 분야의 전문가들이 연구대상의 본질적인 측면을 고려할 수 있도록 도와준다. 전문가들은 연구도구에 포함된 측정아이템이 연구주제를 완전하게 다루고 있는지를 검토하고 평가한다. 이 단계에서 누락된 측면이나 중복된 항목들은 수정하거나 보완될 수 있다.

내용타당도와 안면타당도(face validity)는 종종 혼동되는 개념이다. 안면타당도는 주관적인 평가방법으로, 연구도구가 주관적으로 보아서 측정하고자 하는 개념을 다루고 있는지를 판단하는 것을 말한다. 반면에 내용타당도는 보다 체계적이고 학술적인 방법으로, 연구대상의 모든 측면을 고려하여 연구도구가 충분히 다루고 있는지를 확인하는 것이다.

내용타당도는 다른 타당도와 달리 수치화되지 않는 타당도이다. 즉, 상관계수값이 계수로 표시할 수 없다. 여러 평가자가 언어적으로 타당성이 있는지에 대해 여러 번 평가하여 상관계수를 낼 수는 있지만 일반적으로 내용타당도는 수치로 제시되지 않는 타당도이다.

2) 예측타당도

예측타당도(predictive validity)는 연구도구로 얻은 현재의 측정결과가 나중에 발생하는 개체들의 행동이나 정서적인 면과 얼마나 일치하는지 부합의 정도를 평가하는 개념이다. 이를 통해 연구도구가 실제로 미래의 사건을 예언하는 능력을 갖추고 있는지를 확인할 수 있다. 따라서 예측타당도는 연구도구의 실제적인 유용성을 평가하는 데에 중요한 지표이다.

예측타당도는 현재 측정결과와 미래의 결과를 연결하여 예측하는 능력을 평가하는 반면, 다른 타당도 유형들은 현재 측정결과와 관련된 다양한 측면을 평가한다. 내용타당도는 측정도구의 측정아이템들이 연구대상의 모든 측면을 다루는지를 평가하며, 구성타당도는 측정아이템들 사이의 내부적인 관계를 평가한다.

공군조종사를 선발하는 측정도구가 있다고 하자. 그 측정도구에서 일정 점수가 되는 사람만 조종사로 선발하여 교육을 하였을 때 실제로 조종사로 배치되어서도 조종을 유능하게 하는 조종사가 된다면 그 측정도구는 예측타당도가 높은 것으로 볼 수 있다. 즉, 선발될 때의 점수와 조종사가 되어 현장에서 비행하는 점수 간의 상관관계가 높으면 예측타당도가 있는 것이다.

3) 공인타당도

공인타당도(concurrent validity) 또는 준거타당도(criterion validity)는 현재의 측정결과가 이미 존재하는 기준이나 표준 측정도구와 얼마나 일치하는지를 평가하는 개념이다. 이 타당도 유형은 현재 시점에서 얻은 결과가 이미 확립된 기준과 얼마나 부합하는지를 평가함으로써 연구도구의 타당성을 확인한다.

가령, 적성을 측정하는 도구의 값이 네 가지 하위영역으로 구성되어 있을 때 특정 영역에 해당하는 점수가 높은 사람이 해당 적성 영역과 걸맞은 행동을 한다면 그것은 공인타당도가 높은 것이다. 또한 현재 측정하고자 하는 개념을 측정한 결과와 이미 개발된 타당도가 있다고 알려진 유사 측정도구의 결과(criteria)가 일치한다면 그것은 준거타당도가 있다고 할 수 있다. 이러한 것들은 역시 두 점수 간에 상관관계로 확인될 수 있다.

4) 구성타당도

구성타당도(construct validity) 또는 구인타당도는 개념(concept), 구성요인(construct), 요인(factor), 잠재변인(latent variable)과 같이 눈에 보이지 않는 개념적인 변인을 측정하는 측정도구(item)가 실제로 그 개념을 정확하게 측정하는지를 평가하는 개념이다. 이는 기존 이론이나 원리로부터 파생된 개념들을 실제로 측정할 수 있는지 여부를 확인하는 중요한 타당도이다.

구성타당도는 연구자가 측정하려는 개념이나 변인을 잘 정의하고 측정하는지를 평가하는 것이다. 예를 들어, 학습능력이라는 개념을 언어, 수리, 사회, 과학 탐구와 같은 하위영역으로 나누어 측정하고, 각 하위영역의 아이템들이 학습능력과 얼마나 관련이 있는지를 확인하면 이는 구성타당도의 평가이다.

구성타당도는 연구도구가 실제 개념을 정확하게 측정하는지를 확인하는 과정으로, 연구결과의 타당성과 신뢰성을 확보하기 위해 중요한 지표이다. 개념을 측정하는 아이템들이 그 개념과 얼마나 일치하고 관련이 있는지를 확인함으로써 연구결과를 더 신뢰할 수 있게 된다.

구성타당도의 평가는 다양한 통계적 분석을 통해 이루어진다. 예를 들어, 요인분석(factor analysis)을 통해 아이템들이 어떻게 개념의 구성요인을 반영하고 있는지를 확인할 수 있다. 또한 상관분석 등을 통해 아이템들과 개념 간의 관련성을 평가하고, 2차 요인모형(2nd-order factor analysis)을 사용하여 하위영역과 전체 개념 간의 관계를 확인한다.

구성타당도와 관련해서 중요한 개념으로 수렴타당도(convergent validity)와 판별타당도(discriminant validity)가 있다. 수렴타당도는 같은 개념을 측정하는 아이템들이 서로 얼마나 일치하고 묶여 있는지를 평가한다. 판별타당도는 다른 개념을 측정하는 아이템들이 서로 구별되는 정도를 평가한다. 이 두 개념은 구성타당도 평가의 중요한 부분을 이루며, 개념의 일관성과 구별력을 확인하는 데에 도움을 준다.

〈표 6-2〉와 [그림 6-2]는 교사의 컴퓨터 리터러시를 측정하는 아이템들에 대한 구성타당도를 제시하고 있다. 컴퓨터 리터러시가 인지적, 정의적, 운동기능적 세 개의 하위영역으로 구성되어 있다고 할 때 각 측정아이템들이 각 하위영역을 얼마나 대표할 수 있는지를 요인점수(factor loading)로 요인분석 결과를 제시하고 있다. 요인1(factor1)은 인지적 영역으로 측정아이템과의 연결(표준화된 회귀계수, 상관의 일종)을 나타내고 있으며, 요인2(factor2)는 정의적 영역으로 측정아이템과의 연결을, 요인3(factor 3)은 운동기능적 영역으로 측정아이템과의 관계를 나타낸다. 각 요인점수가 높을수록 구성타당도가 높다는 것을 의미한다. 음영으로 처리한 점수가 모두 .50을 넘는 것을 확인할 수 있다.

[그림 6-2]는 앞의 각 요인, 즉 인지적(.80), 정의적(.74), 운동기능적 요인(.95)들과 잠재변인인 컴퓨터 리터러시와의 관계를 구조적으로 나타낸 것이다. 즉, 컴퓨터 리터러시를 측정하는 세 개의 하위요인 간 구조적 구성타당도를 제시하였다.

〈표 6-2〉 교사의 컴퓨터 리터러시 측정아이템 요인분석 결과

항목	평균 (표준 편차)	요인1	요인2	요인3	공통 분산	신뢰도 (α)
컴퓨터 활용 수업과 관련된 용어들의 개념을 잘 알고 있음	3.36 (.86)	.51	.41	.24	.48	.92
컴퓨터 시스템의 사양과 관련한 용어들을 잘 이해함	3.45 (.96)	.70	.37	.15	.66	
컴퓨터 바이러스의 개념과 치료방법 등을 알고 있음	3.39 (.99)	.68	.37	.16	.63	
컴퓨터 운영체제의 기본개념과 여러 운영체제의 종류와 특징을 알고 있음	3.05 (.93)	.76	.19	.17	.65	
교내에서 사용되고 있는 종합 행정관리 시스템을 잘 이해함	3.46 (.83)	.51	.42	.09	.44	
컴퓨터 네트워크와 관련된 용어들을 잘 알고 있음	3.17 (.97)	.81	.28	.17	.76	
인터넷 · 웹 서비스와 관련한 기본 프로토콜들을 잘 이해함	3.04 (.95)	.82	.16	.13	.71	
교내 전산망 · 홈페이지 구축과 관리에 필요한 하드웨어의 종류와 기능들을 알고 있음	2.79 (1.00)	.81	.04	.13	.67	
수업을 준비하거나 행정업무를 처리할 때 컴퓨터를 자주 이용하려 함	3.84 (.82)	.24	.47	.51	53.	.85
수업 및 행정 업무를 처리할 때 컴퓨터를 활용하는 것이 즐겁게 느껴짐	3.34 (.92)	.30	.31	.50	.43	
컴퓨터는 교직생활의 필수도구라고 생각함	3.75 (.85)	.14	.18	.65	.48	
컴퓨터를 활용한 수업이 전통적인 강의식 수업보다 효과적이라고 생각함	3.23 (.91)	.26	−0.10	.53	.36	
컴퓨터로 직무를 처리하면 효율성이 높아질 것임	3.75 (.76)	.11	.14	.63	.43	
컴퓨터 활용에 필요한 지식이나 기술을 지속적으로 습득해야 함	3.97 (.70)	.02	.37	.69	.61	
컴퓨터 관련 연수나 교육에 적극적으로 참여하고 싶음	3.67 (.82)	.16	.35	.56	.46	
학교에서 직무를 수행하는 데 교사들의 컴퓨터 활용능력은 점점 더 필요할 것임	4.00 (.67)	.02	.36	.65	.55	

행정문서 및 기안문 작성에 필요한 워드프로세서를 능숙하게 활용함	3.87 (.82)	.32	.69	.21	.62	
수업이나 학생 관리에 필요한 컴퓨터 소프트웨어들을 능숙하게 활용함	3.56 (.85)	.49	.57	.22	.62	
교내에서 사용되고 있는 종합행정관리시스템을 잘 사용함	3.58 (.79)	.37	.59	.20	.53	
제어판, 속성, 등록정보 등의 옵션을 통하여 내 컴퓨터의 환경설정을 원하는 대로 수정 · 변경할 수 있음	3.51 (.91)	.50	.62	.14	.66	
원하는 인터넷 사이트에 접속하여 필요한 정보를 검색할 수 있음	3.96 (.77)	.18	.75	.34	.72	.92
인터넷상의 자료를 내려받거나, 이미지 자료를 내 컴퓨터에 저장할 수 있음	3.95 (.81)	.21	.82	.26	.78	
자료나 정보를 전달하거나 받을 때 전자메일, 메신저 등을 주로 활용함	3.82 (.89)	.14	.69	38.	.63	
인터넷상에서 간단한 홈페이지, 커뮤니티, 카페 등을 구축하여 학생들에게 학습자료나 지도 · 상담을 제공할 수 있음	3.35 (.1.00)	.37	.51	.25	.46	
합계	–	Eigen value 5.28	Eigen value 5.03	Eigen value 3.54	Total communality 13.85	.94

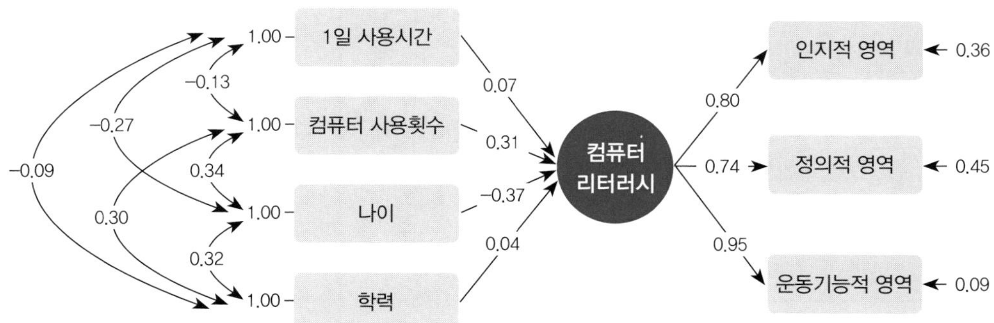

[그림 6-2] **컴퓨터 리터러시의 3개 하위요인 간의 구조적 구성타당도**

출처: 박성열. (2005). 교사의 컴퓨터 리터러시와 LISREL 구조모형 분석: 실업계 고교를 중심으로. **농업교육과 인적자원개발, 37**(2), 73-88.

5) 수렴타당도

수렴타당도(convergent validity)는 동일하거나 유사한 개념을 측정하는 하위영역이나 측정아이템들 간의 관련성 정도를 평가하는 개념이다.

수렴타당도는 한 개의 개념을 다양한 하위영역이나 측정아이템들로 측정하는 경우, 이들이 서로 얼마나 관련이 있는지를 평가하는 것이다. 예를 들어, 컴퓨터 태도를 측정하는 데 자신감, 두려움, 사용 즐거움, 유용성이라는 하위영역을 사용한다면, 이들 하위영역 간의 상관관계가 높을수록 컴퓨터 태도를 측정하는 도구의 수렴타당도가 높다고 판단할 수 있다(두려움은 역상관).

수렴타당도는 연구도구가 특정 개념을 다양한 측면에서 얼마나 정확하게 측정하는지를 확인하는 데 중요한 지표이다. 만약 연구도구의 하위영역이나 측정아이템들 간에 관련성이 낮다면, 해당 도구는 개념을 충분히 포괄하고 정확하게 측정하지 못할 가능성이 있다. 따라서 수렴타당도의 평가는 연구결과의 타당성과 해석에 큰 영향을 미치게 된다.

수렴타당도의 평가는 간단하게 상관분석을 통해 이루어진다. 예를 들어, 여러 하위영역이나 측정아이템들 간의 상관계수를 계산하여 서로 간의 관련성을 확인하게 된다. 이때 하위영역 간의 상관관계가 높을수록 수렴타당도가 높다고 판단할 수 있다.

수렴타당도를 평가할 때에는 때로는 역코딩(inverse coding)이 필요할 수 있다. 역코딩은 개념을 측정하는 아이템 중에서 점수를 역전시켜 측정하는 것을 의미한다. 예를 들어, '자신감'과 '두려움'이라는 두 개의 하위영역을 측정하는 경우, '두려움'을 측정하는 아이템의 경우에는 상반된 의미를 가지므로 역코딩을 통해 처리해야 한다.

수렴타당도는 평균분산추출지수(average variance extracted: AVE)로도 확인 가능하다. AVE는 원래 신뢰도의 개념으로 사용되기도 하지만 LISREL구조모형의 측정모형에서 수렴타당도로도 해석될 수 있다. 여기서 AVE는 잠재변인(컴퓨터 리터러시), 즉 구성개념이 측정아이템의 변량을 설명하는 공통변량

(communality)이라고 볼 수 있다. AVE는 잠재변인과 연결된 측정아이템의 요인점수 자승값(squared loading)의 총평균값(grand mean valude)이라고 할 수 있다. 보통 .50보다 클 때 수렴타당도가 있는 것으로 해석된다.

AVE 공식: $\sum$(표준요인계수^2)/$\sum$(표준요인계수^2) + $\sum$측정오차

〈표 6−2〉에서 인지적 영역(F1)의 수렴타당도는 .50이다.

6) 판별타당도

판별타당도(discriminant validity)는 다른 구성개념을 측정하는 측정도구 간에는 서로 관련성이 없거나 약한 관련성을 가지는 경우를 평가하는 개념이다. 이는 연구도구가 서로 다른 개념을 구별하여 측정하는지를 확인하는 중요한 지표이다.

판별타당도는 서로 다른 개념을 측정하는 측정도구들 간의 상관관계가 낮거나 유의성이 없는 경우를 나타낸다. 예를 들어, 컴퓨터 태도를 측정하는 도구와 컴퓨터 학습 스타일을 측정하는 도구의 경우, 이 두 도구 간의 관련성이 매우 낮거나 유의성이 없어야 판별타당도가 높다고 할 수 있다.

판별타당도는 연구도구가 서로 다른 개념을 명확하게 구별하여 측정하는 능력을 평가하는 데 중요한 개념이다. 만약 두 개의 측정도구 간에 관련성이 높다면, 이들이 서로 다른 개념을 구별하지 못하고 중복되는 정보를 제공할 가능성이 있다. 따라서 판별타당도의 평가는 연구도구의 유용성과 개념적 정확성을 확인하는 데 도움이 된다.

판별타당도를 평가하는 방식은 네 가지가 있다. 우선 수렴타당도와 마찬가지로 기본적으로 상관분석을 통해 이루어진다. 상관계수가 .85보다 낮을 때 판별타당도가 있다고 할 수 있다. 두 번째로는 두 개의 측정도구의 결과 값에 대해 차이가 유의미한지 파악하여 유의미할 경우 판별타당도가 있다고 할 수 있다. 세 번째로는 상기 요인분석의 표에서 요인점수가 원래 의도된 요인 말고 다

른 요인과 연결된 점수가 낮을 때 판별타당도가 있다고 할 수 있다. 마지막으로 수렴타당도에서 설명한 평균분산추출지수(AVE)값에 제곱근(positive square root of AVE)을 해서 구성개념 간의 상관계수보다 클 경우 판별타당도가 있다고 본다. 앞에서 AVE값이 .50일 때 제곱근 값은 .71이 되며 만약 인지적 영역과 컴퓨터 사용 햇수의 상관관계가 .60이라면 판별타당도가 있다고 할 수 있다.

◆ 타당도의 종류와 개념 요약 정리 ◆

• 내용타당도
측정도구가 측정하고자 하는 개념의 모든 부분을 다루고 있는지를 나타냄
연구자의 의도대로 측정도구가 개념을 정확하게 다루는지 평가
언어적으로 평가되는 안면타당도도 여기에 해당. 수치가 없는 경우가 대부분

• 예측타당도
측정 결과가 실제 개체들의 미래 행동이나 정서적인 면과 부합하는 정도를 나타냄
현재 결과가 미래 행동을 예측할 수 있는지 확인하는 지표

• 공인타당도
현재 측정 결과가 현재의 행동이나 성과와 부합하는 정도를 나타냄
이미 알려진 타당한 측정도구와의 관련성을 평가

• 구성타당도
눈에 보이지 않는 개념이나 구성요인을 측정하는 아이템들이 해당 개념을 제대로 측정하는지를 평가
이론적으로 예상되는 관계와 일치하는지를 확인하는 것이 목표
수렴타당도와 판별타당도가 구성타당도의 하위 개념

• 수렴타당도
유사한 구성 개념을 측정하는 하위영역이나 측정아이템들의 관련성 정도를 나타냄
서로 다른 두 개의 도구가 유사한 개념을 얼마나 일관성 있게 측정하는지 확인

• 판별타당도
다른 구성 개념을 측정하는 도구 간에는 관련성이 없거나 약한 경우를 평가
서로 다른 개념을 구별하여 측정하는 능력을 확인하는 지표

3. 신뢰도의 종류

1) 재검사신뢰도

재검사신뢰도(test-retest reliability)는 측정도구의 일관성과 안정성을 평가하기 위한 방법 중 하나로, 같은 개체나 집단에게 최소한 두 번 이상의 반복된 측정을 수행하여 시간 간격에 따른 변동성을 확인하는 것이다. 이를 통해 동일한 개체 또는 집단이 동일한 조건에서 서로 다른 시간에 받은 점수들 사이의 관련성을 평가한다.

예를 들어, 적성을 측정하는 설문지를 제작하여 특정 그룹의 적성을 평가하는 상황을 가정해 보자. 이 그룹에게 처음 설문지를 제공하고 점수를 얻은 후, 일정한 시간이 경과한 후에 다시 같은 그룹에게 동일한 설문지를 제공하여 점수를 얻는다. 이때, 두 번의 측정 결과를 바탕으로 상관계수를 계산할 수 있다. 상관계수가 높게 나온다면, 동일한 개체 또는 집단이 두 번의 측정에서 유사한 결과를 보이므로 측정도구의 재검사신뢰도가 높다고 할 수 있다.

재검사신뢰도가 낮게 나온다면, 시간 간격에 따라 변동이 크거나 다른 요인들로 인해 점수가 크게 달라질 수 있다. 이는 측정도구의 안정성과 일관성이 낮다는 것을 의미하며, 결과적으로 측정도구의 신뢰도가 낮다고 판단할 수 있다.

2) 평정자 간 신뢰도

평정자 간 신뢰도(inter-rater reliability 또는 inter-observer reliability)는 관찰자 간 신뢰도 또는 관찰자 간 일치도라고도 불리며, 서로 다른 여러 명의 관찰자 또는 평가자들이 동일한 측정 대상을 동일한 방법으로 평가할 때 그 평가결과들 사이의 일치 정도를 평가하는 개념이다. 이는 주로 주관적인 판단이나 평가가 개입되는 상황에서 신뢰성을 확인하기 위해 사용된다.

예를 들어, 연구자들이 학생들의 학급 활동을 평가하거나 행동에 따라 등급을 부여하는 관찰 연구를 진행한다고 가정해 보자. 이때, 여러 명의 연구자가 동일한 학생들을 같은 기준에 따라 평가하게 된다. 이러한 평가결과를 바탕으로 각각의 연구자 사이의 관련성을 측정하는 상관계수를 계산하게 된다. 만약 상관계수가 높게 나온다면, 각 연구자 간의 평가결과가 일치하므로 평정자 간 신뢰도가 높다고 할 수 있다.

또 다른 예시로는 교육 연구에서 새로운 교육방법을 적용하여 학생들의 운동 기능적인 스킬이나 테크닉의 수준을 평가하는 경우를 생각해 볼 수 있다. 이때 여러 명의 관찰자가 동일한 학생들을 같은 기준에 따라 평가하고 그 결과를 이용하여 상관계수를 계산한다. 이 상관계수는 평정자 간 신뢰도를 나타내며, 상관계수가 높을수록 관찰자들 간의 일치도가 높다고 할 수 있다.

3) 동등형신뢰도

동등형신뢰도(equivalent forms reliability 또는 parallel forms reliability)는 유사신뢰도라고도 불리며, 측정도구의 다른 형태 또는 버전을 이용하여 같은 개념이나 속성을 평가하고 그 결과 값을 비교함으로써 신뢰도를 측정하는 방법이다. 이는 측정도구의 형태가 변해도 그 결과가 일관적으로 유지되는지를 확인하기 위해 사용된다.

예를 들어, 학생들의 수학 능력을 평가하는 도구를 만들 때, 두 개의 유사한 버전의 수학 평가 도구를 생성할 수 있다. 이렇게 생성된 버전들은 동일한 개념이나 속성을 평가하지만 문제 구성이나 순서 등이 약간 다를 수 있다. 이후 같은 학생 그룹에 두 가지 버전의 도구를 적용하여 평가를 진행한 뒤, 두 버전 결과 값의 상관계수를 산출한다. 만약 두 버전 간의 상관계수가 높게 나온다면, 두 버전은 동등한 신뢰도를 갖는다고 판단할 수 있다. 즉, 두 버전이 개념이나 속성을 동일하게 잘 평가하며 학생들의 능력을 일관적으로 평가한다는 것을 의미한다. 동등형신뢰도가 있는 측정도구는 다양한 그룹에 대해 유형은 다르지만 같은 속성을 측정하므로 보안이 필요한 경우 적절히 사용될 수 있다.

4) 반분검사신뢰도

반분검사신뢰도(split-half reliability)는 하나의 조사나 검사도구 내에서 두 개의 하위 세트를 만들어 각각의 세트에 유사한 문항을 배치하고, 이 두 세트의 값 사이의 상관관계를 분석하여 신뢰도를 평가하는 방법이다.

예를 들어, 학생들의 수학 능력을 평가하는 검사도구를 가정해 보자. 이때, 두 개의 세트를 생성하여 각각에 유사한 수준의 문항들을 할당한다. 그런 다음, 학생들에게 이 두 세트의 문항을 동시에 풀도록 지시하고, 두 세트의 결과값을 이용해 상관계수를 계산한다. 이 상관계수가 높게 나온다면, 두 세트 간에 일관성 있는 결과가 나타나므로 해당 도구의 신뢰도가 높다고 할 수 있다.

반분검사신뢰도는 유사한 버전의 조사 도구를 만들거나 두 번의 조사를 하지 않고 검사를 한 번에 완료할 수 있다는 장점이 있다. 하지만 한 번에 두 개의 유사한 문항을 다루기 때문에 피험자나 참여자들이 두 개의 문항 간에 어떠한 경험을 얻게 되므로 이러한 경험이 결과에 영향을 줄 수 있는 단점도 있다. 또한 문항의 배치 순서 등도 결과에 영향을 미칠 수 있으므로 주의가 필요하다.

5) 내적 일치도신뢰도

내적 일치도신뢰도(internal consistency reliability)는 측정도구 내 하위영역의 측정문항들 간 일관성을 측정하는 방법이다. 하나의 측정도구 내에 여러 개의 문항이나 아이템들이 있는 경우, 같은 하위영역이나 개념을 측정하기 위해 설계된 문항들이 얼마나 일관된 결과를 보여 주는지를 평가한다.

예를 들어, '진로적응력(career adaptability)'이라는 구성개념의 하위영역인 진로관심(career concern)을 측정하는 아이템이 6개 있다고 하자. 이때, 내적 일치도신뢰도를 계산하기 위해 보통 Chronbach의 알파 계수(α)라는 통계적 방법을 사용한다. 만약 알파 계수가 높게 나온다면, 응답자들이 이 6개의 측정아이템에 대해 일관된 응답을 보이는 것을 의미한다.

예를 들어, '1점: 매우 아니다, 2점: 아니다, 3점: 보통 또는 중간이다, 4점: 그렇다, 5점: 매우 그렇다'와 같은 5점 라이커트 타입 척도로 진로 관심을 측정한다고 하자. 만약 응답자들이 대부분의 측정아이템에 대해 4점이나 5점에 해당하는 긍정적인 응답을 보이면, 이는 응답자들의 진로 관심이 긍정적으로 일관되는 것을 나타낼 것이다. 따라서 내적 일치도가 높다고 할 수 있다. 하지만 응답자들이 6개의 측정아이템에서 일관성 없이, 즉 1~2점에 3개 문항을, 4~5점에 나머지 3개 문항을 응답한다면 내적 일치도가 낮다고 판단될 수 있다.

6) 지표신뢰도

지표신뢰도(indicator reliability)는 최근에 많이 등장하는 신뢰도 중 하나이다. 한 측정아이템이 가지고 있는 신뢰도를 평가하는 지표로, 표준화 요인계수나 요인점수(standardized indicator loading, factor loading)의 자승 값을 의미한다. 이것의 의미는 측정아이템이 잠재변인(latent variable) 또는 요인(factor)으로부터 설명되는 변량을 의미한다. 일반적으로 요인점수가 .70이 넘는 것이 추천된다. 이 요인점수를 자승하면 측정아이템의 약 50% 변량이 잠재변인으로부터 설명되기 때문이다. 일반적으로 요인점수 .45 이상이면 요인에 연결되는 측정아이템으로 인정된다. 요인분석(앞의 구성타당도 참조)으로부터 요인점수가 그 이하라고 해서 단순히 그 측정아이템을 제거하는 것은 아니며, 다른 타당도와 신뢰도의 영향력을 고려하여 제거해야 한다.

지표신뢰도는 단순히 참고사항이고 그 밖에 다른 타당도와 신뢰도를 우선적으로 살펴보는 것이 바람직하다. 참고로 〈표 6-2〉의 결과에서 두 번째 항목 '컴퓨터 시스템의 사양과 관련한 용어들을 잘 이해함'의 요인점수는 .70이므로 컴퓨터 리터러시의 인지적 영역으로부터 어느 정도 지표 신뢰도가 있다고 할 수 있다.

7) 개념신뢰도

개념신뢰도(construct reliability, composite reliability: CR)는 앞에서 설명한 알파계수와 마찬가지로 측정아이템 간의 내적 일치도를 보는 계수이다. 개념신뢰도는 잠재변인(latent variable), 구성개념(construct), 요인(factor)을 측정하기 위한 측정아이템(관찰변인: observed variable) 간 공통변량의 지표이다. 일반적으로 .60보다 큰 것이 추천되며 5~8개의 측정아이템을 가진 잠재변인의 경우 .80 이상이 요구되기도 한다. 다음은 CR의 공식을 나타내고 있다. 실질적으로 개념신뢰도는 앞의 내적 일치도신뢰도 알파계수와 큰 차이가 없다. 일반적으로 알파계수는 가장 광범위하게 사용되고, 개념신뢰도는 측정아이템이 특정 요인이나 개념에 이미 연결되어 있다고 알려져 확인적 요인분석(confirmator factor analysis: CFA)을 수행할 때 많이 사용된다. 참고로 특정 개념과 특정 아이템의 연결이 잘 알려져 있지 않고 요인점수를 산출하여 분석하는 것을 탐색적 요인분석(exploratory factor analysis: EFA)이라고 한다. 최근에는 두 분석 간의 차이를 두지 않는 경향도 있다. 이미 많은 조사도구가 연구 검증되어 발표되었기 때문에 굳이 분류하지 않는다.

$$\frac{(\sum_{i=1}^{P} \lambda_i)^2}{(\sum_{i=1}^{P} \lambda_i)^2 + \sum_{i}^{P} V(\delta_i)}$$

- λ_i = 각 측정아이템의 요인점수(completely standardized loading for the ith indicator)
- $V(\delta_i)$ = 각 측정아이템으로 설명되지 않는 오차변량(variance of the error term for the ith indicator)
- p = 잠재변인을 측정하는 아이템의 수(number of indicators)
- 상기 공식에 의해 〈표 6-2〉에 있는 컴퓨터 리터러시의 하위영역 중 인지적 영역을 측정하는 8개 아이템의 개념신뢰도 값은 .884이다. 내적 일치도 알파계수는 .92로 개념신뢰도보다 큰 값을 나타내고 있다.

◆ 신뢰도의 종류와 개념 요약 정리 ◆

• 재검사신뢰도

같은 측정도구를 두 번 이상 반복하여 시간 간격을 두고 측정하고 그 결과의 상관계수를 계산

동일한 환경에서 측정 결과의 일관성을 평가

시간 흐름에 따른 일관성을 확인하는 데 사용됨

• 평정자 간 신뢰도

두 명 이상의 평가자가 동일한 개체를 동일한 방법으로 측정하여 상관계수를 계산

평가자 간 일치도를 측정하여 관찰의 신뢰성을 확인

주로 관찰 연구나 평가에서 사용됨

• 동등형신뢰도

유사한 두 개의 버전을 가진 동일한 측정도구로 측정한 결과의 상관계수를 계산

두 개의 버전이 동등하게 개념을 측정하는지 확인하기 위해 사용

시간이나 상황의 변화에 민감하지 않은 신뢰도 평가에 활용

• 반분검사신뢰도

하나의 측정도구 내에서 두 개의 세트를 만들어 각각의 세트 결과의 상관계수를 계산

동일한 측정도구를 사용하면서도 신뢰도를 평가할 수 있는 방법

반대로 한 번의 측정에서 동시에 두 개의 유사한 문항을 사용하는 형태도 있음

• 내적 일치도신뢰도

측정도구 내에서 문항들 간의 일관성을 평가하는 방법

주로 척도나 설문지에서 여러 개의 문항을 하나의 개념으로 측정할 때 사용

알파 계수 등의 통계적 지표로 평가

• 지표신뢰도

잠재변인, 요인, 개념이 측정아이템을 설명하는 변량

다른 신뢰도와 달리 하나의 측정아이템이 얼마나 신뢰롭게 요인 등을 측정하는가의 지표

• 개념신뢰도
내적 일치도와 유사한 신뢰도로 잠재변인을 측정하는 여러 측정아이템 간의 일관성을 측정
보통 확인적 요인분석(Confirmatory Factor Analysis)에서 많이 사용됨

4. 연구의 내적·외적 타당도

측정도구보다는 연구 자체, 특히 인과관계를 중점으로 하는 연구에는 앞에서 설명한 측정의 타당도와 신뢰도와는 별개로 두 개의 추가적인 타당도 개념을 고려해야 한다. 이러한 개념은 주로 인과관계를 설명하기 위해 사용되는 실험 연구(experimental design)에서 빈번하게 언급되며, 따라서 실험의 내적 타당도와 외적 타당도로 불리기도 한다.

1) 내적 타당도

내적 타당도는 인과관계의 설명에 있어서 실험에서 발생한 결과가 실제로 실험 조작과 관련이 있는 변인들로부터 발생하였으며, 실험과는 무관한 다른 변인들에 의해 영향을 받지 않았다는 신뢰의 정도를 의미한다. 이러한 실험 외적인 요인들은 가외변인 또는 외적변인(extraneous variables)이라고 불린다. 내적 타당도는 결국 연구자가 실험을 통해 발견한 결과가 실제로 실험 조작의 영향이나 처리의 차이에서 비롯된 것인지를 보장하는 척도로 볼 수 있다.

연구에서 내적 타당도를 확보하기 위해서는 가외변인들을 적절하게 통제해야 한다. 실험 중에 발생하는 다양한 상황이나 변화가 종속변인에 영향을 미칠 수 있으며, 이러한 상황들은 실험 조작과는 무관한 것들이다. 이러한 가외변인들이 종속변인에 영향을 미칠 경우, 결과의 원인과 결과 사이의 관계를 명확하게 추론하기 어려워진다. 가령, 어떤 연구에서 새로운 교육방법의 효과를

측정한다고 가정해 보자. 이때, 학생들의 학업성취도를 평가하려고 하는데, 학교 내에서의 추가적인 교육 활동이나 사회적 요인들이 학업성취도에 영향을 미치는 경우, 연구결과가 이러한 외부 요인들과도 관련된 것인지 아니면 실험 조작과 관련된 것인지 판단하기 어려워지므로 이러한 요인들의 통제가 필요하다.

가외변인이란 실험을 하는 동안에 발생하는 특정 상황의 국면이다. 이러한 국면은 실험 조치와 관련이 없으나 실험 조치와 더불어 동시에 발생할 수 있는 것으로 종속변인에 보이지 않게 영향을 주는 효과(confounding effect)를 발생시킨다.

2) 외적 타당도

외적 타당도는 실험의 결과가 다른 상황이나 다른 그룹에 적용될 수 있는 정도를 의미하며, 연구결과의 일반화 가능성을 평가하는 개념이다. 연구가 특정 실험 조건에서 얻은 결과를 현실 세계나 다른 상황에서도 유효하게 적용할 수 있는지에 대한 정도를 결정하는 중요한 개념이다. 외적 타당도는 모집타당도, 표집개체의 개인적 요인 타당도, 생태적 타당도(ecological validity)로 나뉜다.

(1) 모집타당도

모집타당도(population validity)는 실험의 결과가 특정한 표본 또는 표집에서 얻은 것이지만 이것을 더 큰 규모의 모집단에까지 일반화할 수 있는지를 의미한다. 모집타당도는 연구결과가 작은 그룹에서 얻어진 것이지만 보다 넓은 범위의 인구 집단에 적용될 수 있는지를 평가하는 개념이다.

예를 들어, 한 실험에서 특정 학교 내의 학생들을 대상으로 교육방법을 평가하고 실험을 진행했다면(실험처치), 그 결과는 해당 학교의 학생들에 대해서만 적용 가능한 것이다.

반면에 만약 실험에서 서울시 전체의 학생들을 대상으로 무선표집을 하여 연구를 수행하였다면, 연구결과는 서울시 전체 학생 인구에 대해 보다 일반화할 수 있는 가능성이 높아진다.

모집타당도를 높이기 위해서는 모집단의 다양한 특성이 반영된 무선적 표집방법을 적용하며 동시에 그 표집크기도 크게 하는 것이 바람직하다.

(2) 개인적 요인 타당도

개인적 요인 타당도(personal validity)는 연구결과가 표본의 개인적인 특성에 기인하여 일반화되어야 함을 의미한다. 즉, 연구결과를 다른 어떤 개인이나 특정한 하위 그룹에 적용할 수 있는지를 나타내는 개념이다.

예를 들어, 특정 교육방법의 우수성을 연구한 경우, 만약 연구에 참여한 표집이 2학년 학생들로만 한정되어 있다면, 해당 결과는 주로 2학년 학생들에게 적용 가능한 것으로 볼 수 있으며 다른 학년이나 연령대의 학생들에 대해서는 일반화하기 어렵다. 만약 다른 학년에 적용할 수 있는지를 확인하기 위해서는 다른 추가적인 연구수행이 필요하다. 가령, 아주 소수의 타 학년 표집을 대상으로 교육방법을 적용하여 결과를 확인하여 일반화 가능성을 평가할 수 있다.

(3) 생태적 타당도

생태적 타당도(ecological validity)는 연구결과가 실험 설정 내에서만 발생하는 것이 아니라 다른 환경이나 상황에서도 일반화될 수 있는지를 평가한다. 즉, 실험 결과가 연구자가 설정한 특정 조건에만 국한되지 않고 일반적으로 다양한 상황에서도 적용 가능한지를 나타내는 개념이다.

예를 들어, 교육방법이 방과 후 수업에서 수행되었다면 그 결과를 일반 정규수업에 일반화하기에 어려운 것이다. 이 경우 연구결과를 그 특정한 환경이나 시간에만 적용할 수 있을 뿐, 다른 환경이나 시간에서는 그 효과가 다를 수 있으므로 일반화에 주의가 필요하다.

3) 내적 타당도와 외적 타당도의 상호보완

내적 타당도와 외적 타당도는 연구결과의 신뢰성과 일반화 가능성을 평가하는 중요한 개념으로, 두 가지 타당도를 모두 균형 있게 고려하는 것이 중요하다. 이 두 가지 타당도는 서로 보완적인 특성을 가지며, 한 측면을 강화하려할 때 다른 측면이 약화될 수 있는 상호보완성(trade off)이 존재한다. 가설검증의 제1종 오류(Type I error, alpha error)를 줄이면 제2종 오류(Type II error, beta error)가 커지고 제2종 오류를 엄격하게 하면 제1종 오류가 커지는 것과 유사하다.

예를 들어, 인공적으로 만들어진 실험실에서 실험을 수행한다고 가정해 보자. 실험실 환경에서는 외적 요인들을 상대적으로 쉽게 통제할 수 있어 내적 타당도를 높일 수 있다. 실험실 내에서 가외변인의 영향을 최소화하면서 실험 조건을 조작하여 원하는 인과관계를 명확하게 확인할 수 있다. 이로써 실험 결과가 높은 내적 타당도를 갖게 된다.

그러나 반대로, 실험실에서 얻은 결과를 현실 세계나 자연환경으로 일반화하기는 어려울 수 있다. 실험실은 현실적인 상황을 완벽하게 모방하지 못하며, 실험실 환경과 실제 환경 간의 차이로 인해 외적 타당도가 낮아질 수 있는 것이다. 실험실에서 얻은 결과가 실제 상황에서도 동일하게 적용될 수 있는지 여부를 평가하는 것이 외적 타당도의 목적이기 때문이다.

따라서 내적 타당도와 외적 타당도는 상호보완적인 관계를 가지고 있다. 내적 타당도가 높으면 실험 내에서 인과관계를 분명하게 확인할 수 있지만, 외적 타당도는 낮아질 수 있다. 마찬가지로 외적 타당도를 높이려 한다면 실험실 조건을 현실 세계와 유사하게 만들어야 하지만, 이로 인해 내적 타당도가 낮아질 수 있다.

반면에 다음의 내적 타당도와 외적 타당도를 저해하는 요인 중에는 공통적인 것들도 있다. 따라서 앞에서 언급한 상호보완적인 면도 있지만 동시에 둘 다 저해하는 공통 요인도 있는 것이 현실이다.

결국, 연구자는 연구의 목적과 중요성에 따라 내적 타당도와 외적 타당도 사이에서 최적의 균형을 찾아야 한다. 예를 들어, 실험실에서의 실험을 통해 내적 타당도를 확인한 뒤, 이를 실제 자연환경에서 검증하여 외적 타당도를 높이는 추가적인 연구를 수행한다면 좀 더 타당도가 있으며 신뢰할 수 있는 연구결과를 창출할 수 있다.

〈표 6-3〉 내적 타당도와 외적 타당도

내적 타당도	외적 타당도
• 연구결과를 신뢰할 수 있음	• 연구결과를 일반화시킬 수 있음
• 가외변인이 통제됨	• 좀 더 다양한 변인까지 고려되어 실제 상황에 적용 가능
• 연구결과에 대해 부가적인 설명이 필요 없음	• 연구결과가 좀 더 큰 집단(모집)까지 확장 가능
• 정확성과 엄격한 연구방법에 초점을 맞춤	• 연구결과에 대해 다른 맥락으로 추론이 가능

4) 내적 타당도 저해요인

(1) 역사

역사(history)는 실험이 진행되는 동안 실험 처치 이외의 다른 사건(event)이 발생하거나 연구 조건의 변화가 일어나는 현상을 말한다. 즉, 실험 중에 발생하는 외부적인 사건들이 연구결과에 영향을 미치는 요소를 의미한다.

예를 들어, 새로운 교육방법을 적용한 그룹과 기존의 교육방법을 적용한 그룹을 비교하는 실험을 생각해 보자. 실험을 진행하는 동안, 갑작스럽게 역량 있는 교사가 새로 부임하여 새로운 교육방법을 적용하는 경우, 새로운 교사의 뛰어난 능력으로 인해 학생들의 성과가 향상될 수 있다. 그렇게 되면 연구결과는 새로운 교육방법의 효과보다는 교사의 역량 차이에 의해 발생할 수 있다.

따라서 실험연구에서는 이러한 역사적 사건들이 결과에 영향을 미치는 것을 최대한 통제하려고 노력해야 한다. 이를 위해 실험 진행 중에 발생하는 모든 사건을 철저하게 기록하고(연구일지 등), 그 사건들이 연구결과에 어떤 영향을 미치는지를 분석할 필요가 있다.

(2) 성숙

성숙(maturation)은 실험이 진행되는 동안 시간의 흐름이 연구결과(예: 교육성취도)에 영향을 미칠 수 있는 현상을 말한다. 실험에 참여한 개체들이 생리적이거나 심리적인 면에서 변화를 겪는 것이며, 이러한 변화들은 실험 결과에 영향을 미칠 수 있다.

예를 들어, 실험을 시작할 때와 실험이 진행되는 동안 시간이 지나면서 개체들이 더 성숙해진다고 가정해 보자. 시간이 흐르면서 개체들의 심리적, 생리적인 특성이 변화될 수 있다. 이러한 성숙은 개체들의 교육성취도에 영향을 미칠 수 있으며, 개체들이 성숙해짐에 따라 교육 성과가 자연적으로 향상되는 것이다.

실험 그룹과 대조 그룹 간의 성숙도를 동등하게 맞추거나, 실험 진행 중에 개체들의 성숙도 변화를 모니터링하여 그 영향을 분석할 필요도 있다.

(3) 시험

시험(test)은 일반적으로 실험연구에서 많이 발생하는 현상을 의미한다. 실험 연구에서는 실험 시작 전에 사전점수(pretest score)를 측정하여 개체의 초기 상태를 파악하고, 실험 종료 후에 사후점수(posttest score)와 비교하여 실험의 영향을 평가한다.

그러나 사후점수는 경험적으로 이미 실험에 참여한 학생들의 사전점수에 대체로 영향을 받는다. 즉, 사전점수가 사후점수에 일정 부분 영향을 주며 연구결과가 사전점수의 영향으로부터 발생하였는지를 확인할 필요가 있다. 또한 사전점수가 낮은 개체들의 경우 사후점수도 낮고 사전점수가 높은 개체들은 사후점수도 높아질 확률이 크다. 따라서 이러한 사전점수의 영향을 통제할 필요가 있다. 사전점수와 사후점수 간의 차이를 통계적으로 제어하거나(공변인으로 처리), 통제(대조) 그룹과 실험 그룹 간의 사전점수를 동등하게 조절하여 실험 결과의 정확성을 높이는 방안이 모색될 수 있다.

(4) 검사도구

검사도구(instrumentation) 현상은 실험 진행 도중에 사용되는 측정도구나 시험 방법이 변경되는 경우에 나타나는 현상을 말한다. 실험자가 연구를 진행하는 과정에서 사용되는 측정도구나 시험 방법이 수정되거나 변화하면, 이로 인해 학습이 발생하고 그에 따라 실험 결과가 바뀔 수 있다.

검사도구 현상은 주로 사전시험과 사후시험에서 나타난다. 실험 그룹이나 대조 그룹의 성과를 평가하기 위해 사용되는 측정도구나 시험 문항이 시간이 지남에 따라 변경되거나 개선될 수 있다. 이로 인해 실험 그룹이 사전시험을 치르고 나서 사후시험을 치를 때, 개선된 측정도구를 사용하게 되면 더 높은 성과가 발생할 수 있다. 또한 사후시험에서 사용되는 문항이 사전시험에서 사용되었다면, 이미 해당 문항에 익숙한 실험 그룹은 더 높은 점수를 얻을 가능성도 있다.

(5) 통계적 회귀

통계적 회귀(statistical regression)는 실험 조치의 효과를 확인하고자 시험이 반복되는 경우 나타날 수 있는 현상을 말한다. 이는 일반적으로 극단적인 점수를 가진 개체들이 평균으로 다시 회귀되는 경향을 보이는 통계적 현상이다. 다시 말하면, 사전시험에서 극단적으로 낮은 점수를 받은 개체들은 사후시험에서 상대적으로 더 높은 점수를 얻게 되며, 사전시험에서 극단적으로 높은 점수를 받은 개체들은 사후시험에서 사전점수보다 더 높은 점수를 받을 확률이 적어진다.

(6) 선택적 참여

선택적 참여(differential selection)는 실험 그룹(experimental group)과 통제 그룹(control group)으로 배치되는 실험 개체들이 무선적으로 배치되지 않고, 특별한 방식으로 선택되어 그룹에 차별적으로 배치되는 현상을 말한다. 이러한 선택적 참여로 인해 실험과 통제(대조) 그룹이 초기부터 다른 특성을 가지게 되어 실험처치로부터 발생한 결과를 올바르게 평가하기 어려울 수 있다.

예를 들어, 새로운 교육방법의 효과를 평가하고자 할 때, 실험 그룹을 자발적으로 참여한 학생들로만 구성한다면 이 학생들은 이미 높은 학업 동기와 능력을 가진 학생들로 이루어진 그룹이 될 가능성이 크다. 따라서 실험 그룹의 높은 동기와 능력은 교육방법의 효과와는 상관없이 실험의 성과에 영향을 미칠 수 있다.

(7) 소멸

소멸(experimental mortality or attrition)은 실험 참여자가 실험에서 중도에 이탈 또는 포기하거나 사전 또는 사후 측정 중에 사라지는 상황을 의미한다. 이러한 경우, 실험 진행 중에 일부 참여자가 실험을 마치지 않거나 데이터를 제공하지 않게 되어 실험 결과의 왜곡이 발생한다. 어떠한 경우라도 이러한 소멸은 실험의 내적 타당도를 약화시킨다.

예를 들어, 특정 교육방법의 효과를 평가하는 실험에서 성취 수준이 낮은 학생들이 새로운 교육방법에 부정적인 태도가 있어 중도에 실험에서 이탈한다면, 실험 그룹의 결과가 왜곡될 수 있다. 실험 그룹의 평균 성취 수준이 중도에 이탈한 낮은 성취 수준 학생들로 인해 상승할 수 있다.

(8) 통제 그룹의 사기저하

통제 그룹과 실험 그룹에 속한 참여자들 간의 차별적인 대우로 인해 통제 그룹의 참여자들이 실험 결과에 부정적인 영향을 받는 현상을 통제 그룹의 사기저하(resentful demoralization of the control group)라고 한다. 실험 그룹이 더 나은 처치를 받는다는 사실에 대해 통제 그룹의 참여자들은 분노나 의기소침한 감정을 느낄 수 있으며, 이는 그들의 사후 측정 결과에 영향을 줄 수 있다.

5) 외적 타당도 저해요인

(1) 호손효과

호손효과(Hawthorne effect)는 실험 참여자들이 자신의 행동이 연구자나 관찰자에 의해 주목받는다는 사실을 알게 되었을 때, 그리고 이로 인해 자신의 행동을 조정하거나 수정하는 현상을 의미한다.

예를 들어, 교육 연구에서 특정 교육방법의 효과를 확인하기 위해 학생들에게 새로운 교육방법을 적용한 후 성적을 평가하는 실험이 진행된다고 가정해보자. 만약 학생들이 이러한 실험의 목적을 이해하게 되면, 그들은 보다 성실하게 학습하거나 결과를 충실히 보고할 것이다.

따라서 연구자들은 호손효과를 최소화하기 위해 실험 참여자들에게 실험의 목적을 최소한으로 알리거나, 자연스러운 상황을 조성하여 실험 참여자들이 일상적인 행동을 보이도록 노력해야 한다. 그러나 최근에는 실험윤리가 강화되어 실험 목적을 사전에 공지해야 하므로 호손효과를 통제하기 어려운 것도 사실이다. 실험윤리와 외적 타당도와 적절한 균형이 요구된다.

(2) 존헨리효과

존헨리효과(John Henry effect)는 실험의 통제 그룹에 속한 개체들이 실험 그룹에 비해 불리한 조건이나 상황에 처해 있다고 인식하고, 이에 대항하여 특별한 노력을 기울이는 현상을 의미한다. 이러한 개체들은 자신들이 경쟁적인 상황에 처해 있다고 느끼고, 실험 그룹과의 비교에서 뒤처지지 않기 위해 더 많은 노력을 기울일 수 있다.

(3) 사전점수효과

사전점수효과(pretest sensitization)는 실험연구에서 사전조사 또는 사전시험을 수행하는 것이 결과에 영향을 미치는 현상을 말한다. 즉, 사전점수가 있는 실험과 사전점수가 없는 실험에 차이가 발생할 수 있다는 것이다. 이러한 현상은 사전조사를 받은 실험 개체들이 사후조사에 참여할 때 더 유의미한 변화를 보일 가능성이 있는데, 이는 사전조사로 인해 실험에 대한 정보나 경험이 미리 주어져서 그들의 행동이 영향을 받기 때문이다.

(4) 실험자효과

실험자효과(experimenter effect)는 실험을 진행하는 연구자나 운영자의 특성이 비의도적으로 실험 결과에 영향을 미칠 수 있는 현상을 말한다. 실험자의 행동, 태도 등이 실험 대상자들의 행동이나 반응에 영향을 줄 수 있어 실험 결과의 타당성을 해칠 가능성이 있는 것이다.

예를 들어, 연구자가 특정 실험 조건의 성공을 바라거나 기대한다면 이러한 태도가 연구 참여자들에게 전달될 수 있다. 연구자의 비언어적인 신호, 언어 톤, 태도 등이 연구 참여자들의 행동을 간접적으로 조정할 수 있다. 또한 연구자 자신의 행동이나 처리 방식에 변화를 주면서 실험 결과에 영향을 미칠 수도 있다.

이러한 실험자효과를 최소화하기 위해서는 연구자의 중립성과 객관성을 유지하는 것이 중요하다. 연구자는 실험 참여자들에게 어떤 조건을 받았는지 알려 주지 않거나, 연구대상자와 연구자 사이의 접촉을 최소화하거나 표준화하는 등의 노력을 해야 한다.

(5) 실험참여자 특성

실험참여자의 특성(sample features)은 연구결과에 영향을 줄 수 있으며, 실험의 내적 타당도뿐만 아니라 실험 결과의 외적 타당도와 일반화에도 영향을 미칠 수 있는 중요한 요인이다. 실험 그룹과 통제 그룹이 모두 특정한 특성을 가진 실험 참여자들로 이루어져 있다면, 실험 결과를 다른 인구나 그룹으로 일반화하기가 어려워진다.

예를 들어, 실험 그룹과 통제 그룹 모두 성적이 우수한 학생들로만 이루어져 있다면 이러한 결과는 일반 학생들에게 일반화하기 어려울 것이다. 실험 결과는 해당 그룹의 특성에만 적용 가능한 것으로 제한될 수 있다.

(6) 상황 요인

상황 요인(situational factors)은 실험이 진행되는 특정한 날짜, 시간, 환경 등의 요소들로서, 연구결과의 일반화에 영향을 미칠 수 있는 중요한 요인이다. 실험의 환경이나 조건이 특정한 상황에 의해 영향을 받으면, 해당 상황에서 얻은 결과를 다른 상황에 일반화하는 것이 어려울 수 있다.

예를 들어, 코로나 바이러스의 영향 아래에서 진행된 교육방법에 대한 연구결과를 코로나 상황이 종료된 후의 일반적인 환경에도 동일하게 적용 가능할지 의문이 될 수 있다. 코로나와 관련된 특수한 환경은 연구결과의 외적 타당도에 영향을 미칠 수 있다.

(7) 신선도 효과

신선도 효과(novelty effect)란 새롭게 시작하는 실험 조치나 변화로 인해 참여자들이 특별한 관심을 보이거나 새로운 것에 호기심을 느끼는 현상을 의미한다. 이런 신선도 요소도 실험 결과에 영향을 미칠 수 있다.

예를 들어, 애플리케이션 기반의 새로운 교육방법을 도입하는 실험을 진행한다고 가정해 보자. 이때, 참여자들은 새로운 애플리케이션을 사용하는 것에 흥미를 가지고 새로운 기술을 경험해 보고자 할 것이다. 그 결과 참여자들의 참여도나 집중도가 증가할 수 있어 교육방법의 향상으로 보일 수 있다. 그러나 이 경우 교육방법의 실제 효과인지 애플리케이션의 신선함으로부터 교육효과가 발생하였는지 구분하기 어렵다.

이처럼 신선도 효과는 가외요인으로 실험의 내적 타당도에 영향을 줄 수 있으며 동시에 외적 타당도에도 영향을 미칠 수 있다.

(8) 역사와 처치 효과의 상호작용

역사와 처치 효과의 상호작용(interaction of history and treatment effects)은 실험 결과에 영향을 미치는 역사적 사건과 실험처치 사이의 관계를 나타내는 개념이다. 이러한 상호작용은 처치 효과가 시간이 지나면서 변화하는 정도나 방향에 영향을 미칠 수 있다.

예를 들어, 교육 혁신을 위한 실험을 진행하고 그 결과가 처음에는 혁신성이 높아 긍정적인 효과를 보였다고 가정해 보자. 그런데 시간이 지남에 따라 사회나 교육 시스템에서 변화가 있어 혁신성이 떨어지게 되면 실험 결과의 일반화가 어려워질 수 있다. 즉, 처치 효과가 시간과 함께 역사적 변화와 상호작용하여 실험 결과의 지속성이 변할 수 있는 것이다.

(9) 시간측정과 처치 효과의 상호작용

시간측정과 처치 효과의 상호작용(interaction of time of measurement and treatment)은 실험 조치 후 결과를 언제 측정하느냐에 따라 처치 효과가 어떻게 나타나는지를 설명하는 개념이다. 실험 조치를 한 후 즉시 사후점수를 측정했을 때는 효과가 미미하거나 나타나지 않았지만, 시간이 지난 후에 사후점수를 다시 측정하면 처치 효과가 나타날 수 있다는 것이다.

예를 들어, 간단한 교육 프로그램을 도입한 후 즉시 학생들의 성적을 측정했을 때는 효과가 나타나지 않을 수 있다. 그러나 이러한 프로그램이 시간이 지남에 따라 학습에 영향을 미치고 효과가 나타난다면, 실험 조치 후 일정 기간이 경과한 후 사후점수를 측정하는 것이 더 의미 있을 수 있다. 일반적으로 간단한 새로운 교육방법이 적용되었을 때는 짧은 시간 내에 측정을 해도 되지만 양과 범위가 많고 어느 정도 지속적인 교육방법이 적용되었을 때는 한 달이나 수주가 지난 후에 효과를 측정하는 것이 바람직하다.

(10) 다처치 효과

다처치 효과(multiple-treatment interference)란 실험 개체가 여러 가지 다른 실험에 참여한 경험이 각 실험 조치의 결과에 서로 영향을 미치는 현상을 말한다. 즉, 한 실험 개체가 A, B, C와 같은 여러 가지 실험 조치에 참여했을 때, 특정 실험 조치의 결과가 다른 실험 조치의 참여 경험에 영향을 받아 변화할 수 있다는 것을 의미한다.

예를 들어, 동일한 실험 개체가 A, B, C 세 가지 다른 교육방법의 실험에 참여했다고 가정해 보자. 세 실험에 참여한 결과와 두 개에 참여한 결과가 다를 수 있다. A, B, C 모두 참여한 개체들의 결과와 C만 참여하여 측정한 결과가 다를 수 있고 이 경우 C만 참여한 그룹에 확대하여 해석하기 어렵다.

연구방법

교육연구방법론

제3부

제7장

실험연구

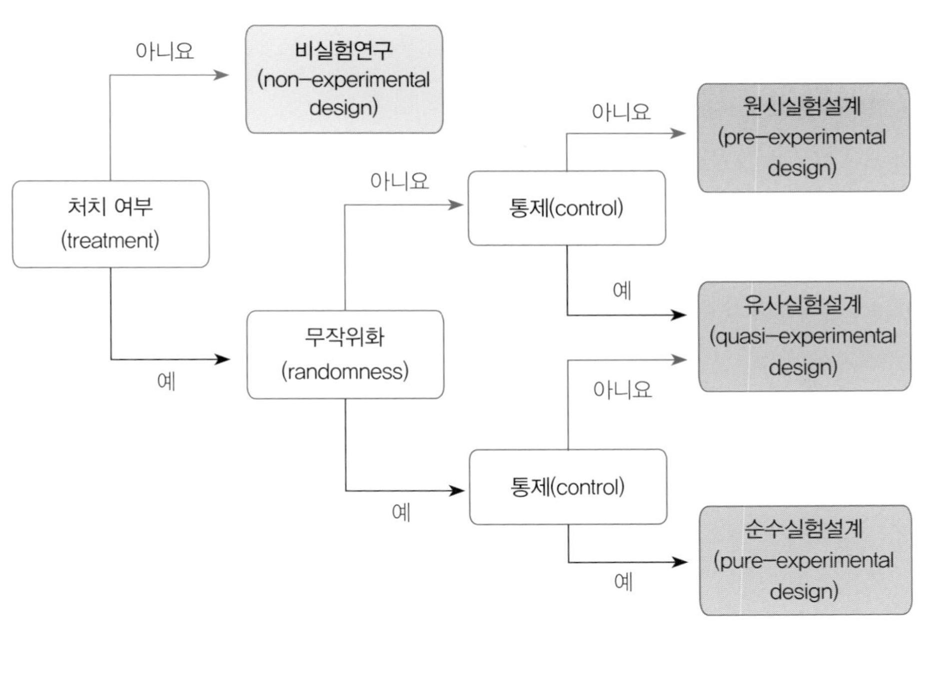
처치 여부
(treatment)
아니요
비실험연구
(non–experimental
design)
예
무작위화
(randomness)
아니요
통제(control)
아니요
원시실험설계
(pre–experimental
design)
예
유사실험설계
(quasi–experimental
design)
예
통제(control)
아니요
예
순수실험설계
(pure–experimental
design)

1. 실험디자인

실험디자인(experimental design)은 연구자가 인과관계를 밝히거나 새로운 제품, 서비스, 제도 등을 개발하기 위해 인위적으로 수행하는 연구방법 중 하나이다. 실험은 종종 하나 또는 여러 개의 독립변인(independent variable)이나 요인(factor)을 조작하여 종속변인(dependent variable)에 대한 영향력을 파악하거나 효과의 발생 여부를 확인하기 위해 수행된다.

실험디자인은 연구의 목적과 연구자의 가설에 따라 다양한 형태를 취할 수 있으며, 이러한 디자인은 연구의 타당성과 결과의 해석에 크게 영향을 미친다. 다음은 실험디자인의 주요 특징과 요소에 대한 설명이다.

- 인과관계 확인: 실험은 주로 인과관계를 확인하기 위해 사용된다. 연구자는 독립변인을 조작하고 그 결과로 종속변인에 어떤 영향을 미치는지를 확인할 수 있다. 이를 통해 어떤 변인이 다른 변인에 어떠한 영향을 미치는지를 밝히는 데 도움이 된다.
- 독립변인과 종속변인: 실험에서 독립변인은 조작되는 변인으로, 연구자가 직접 제어하고 조작한다. 종속변인은 독립변인의 변화에 반응하여 연구자가 관찰하거나 측정하는 변인이다.
- 조작(treatment): 실험에서는 하나 이상의 독립변인을 조작하게 된다. 이것은 실험의 핵심 부분으로, 연구자가 어떤 변인을 어떻게 조작하고 처치할 것인지를 결정해야 한다. 가령, 온도라는 변인을 저온, 고온 등으로 조작하는 것이다.
- 통제(control): 실험에서는 다른 가외 변인들이 연구결과에 영향을 미치지 않도록 통제해야 한다. 이를 위해 통제 그룹(control group)과 실험 그룹(experimental group)을 비교하거나 무작위 할당(random assignment)을 사용하여 외부 요인의 영향을 최소화한다.

- 랜덤화(random assignment): 실험에서는 무작위화를 사용하여 참여자나 실험 조건을 무작위로 할당하는 것이 중요하다. 이렇게 하면 연구결과가 왜곡되지 않고 일반화할 수 있게 된다.
- 반복(replication): 실험은 단순히 1회로 끝나 그 결과를 일반화하기보다는 여러 번 실험을 수행하여 그 결과에 대한 평균을 내거나 반복된 결과를 종합적으로 고려하여 실험효과를 검증하는 것이 필요하다.
- 블록화(blocking): 실험 개체를 특성요인에 따라 그룹핑하여 분류하고 각 그룹의 개체를 다시 랜덤 배치하면 개체들의 동질성을 확보할 수 있다. 예를 들면, 지능이 낮은, 중간, 높은 그룹으로 블록을 만들고 그 안의 개체들을 실험처치에 무선적으로 배치하는 것이다.
- 실험의 3대 요인: 실험의 3대 요인은 앞의 랜덤화, 반복, 블록화이다.
- 눈가림 효과: 참여자가 실험 조건을 알고 있을 경우 연구결과에 영향을 미칠 수 있으므로 이를 방지하기 위해 눈가림 효과(blindness)를 유지하는 것이 중요하다.

2. 실험디자인 수행 단계

1) 변인설정

연구과정에서 가장 중요한 첫 번째 단계는 변인설정이다. 이것은 실험디자인뿐만 아니라 일반적인 설문조사(survey) 연구에서도 핵심적인 과정이다. 종속변인과 독립변인을 규정하고 설정함으로써 연구의 방향과 목표가 명확해지며, 연구과정이 체계적으로 진행될 수 있기 때문이다.

흔히 연구과정에서 독립변인을 먼저 규정하고 수준(level)을 설정하는 것이 강조되지만, 종속변인의 중요성이 더 크다. 연구자들은 결국, 어떤 변화가 일어나거나 어떤 결과가 나타나는지를 이해하려고 연구를 수행한다. 그러므로 연구자는 종속변인을 먼저 명확히 규정하고 이를 측정하거나 관찰할 방법을 설정해야 한다.

예를 들어, '기초학력 부진 해소'는 종속변인으로 설정될 수 있는데, 이 종속변인이 정의되고 그를 측정하는 방법이 규정되면, 그에 영향을 미치는 독립변인들을 설정할 수 있다. 이러한 독립변인은 방과후 학교, 온라인 멘토링, 개별 학생의 진단 결과에 따른 맞춤형 수업 제공 등과 같이 설정될 수 있다.

2) 가설의 설정

종속변인과 독립변인이 설정되면 이러한 변인을 기반으로 검증할 가설을 구체적으로 제시하는 것이 그다음 단계이다. 이러한 가설은 수리적이거나 구조적인 모델에 기반하여 설정될 수 있다. 예를 들어, 학업성취도가 종속변인이고 교육방법이 독립변인인 경우, 다음과 같은 가설을 설정할 수 있다. 다음에 제시된 네 개의 영가설은 모두 동일한 내용이다.

- 귀무가설 혹은 영가설(null hypothesis: H_o): 온라인 비대면 수업의 학업성취도와 오프라인 대면 수업의 학업성취도는 차이가 없다(같다).
- H_o: $\mu_{\text{온라인 비대면 수업}} = \mu_{\text{오프라인 대면 수업}}$
- H_o: $\mu_{\text{온라인 비대면 수업}} - \mu_{\text{오프라인 대면 수업}} = 0$
- Y_{ij}=: $\mu + \alpha_j + \varepsilon_{ij}$ 선형모델에서 H_o: $\alpha = 0$

Y_i=j 그룹의 i번째 개체 값, μ=전체평균, α_j=j그룹에 해당하는 효과(the effect due to treatment j group), ε_{ij}=실험오차(experimental error)

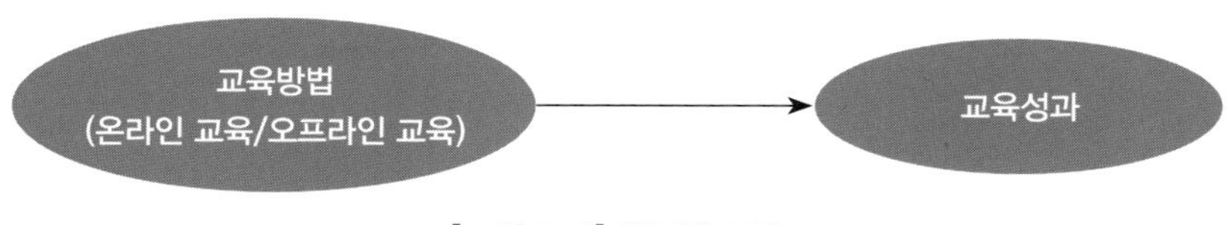

[그림 7-1] **구조적 모델**

3) 독립변인의 실험처치 결정

온라인 교육방법을 독립변인으로 설정하고 학업성취도를 종속변인으로 설정한 실험에서, 내적 · 외적 타당도를 고려해야 할 다양한 요인이 발생한다. 이러한 요인들은 종속변인에 영향을 미치거나 실험 결과를 왜곡시킬 수 있으며, 이를 고려하여 실험을 설계하고 분석해야 한다.

교육방법 이외의 요인, 즉 교육방법 외에도 학업성취도에 영향을 미칠 수 있는 다른 요인들이 통제되어야 한다. 예를 들어, 교육시간, 교사의 질, 교육환경, 교육내용, 학습자의 개인적 특성, 학교의 정책적 지원 등이 해당된다.

- 통제 여부 결정: 이러한 다른 요인들을 포함할 것인지 또는 통제할 것인지 결정해야 한다. 통제가 가능한 경우, 이러한 요인들을 실험 조건 내에서 일정하게 유지하거나 조절함으로써 그 영향을 최소화할 수 있다.
- 새로운 요인 추가: 그러나 실험자가 특정 요인들을 통제하기 어렵거나 추가적인 요인으로 고려하고 싶을 때, 연구의 첫 단계로 돌아가 변인설정과 가설 수정이 필요할 수 있다. 가령, 성이 온라인 교육방법의 선호도에 영향을 주어 효과를 발생하게 한다면 성을 추가로 고려할 필요가 있다.
- 상호작용(interaction effect) 고려: 실험에서는 종종 독립변인들 사이의 상호작용이 발생할 수 있다. 예를 들어, 교육방법과 성별 사이에 상호작용이 있다면, 각 성별 그룹 내에서 교육방법의 효과가 다를 수 있다. 상호작용을 간단히 설명하면 한 요인의 효과가 다른 요인의 수준에 따라 달라지는 것을 의미한다.
- 유사한 교육내용 사용: 온라인 교육과 오프라인 교육효과를 비교한다고

할 때, 교육내용에 따라 교육효과가 다를 수 있으므로 실험 조건 사이의 교육내용을 최대한 유사하게 유지해야 한다. 이를 위해 똑같은 교사가 같은 내용을 가르치는 것이 바람직하다.

- 온라인 교육 자료개발: 온라인 교육 환경이 좋지 않을 경우, 교육방법 자체보다는 온라인 교육 시스템 자체가 영향을 미칠 수 있다. 적절한 온라인 교육환경을 제공하고 동시에 온라인 교육 콘텐츠에 동일교사와 동일 내용이 삽입되고 오프라인과 비교하여 비슷한 품질이 유지되어야 두 방법의 순수 효과 비교가 가능하다.

요약하면, 실험을 설계할 때는 독립변인과 종속변인 외에도 내적 · 외적 타당도를 고려해야 할 다양한 요인이 있으며, 이러한 요인들을 고려하여 실험을 효과적으로 설계하고 결과를 해석하는 것이 중요하다.

4) 실험 개체의 배치 및 반복

실험디자인에서 실험 개체를 특정 그룹에 배치(assignment)하고 반복(replication)을 실행하는 것은 연구의 타당성(validity)과 결과의 신뢰성(reliability)을 보장하기 위해 매우 중요한 단계이다. 실험 개체의 배치에 영향을 미치는 주요 요인들은 다음과 같다.

(1) 실험 그룹의 크기

실험 그룹의 크기(group size) 결정은 연구 디자인, 연구목표, 연구대상의 특성, 통계적 검증력, 연구 비용 및 제약 사항, 연구윤리, 실험 환경과 조건의 통제 등을 종합적으로 고려하여 결정되어야 한다. 실험 그룹의 크기를 결정할 때 다음과 같은 고려 사항이 중요하다.

먼저, 연구의 목표와 대상 인구의 특성을 고려하여 실험 그룹의 크기를 설정한다. 연구주제와 연구대상의 특성에 따라 실험 그룹의 크기가 달라질 수 있다. 가령, 특수아동을 대상으로 하는 연구는 특수아동의 특성상 실험에 참여시킬 수 있는 인원도 제한적이고 특수아동의 유형에 따라 실험 개체를 선발하는 것도 달라져야 하기 때문이다.

또한 실험 결과의 통계적 검증력을 고려해야 한다. 실험 그룹의 크기가 클수록 통계적 검증력이 증가하므로 연구결과를 신뢰할 수 있다.

연구 비용과 제약 사항도 고려해야 한다. 실험 개체를 모집하고 관리하는데 드는 비용, 시간, 기술적 제약 사항 등을 고려하여 실험 그룹의 크기를 결정해야 한다. 특히 인간 실험의 경우 연구윤리를 준수해야 하며, 실험 개체의 안전과 편안함을 보장해야 한다.

실험 환경과 조건을 효과적으로 통제할 수 있는지 여부도 고려해야 한다. 실험 환경과 조건이 엄격하게 통제되는 경우 실험 그룹의 크기를 줄일 수 있다.

마지막으로, 실험의 종류에 따라 실험 그룹의 크기 요구 사항이 다를 수 있다. 그룹을 비교하는 실험에서는 통제가 잘 이뤄졌다고 가정하면 최소한 그룹에 8개의 실험 개체가 필요하고, 일반적으로 15개 이상의 개체가 적절하다고 본다(rule of thumb).

(2) 반복횟수의 결정

실험의 개체 크기가 결정되면 두 번째로 각 처리별 반복횟수가 결정되어야 한다. 반복횟수의 결정(number of replication)은 실험의 신뢰성과 통계적 검증을 위해 매우 중요한 요인이다.

첫째, 실험 그룹의 크기 결정에서 언급한 것처럼 각 처리 또는 그룹에 충분한 개체가 있어야 한다. 이 개체들이 실험의 반복이라고 생각할 수 있다. 예를 들어, 온라인 교육 그룹과 오프라인 교육 그룹이 각각 15명의 학생으로 구성된 경우, 각 학생은 해당 그룹의 실험 반복이라고 볼 수 있다. 즉, 15번의 반복으로 해석할 수 있다.

둘째, 동일한 개체의 반복 측정이 고려될 수 있다. 이것은 동일한 개체가 실험의 여러 조건 또는 처리를 거친 후 그 결과를 비교하는 것을 의미한다. 예를 들어, 한 학생이 온라인 교육을 두 번 이상 받은 후 그 결과를 비교하는 경우, 이는 동일 개체의 반복 측정이 된다. 즉, 앞에서 15명의 학생이 두 번 이상 실험에 참여한다면 각 학생의 경우 두 개의 값을 가질 것이다. 이 두 개 값의 평균 낸 값으로 두 그룹 간 비교를 하는 것이다. 세 번의 반복이라면 세 개의 값을 평균 내고 그 평균 낸 값으로 두 그룹 간 비교를 할 수 있는 것이다.

사람의 경우는 이러한 반복측정이 어렵지만 공산품이나 자연적인 물질의 경우 여러 번의 반복 측정을 통해 비교를 이뤄 독립변인이 얼마나 종속변인에 영향을 미치는지 검증 가능하다. 비행기의 경우 각종 조건에서(즉, 기후, 온도 등과 같은 독립변인) 어떠한 결과가 나오는지 수천 번의 반복을 시행하여 연구 결과에 일반화를 꾀한다. 또한 비행기를 개발하는 과정에서 유사한 시제기를 1호부터 6호까지 만들어 실험에 투입하고 그 시제기들을 반복이라고 처리하여 그 결과를 비교하기도 한다.

(3) 무선배치

실험에서 실험 개체를 특정 실험 그룹 또는 통제 그룹에 배치하는 방법은 중요한 고려사항이다. 일반적으로 배치 방법의 기본 원칙은 무선배치(random assignment)이다. 무선배치에는 완전임의배열법과 난괴법의 두 가지 형태가 있다.

- 완전임의배열법

완전임의배열법(completely randomized design)은 실험 그룹과 통제 그룹에 속한 실험 개체를 완전히 무작위로 배치하는 방법이다. 예를 들어, 실험에서 세 가지 서로 다른 교육방법(온라인, 오프라인, 블렌디드)에 대한 학업성취도(종속변인)를 비교하고자 할 때, 교육방법의 처치 수준은 t=3이며, n개의 반복이 있을 수 있다. 이때 실험 개체들을 무작위로 세 개의 교육방법 그룹에 배치하여 비교하는 것이다.

이때의 영가설은 다음과 같다.

H_0: $\mu_{온라인\ 비대면\ 수업} = \mu_{오프라인\ 대면\ 수업} = \mu_{블렌디드\ 수업}$

이 경우 실험 개체(단위)는 반드시 균일 동질성(homogeneous)을 갖춰야 하고 동질성을 갖추기 위해 무선배치하는 것이다. 같은 날, 같은 시간대, 같은 내용, 같은 수준의 강사, 같은 수준의 학습자 등의 조건이 갖춰져야 한다. 총 30(N)개의 실험 개체가 각 그룹에 10(n)개씩 무선적으로 배치되는 것을 의미한다. 이렇게 처치(독립변인, 요인)가 하나일 때 일원완전임의배열법(one way completely randomized design)이라고 한다.

• 난괴법

난괴법(randomized block design)은 실험단위가 균일하지 않을 때 사용되는 실험 설계 방법으로, 실험단위들을 동질적인 집단으로 묶어 블록화하고 그 안에서 골고루 배치하는 방법이다. 이 방법은 유층임의배열(stratified random design)이라고도 불린다.

예를 들어, 학업성적을 기준으로 실험단위를 우수, 보통, 저하 성적 그룹으로 나누어 각 그룹의 개체들을 각각의 교육방법(온라인, 오프라인, 블렌디드)에 배치하는 디자인이다. 각 처치 그룹에는 성적이 우수, 보통, 저하인 개체들이 골고루 배치되어 동질성을 확보할 수 있다. 이를 통해 각 교육방법에 따라 학업성취도가 어떻게 변하는지 성적이 컨트롤되어 비교할 수 있다.

	블록			
처치	우수1	보통2	저하3	평균
온라인1	y_{11}	y_{12}	y_{13}	$y_{1.}$
오프라인2	y_{21}	y_{22}	y_{23}	$y_{2.}$
블렌디드3	y_{31}	y_{32}	y_{33}	$y_{3.}$
평균	$y_{.1}$	$y_{.2}$	$y_{.3}$	$y_{..}$

각 처치 그룹의 평균을 비교하여 유의한 차이가 발생할 경우, 이는 교육방법에 따라 학업성취도가 달라진다는 결론을 내릴 수 있다.

이처럼 독립변인이 하나인 경우, 각 교육방법의 효과를 비교하는 실험 설계를 일원난괴법(one way randomized block design)이라고 한다. 이 디자인은 블록의 효과를 검증하지 않는다. 뒤에서 설명하겠지만 이(2)원 요인설계와는 달리 블록의 효과에 대한 검증을 별도로 수행하지 않는다.

• 그룹 간 실험 개체 설계와 그룹 내 실험 개체 설계

그룹 간 실험 개체 설계(between group subject design)는 앞에서 설명한 실험에서 각 개체가 각각의 처치 그룹에 한 번씩 배치되는 설계를 말한다. 이러한 설계는 독립측정설계(independent measurement design)로도 불린다. 그러나 실험 개체가 한 개 이상의 처치 그룹에 반복해서 배치되어 여러 점수를 생성할 수 있는 설계도 가능하다. 이는 실험 개체들이 각각의 처치를 받아 그에 대한 평균 차이를 검증하는 방식이다. 이러한 설계는 그룹 내 실험 개체 설계(within group subject design) 또는 동일 그룹에 대한 반복측정(repeated measure design)이라고도 한다.

예를 들어, 실험 개체 A가 온라인, 오프라인, 블렌디드 교육방법에 모두 참여하여 교육만족도 점수를 얻고, 실험 개체 B도 세 교육방법에 참여하여 교육만족도 점수를 산출할 수 있다. 이러한 교육만족도 점수 간 평균 차이를 검증하여 비교하는 방법이다.

또 다른 예로, 교육 현장에서 흔히 사용되는 반복측정설계로는 다음과 같은 것이 있다. 교육방법 전개 이전에 사전점수를 측정하고, 모든 실험 개체에게 교육방법을 전개한 후 사후점수를 산출한다. 이렇게 하면 동일한 개체가 두 개의 점수를 가지게 된다. 이러한 사후점수에서 사전점수를 뺀 차이를 계산하여 차이점수에 대한 t–검증 추론 통계(t-test)를 수행하는 방식도 동일개체의 반복측정이라고 할 수 있다.

(4) 요인설계

앞의 실험설계는 모두 실험단위의 배치법에 관한 것이며 처치계획 및 처치조합을 중심으로 설계하는 요인실험법(factorial experiment)이 있다. 요인(factor)이란 처치(treatment)나 독립변인과 같은 말로 해석할 수 있고, 특히 두 개 이상의 요인이 연구에 삽입되어 진행되는 것을 요인설계(factorial design)라고 한다.

예를 들어, 교육방법(제1요인)과 성(제2요인)이라는 두 개의 요인이 있다고 가정하자. 교육방법은 온라인, 오프라인, 블렌디드로 세 개의 처치수준(treatment level)을 가지고, 성은 남성과 여성으로 두 개의 처치수준을 가지는 경우에 3*2 디자인이라고 한다. 이때, 반복은 첫 번째 요인 수준에 8명씩 배치한다면 그 안에 남성그룹 4명, 여성그룹이 4명으로 배치되어 총 24명이 배치되어야 한다. 물론 각 그룹의 개체 수(cell size)가 똑같을 필요는 없지만 가능한 맞추어 주는 것이 바람직하다. 만약 각 그룹의 개체 수가 다를 경우 통계적 분석에 사용되는 공식은 다를 수 있다.

또한 3*2*2 디자인의 경우에는 세 개의 요인(삼원요인설계)이 있으며, 각 요인은 각각 3수준, 2수준, 2수준으로 나뉘어 실험 개체들이 배치된다. 그러나 실제로는 세 개 이상의 요인을 가지는 설계는 현실적으로 해석에 어려움이 있기 때문에 대부분 두 개의 요인(2원설계) 방식을 선호한다.

교육방법을 중심으로 실험을 하고 성에 따라 실험을 하는 두 번의 실험 대신 한꺼번에 두 개의 요인을 삽입하여 실행하는 이유는 두 가지 때문이다. 첫째, 제1종 오류(Type I error)를 줄이기 위해서이며, 둘째, 상호작용 효과(interaction effect)를 검증하기 위해서이다. 상호작용 효과는 한 요인과 다른 요인이 함께 작용하여 종속변인에 영향을 미치는 효과를 말한다. 예를 들어, 술(drinking)이 간에 영향을 미치고 흡연(smoking)이 폐에 영향을 미칠 때, 두 요인이 함께 작용하여 간 또는 폐에 더 큰 영향을 미칠 수 있다. 이러한 효과를 상호작용 효과라고 한다.

(5) 준실험설계

준실험설계(quasi-experimental design)는 독립변인과 종속변인 사이의 인과관계성을 파악하기 위해 도입되는 연구설계이다. 일반적인 실험설계와의 주요 차이점은 실험 개체들을 무선배치하지 않는 점이다. 실험 개체에 접근이 어렵거나 무선배치가 어려운 경우, 실험 개체를 인위적으로 사용하거나 배치하는 경우에 주로 사용된다.

순수실험설계에서는 연구자가 실험처치를 완벽하게 통제하거나 조절할 수 있다. 그러나 준실험설계에서는 실험처치 방법에 어려움이 있어 이미 실험 그룹이 경험한 특정 처치에 대해 연구를 수행한다. 또한 순수실험설계에서는 실험처치 그룹과 통제 그룹을 모두 사용하지만 준실험설계에서는 통제 그룹을 사용하지 않는 경우도 있다.

예를 들어, 새로운 교육방법인 ICT 기반 수업의 필요성을 연구한다고 가정해 보자. 학생들을 무선적으로 ICT 기반 수업과 일반 전통적인 수업에 배치하고, 수업이 끝난 후 학업성취도와 학습만족도를 측정하여 두 그룹의 점수(평균값)를 비교한다면 이것은 순수실험설계로 볼 수 있다. 반면에 실험의 내·외적 타당도를 저해하는 요인은 통제하였다고 가정하고, 학생들을 배치함에 있어 어려움이 발생한다고 가정할 때, ICT 기반 수업을 전개해 오던 교사 그룹의 학생 점수와 기존 방법을 고수해 수업을 전개한 학생 점수를 비교하여 연구를 진행한다고 하면 이는 준실험설계가 될 것이다.

준실험설계는 순수실험설계에 비해 변인 통제(특히 제3 가외변인: confounding variable)와 무선배치 관련 어려움으로 인해 인과관계를 완전히 밝히는 데 제한이 있을 수 있지만, 몇 가지 외적 타당도 측면에서 장점도 있다. 실제적인 환경에서 벌어지는 연구이기 때문에 실험실에서 모든 것을 통제한 것보다 더 나은 결과를 생성할 수 있다. 또한 순수실험설계를 제외하고 조사연구를 비롯한 일반 연구보다 내적 타당도 측면에서 일정 부분 제3의 변인을 통제할 수 있는 여지가 있다는 것이 장점이다.

5) 종속변인의 측정

실험 개체가 배치된 후, 실험디자인에서 이어지는 중요한 단계는 종속변인의 측정이다. 이러한 측정은 일반 설문조사 연구(survey)나 다른 관찰 연구(observational design)와 유사하게, 타당도와 신뢰도가 검증된 측정도구를 사용해야 한다. 특히 실험연구이기 때문에 종속변인의 측정에서는 실험의 내적 타당도(internal validity)와 외적 타당도(external validity)를 고려해야 한다. 일반적인 측정의 타당도와 신뢰도뿐만 아니라 실험의 내적 · 외적 타당도에 대한 고려가 필수적이다. 앞서 언급한 연구타당도에 대한 내용을 참고하여 종속변인의 측정을 진행해야 한다.

6) 통계분석

실험 개체들이 각 그룹에 무선배치되고, 각 개체의 종속변인에 대한 측정이 이루어진 후, 마지막으로 수행해야 할 단계는 통계분석(statistical analysis)이다. 통계분석은 독립변인과 종속변인의 수, 그리고 실험디자인 모형에 따라 다양한 방법이 적용된다.

(1) t-검증: 두 그룹의 평균 차이 검증

독립변인이 한 개(교육방법)이며 종속변인이 하나(학업성취도)인 완전무선배치 디자인의 경우, 다음과 같은 세 개의 모형이 발생할 수 있다.

- one group post-test 사후 비교: 실험 그룹과 통제 그룹에 무선배치한 후, 실험 그룹만 처치(X1: 교육방법)를 수행하고 이후 종속변인의 값(O1, O2: 학업성취도)을 측정한 후 두 그룹의 평균을 비교하기 위해 t-검증을 수행한다.

X1 O1(실험 그룹)

O2(통제 그룹)

• posttest-only control group design 사후 통제 그룹 비교: 실험 그룹과 통제 그룹에 실험 개체를 무선 배치한 후, 실험 그룹은 처치(X1: 온라인 교육)를 수행하고, 통제 그룹은 처치(X2: 전통적인 면대면 교육)를 수행한다. 이후 두 그룹의 평균을 비교하기 위해 t-검증을 수행한다.

X1 O1 (실험 그룹)

X2 O2 (통제 그룹)

• 사전 사후 차이 비교: 실험 그룹과 통제 그룹에 실험 개체를 무선 배치한 후, 실험 그룹의 사전점수(O1)와 사후점수(O2)의 차이(difference D1)를 구하고, 통제 그룹의 사전점수(O3)와 사후점수(O4)의 차이(difference D2)를 구한다. 이들 D1과 D2의 차이를 비교하기 위해 t-검증을 수행한다.

O1 X1 O2

O3 X2 O4

(2) 일원변량분석(one way ANOVA)

모형: 독립변인 1개(교육방법 처치 레벨 3개: 온라인, 오프라인, 블렌디드), 종속변인 1개(학업성취도)
$y_{ij} = \mu + \alpha_j + \varepsilon_{ij}$
• y_{ij} = j 그룹의 i번째에 해당하는 값 • μ = 전체평균(overall mean, grand mean) • α_j = j 그룹에 해당하는 효과(the effect due to treatment j group) • ε_{ij} = 실험오차(experimental error)

- 가설: H_0: $\alpha=0$을 검증
  교육방법의 효과가 없다는 것을 의미한다.
- 또는 H_0: $\mu_{온라인} = \mu_{오프라인} = \mu_{블렌디드}$
  이는 전체 교육방법 그룹의 평균이 동일하다는 것을 의미한다.

이러한 영가설이 기각되는 경우(즉, F 값이 유의하고 p-value가 0.05보다 작은 경우), 각 그룹 간의 평균을 비교하기 위해 다중 그룹 비교(multiple group comparison)를 수행한다. 이때 사용하는 다중 그룹 비교 방법으로는 여러 가지가 있고 그중 가장 기본적인 것은 t-검정, 최소유의차 검정(Least Significant Difference: LSD)이다.

추가적으로, 다중 그룹 비교의 평균 비교를 위한 가설은 다음과 같이 설정될 수 있다.

- H_0: $\mu_{온라인} = \mu_{오프라인}$
  이는 온라인 교육과 오프라인 교육의 평균이 같다는 것을 의미함
- H_0: $\mu_{온라인} = \mu_{블렌디드}$
  이는 온라인 교육과 블렌디드 교육의 평균이 같다는 것을 의미함
- H_0: $\mu_{오프라인} = \mu_{블렌디드}$
  이는 오프라인 교육과 블렌디드 교육의 평균이 같다는 것을 의미함

(3) 이원변량분석(two way ANOVA)

모형: 독립변인 2개(교육방법과 성), 성의 처치 레벨은 2(남성 여성)
$y_{ijk} = \mu + \alpha_j + \beta_j + \alpha\beta_{ij} + \varepsilon_{ijk}$
• μ = 전체평균(overall mean, grand mean) • α_i = 요인 A의 i번째 수준의 주효과(the effect due to treatment i group) • β_j = 요인 B의 j번째 수준의 주효과(the effect due to treatment j group) • ε_{ijk} = 실험오차(experimental error) • $\alpha\beta_{ij}$ = 상호작용 효과

(영가설 1) H_0: 교육방법과 학업성취도 간 관계가 없다.

H_0: $\alpha=0$, $\mu_{온라인}=\mu_{오프라인}=\mu_{블렌디드}$

(There is no effect of the instructional method on the achievement.)

(영가설 2) H_0: 성과 학업성취도 간 관계가 없다.

H_0: $\beta=0$, $\mu_{남성}=\mu_{여성}$

(There is no effect of the sex on the achievement.)

(영가설 3) H_0: 교육방법과 성 사이의 상호작용 효과가 없다.

H_0: $\alpha\beta=0$, $\mu_{온라인남성}-\mu_{온라인여성}=\mu_{오프라인남성}-\mu_{오프라인여성}=\mu_{블렌디드남성}-\mu_{블렌디드여성}$

(There is no interaction effect of the instructional method and the sex on the achievement.)

영가설 1의 경우 F 값이 유의하고 p-value[1)]가 0.05보다 작을 때 다중 그룹 비교를 수행한다. 영가설 2는 두 그룹 간의 비교이므로 영가설이 기각되면 더 이상 다중 그룹 비교를 수행할 필요가 없다. 영가설 3은 교육방법과 성 사이의 상호작용을 검증하는 것이며, 이 역시 F 검정을 통해 평가된다.

---

1) p-value: 제1종 오류를 지지하기 위한 확률(probability to support α error)

(4) 일원블록디자인과 이원변량분석의 차이

〈표 7-1〉 일원블록디자인과 이원변량분석 비교

일원블록디자인	이원변량분석
• 구성 요소: 독립변인(1개와 여러 처치 수준)과 블록(배치)으로 구성 • 블록의 역할: 블록을 하나의 요인으로 간주하여 실험 개체들을 배치함. 블록 효과는 검증하지 않으며 배치의 문제로 간주 • 분석방법: 독립변인(처치)의 효과를 검증하며, 블록 효과는 검증하지 않음. 이는 일원분산분석과 유사하며, 블록 효과를 고려하지 않은 합산모델(additive model)을 사용 • 개체크기: 각 그룹에 실험 개체(cell size)의 수가 같은 것을 권고함	• 구성 요소: 두 개의 독립변인(2개: 교육방법, 성과 여러 처치 수준)으로 구성 • 블록이 없음: 이원변량분석에서는 주로 완전 무작위 실험을 가정하며 블록을 사용하지 않음 • 분석방법: 독립변인(교육방법, 성)의 주효과와 상호작용 효과를 모두 검증함. 보통 상호작용모델(interaction model)로 설정 • 개체크기: 각 그룹에 실험 개체가 같을 필요는 없으며 개체크기의 다름에 따라 다른 분석 공식 적용

일원블록디자인은 블록을 배치의 문제로 간주하고 해당 효과를 검증하지 않으면서 한 개의 독립변인 효과만을 분석한다. 반면, 이원변량분석은 두 개의 독립변인과 그들 간의 상호작용 효과까지 검증한다. 이원변량분석은 일원변량분석보다 장점이 더 많으며 또한 일원블록디자인보다도 상호작용 효과를 검증하는 장점이 있다.

실험으로부터 발생한 효과를 검증하는 것에 대해 좀 더 디자인별로 그리고 유사한 효과에 대해 설명하면 다음과 같다. 순수효과를 파악하고자 실험을 수행할 때, 실험처치(treatment) 또는 요인(factor)으로부터 발생하는 종속변인의 변화 폭인 변량(variance)은 최대화하고 오차변량(실험외적인 변량: error variance)은 반대로 최소화하는 것이 중요하다. 이러한 오차변량을 줄이고자 하는 것을 실험오차의 통제 또는 제어(control)라고 한다. 통제 또는 제어 방법 중에서 가장 효과적인 것은 실험 대상을 동질적으로 무작위로 배치하는 것이다. 또 다른 방법은 실험 대상에게 영향을 미칠 것으로 예상되는 외적 변인(가외요인)을 아예 실험에 포함시킴으로써 실험이 종료된 후에도 이러한 외부 변인의 영향력을 통계적으로 제어하는 것이다.

다음은 이러한 방법들을 포함하여 다양한 순수 독립변인의 영향력을 파악하고자 실험디자인을 적용한 예이다.

학업성취에 영향을 주는 가장 대표적인 요인으로 지능이 알려져 있다. 학업성취를 높이기 위해 새로운 교수방법을 적용하였으며, 교수방법의 실험처치로는 블렌디드 방법과 순수 메타버스 기반 방법, 총 두 가지를 사용하였다. 지능이 학업성취에 미치는 영향을 통제하고 교수방법의 효과를 파악하기 위한 실험은 다음과 같이 다양한 방법으로 수행할 수 있다.

• 완전무선설계

실험을 진행할 때, 두 실험처치 그룹에 대하여 실험 개체를 무선적으로 배치함으로써, 지능이 높은 개체와 낮은 개체들이 각 그룹에 균일하게 분포되도록 조절한다. 이렇게 함으로써 지능이 학업성취에 미치는 영향을 최소화할 수 있다. 이러한 무선배치 진행 전에, 지능이 높은 집단과 낮은 집단 간에 통계적으로 유의한 차이가 없음을 확인하기 위해 t-검증을 수행한다. 이때 차이가 없다는 결과를 얻게 된다면, 무선배치를 하는 것이 더 적절하다. 실제로 차이가 있다고 하더라도, 무선배치를 통해 그 영향력을 통제할 수 있다.

• 일원블록디자인

실험을 진행할 때, 지능이 높은 집단과 낮은 집단을 각각 블록으로 묶어 블렌디드 방법과 순수 메타버스 기반 방법에 배치한다. 이렇게 하면 지능이 차지하는 변량을 빼고 교수방법의 변량만을 검증할 수 있다.

• 이원요인설계

이원요인설계방법을 사용하면 지능을 하나의 독립변인으로 삽입하여 통계적 검증을 수행할 수 있다. 이러한 방법을 사용하면 제1종 오류를 조절할 수 있는 장점뿐만 아니라 상호작용 효과까지 살펴볼 수 있는 장점도 있다.

먼저 상호작용이 없다고 가정하면, 순수한 지능의 변량을 통제하고 교수방법의 변량만을 검증하면 된다(SAS에서 Type III 자승합). 즉, 지능이 학업성취에 미치는 효과가 통제되고 순수한 교수방법의 효과만을 확인할 수 있다.

반면에 지능과 교수방법이 결합하여 새로운 효과가 발생하는 상호작용이 있다고 가정되면, 상호작용모델(교수방법*지능)을 이원요인설계에 포함시켜 상호작용 효과를 분석할 수 있다. 또한 지능효과와 상호작용 효과 둘 다 통제하고 순수한 교수방법의 효과(SAS에서 Type III 자승합)를 산출할 수 있다.

상호작용 효과와 조절 효과(moderating effect)는 통계학에서 사용되는 용어로, 주로 실험 계획이나 조사 분석에서 독립변인과 종속변인 사이의 관계를 설명하거나 해석하는 데 사용된다. 이 두 용어는 유사하면서도 약간의 차이가 있다.

상호작용 효과는 변량분석(ANOVA)에서 사용되며, 독립변인들 간의 상호작용이 종속변인에 미치는 영향을 나타낸다. 간단히 말해 한 독립변인의 영향이 다른 독립변인의 수준에 따라 달라질 때, 이들 사이에 상호작용 효과가 있다고 말할 수 있다. 가령, 술과 담배가 간에 미치는 영향을 분석한다고 가정해 보자. 술은 주효과(main effect)가 있고 담배는 주효과가 없을 때 술과 담배가 같이 적용된다면 새로운 효과가 발생할 수 있다. 즉, 담배를 안 피우는 그룹, 적게 피우는 그룹, 많이 피우는 그룹, 즉 담배의 수준에 따라 간에 미치는 술의 효과가 달라질 수 있다. 이 경우 상호작용이 발생한 것이다. 상호작용은 X와 Z(두 개의 독립변인)가 있다고 할 때 Y(종속변인)에 상호작용을 하여 영향을 미치는 것을 의미하며 X와 Z 간에는 특별한 관계성이 없다(no distinction between two predictors).

한편, 조절 효과는 주로 회귀분석에서 사용되며, 조절변인이 종속변인과 독립변인 간의 관계를 조절하거나 변화시킬 때 발생한다. 일반적으로는 독립변인이 종속변인에 미치는 영향이 조절변인에 의해 조절되는 것을 의미한다. 이때 독립변인과 조절변인 간에는 확실한 구분이 있다(clear distinction between the predictors and moderator).

두 용어는 비슷하면서도 약간 차이가 있으며, 특히 통계적 분석의 맥락에 따라 사용되는 맥락이 다르다. 상호작용 효과는 독립변인들 간의 상호작용에 중점을 두고, 조절 효과는 조절변인이 다른 변인에 미치는 관계를 어떻게 조절하는지에 중점을 둔다. 그러나 일반적으로는 두 용어가 서로 호환적으로 사용되며, 데이터의 특성과 분석 목적에 따라 선택적으로 사용된다.

추가적으로 중재(meditating) 혹은 매개 효과(intervening effect)와 조절 효과는 통계학 및 사회과학 연구에서 사용되는 중요한 개념으로, 데이터 분석에서 이들을 구분하여 사용하는 것이 필요하다. 애초에 조절 효과와 매개 효과는 다른 개념이다.

매개 효과는 독립변인(X)과 종속변인(Y) 중간에 위치한 중재변인(Z)의 영향을 의미한다. 이 중재변인은 독립변인의 영향을 종속변인에게 전달하는 역할을 한다. 중재효과를 분석함으로써 독립변인이 종속변인에 미치는 영향이 중재변인을 통해 어떻게 전달되는지 이해할 수 있다.

조절 효과(moderating effect)는 한 변인(조절변인)이 또 다른 두 변인(독립변인와 종속변인) 간의 관계에 영향을 미치는 것을 의미한다. 이 조절변인은 독립변인과 종속변인 간 관계의 강도(magnitude)나 방향(긍정 혹은 부정)을 변경할 수 있다.

또한 매개 효과와 간접 효과(indirect effect)는 큰 범위에서는 유사하면서도 미묘한 차이가 있는 개념이다. 매개 효과는 한 변인이 다른 변인에 미치는 효과를 특정 중재변인을 통해 설명하는 것에 중점을 두고 있다. 간접 효과는 이러한 중재변인들이 여러 개 존재할 수 있으며 그 중재변인들의 효과를 종합한 것을 의미하고, 총 효과(total effect)를 설명하는 것에 중점을 둔다.

〈표 7-2〉 **매개 효과, 조절 효과, 간접 효과**

특성	매개 효과	조절 효과	간접 효과
정의	독립변인과 종속변인 중간에 위치한 변인의 영향을 나타냄	독립변인과 종속변인의 관계에 다른 조건이나 변인이 어떻게 영향을 미치는지 나타냄	다수의 매개변인을 통해 독립변인과 종속변인 사이의 전체 관계를 설명하는 데 직접 효과와 간접 효과를 구분하여 해석하는 효과를 나타냄
관련 변인	매개변인(중재자)	조절변인	다수의 중재변인
주요 효과	독립변인이 매개변인을 통해 종속변인에 어떻게 영향을 미치는지 설명	조절변인이 독립변인과 종속변인 사이의 관계에 어떻게 영향을 미치는지 설명	중개변인들을 통해 독립변인이 종속변인에 미치는 직접뿐만 아니라 간접적인 영향을 설명
효과 검증 방법	국한된 경로와 매개변인의 효과크기를 분석	조절변인의 존재 및 수준에 따라 종속변인의 변화를 분석	매개변인을 통해 간접적으로 나타나는 영향을 분석

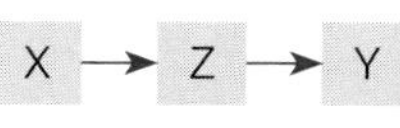

X는 Y에 대하여 간접적 인과성(indirect cause)을 가짐
Z는 중재역할(intervene)을 함

변인 Z가 통제(control)되면 X와 Y의 관계성 없어짐

[그림 7-2] **매개 효과**

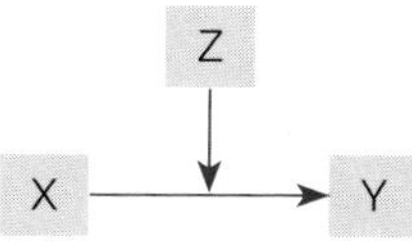

Y에 대해 Z는 X와 상호작용(interaction) 효과를 가짐

X와 Y의 관계성이 Z 수준(level)에 의존함

[그림 7-3] **조절 또는 상호작용 효과**

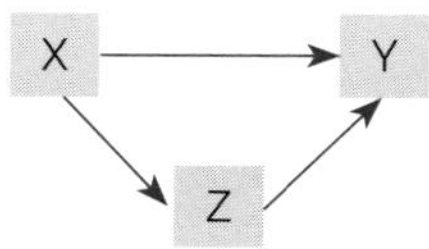

X는 Y에 대해 직접 & 간접(indirect) 효과 가짐. Z는 Y에 대해 직접 효과 가짐

Z 통제되면 X와 Y의 관계성이 사라지지 않고 약해짐

[그림 7-4] **간접 효과**

(5) 일원공분산분석

일원공분산분석(one way analysis of covariance)은 하나의 공변인(covariate)을 삽입하여 분석을 하는 기법이다. 실험요인설계에서 공변인은 요인으로 간주되지 않지만 종속변인에 영향을 미칠 것으로 예상되어 모델에 포함되는 변인을 말한다. 종속변인(dependent variable) 또는 반응변인(response variable)에 영향을 줄 것이라는 가정을 기반으로 실험 후에 제거되어 순수한 실험 요인의 영향을 확인하는 데 사용된다. 앞의 2원 요인설계와의 차이점은 공변인(지능)이 종속변인인 학업성취에 영향을 미치지만 공변인의 값이 두 개의 집단이 아니라 원 지능점수라는 것이며 상호작용 효과는 없다는 것이다.

만약 지능을 공변인으로 사용한다면, 학습효과와 지능 간에 상관관계가 있다고 가정할 때 해당 상관관계에 따라 공변량(covariance)이 발생할 수 있다. 이로 인해 전체 오차변량이 감소하게 되어 일반적으로 변량분석표에서 발생하는 F값이 커지고 유의성도 증가할 것이다.

공분산분석을 수행하는 경우, 단순히 변량분석에서 처치로 인한 평균 차이를 받아들이고 처치의 효과가 있다고 결론 내리는 것이 아니라, 반대로 처치의 효과가 나타나지 않고 평균의 차이도 유의하지 않은 경우도 있다. 예를 들어, 교수방법에 따라 학업성취도 차이가 있다고 일원변량분석에서 결론을 내렸는데, 이것이 지능을 공변인으로 삽입함으로써 처치의 효과가 전혀 나타나지 않을 수도 있다. 또한 일원변량분석에서 유의성이 없더라도 공변인을 삽입함으로써 유의한 결과가 나타날 수도 있다.

공분산분석을 사용하려면 몇 가지 중요한 요건을 고려해야 한다. 첫째, 공변인과 종속변인 간에 유의한 상관관계가 있어야 한다(지능과 학업성취 간의 상관관계). 이는 실험에 참여한 개체들의 특성을 반영하는 공변인이 종속변인에 영향을 미치는 중요한 요소임을 의미한다. 따라서 종속변인과 공변인 간의 상관성을 먼저 확인할 필요가 있다. 둘째, 공변인은 독립변인이나 실험 요인과 상호작용이 없어야 한다. 즉, 공변인의 수준이 실험 요인에 새로운 영향을 발생시키지 않아야 한다. 셋째, 공변인은 각 실험 조건(처치 또는 요인)에 대해 동일한 기울기(slope)를 가져야 한다. 교수방법이 세 개라고 하면(온라인, 오프라인, 블렌디드) 이들 각 그룹의 지능점수와 학업성취도 간 회귀선(regression line)을 만들 때 그 기울기가 같아야 한다.

이러한 요건들은 주로 선형모델에서 상호작용 효과를 검토하여 확인할 수 있다. 공분산분석은 사실상 변량분석(ANOVA)과 회귀분석(regression analysis)의 결합으로 생각하면 이해가 쉽다. 이에 따라 앞의 가정요건과 별도로 변량분석과 회귀분석의 기본 가정들도 충족되어야 한다. 변량분석에서의 변량의 동질성, 정규분포성, 개체의 독립성, 그리고 회귀분석에서의 잔차분석을 통해 확인할 수 있는 정규분포성, 독립성, 무선성, 선형성, 이상치 등의 기본 가정들도 모두 고려되어야 한다.

• 공분산분석의 종류

공분산분석은 독립변인, 공변인, 종속변인의 수에 따라 다양한 형태로 나뉜다. 주로 독립변인의 수와 공변인의 유무에 따라 분류된다.

① 일원공분산분석

- 독립변인: 하나(처치 또는 요인)
- 공변인: 하나
- 종속변인: 하나
- 예시: 교육방법(독립변인)이 학업성취도(종속변인)에 미치는 영향을 검증하고자 할 때 지능(공변인)을 고려

② 이원공분산분석

- 독립변인: 두 개(두 가지 요인)
- 공변인: 하나
- 종속변인: 하나
- 예시: 교육방법과 성(독립변인)이 학업성취도(종속변인)에 미치는 영향을

검증하고자 할 때 지능(공변인)을 고려

③ 삼원공분산분석

- 독립변인: 세 개(세 가지 요인)
- 공변인: 하나
- 종속변인: 하나
- 예시: 교육방법, 성, 학교 유형(독립변인)이 학업성취도(종속변인)에 미치는 영향을 검증하고자 할 때 지능(공변인)을 고려

삼원공분산분석은 요인의 수가 많아서 해석이 복잡하고 어려울 수 있으므로 일반적으로 사용을 피하는 편이며, 일원공분산분석과 이원공분산분석이 주로 사용된다.

다공변인(multiple covariate) 분석에서, 일반적으로 공변인을 모델에 삽입하는 경우에는 최대 두 개(예: 지능과 정보화수준)까지 사용하는 것이 일반적이다. 이러한 선택에는 다음과 같은 이유가 있다.

첫째, 모델의 간명성(principle of parsimony)으로, 공변인을 세 개 이상 추가할 경우 모델이 더 복잡해지고 해석이 어려워진다. 모델의 간명성 원칙에 따라 가능한 간단한 모델을 유지하는 것이 중요하며, 너무 많은 공변인을 사용하는 것은 모델의 복잡성을 증가시킬 수 있다.

둘째, 해석의 용이성으로, 공변인이 늘어날수록 결과의 해석이 어려워진다. 두 개의 공변인까지 사용하는 것은 여전히 관리 가능한 수준으로, 이를 넘어가면 모델의 해석이 어려워진다.

셋째, 통계적 안정성으로, 두 개의 공변인을 사용하는 것이 통계적 검증에 충분하며, 공변인을 추가함으로써 모델의 안정성을 향상시킬 수 있다. 그러나 공변인을 지나치게 많이 사용하면 다중공선성 문제가 발생할 수도 있다.

이러한 이유로, 공변인을 두 개까지 사용하여 모델을 구성하고, 필요에 따라

추가적인 공변인을 고려할 때는 신중하게 판단하여 모델을 구성하는 것이 바람직하다. 실질적으로 주요한 공변인을 하나만 삽입하는 것이 적절하다.

④ 중다공분산분석

종속변인이 여러 개인 경우에 중다변량분석(MANOVA)에 공변인을 추가한 통계분석 방법이다. 중다변량분석은 종속변인의 세트, 즉 평균 벡터의 차이를 검증하는 것을 의미하며, 이에 공변인이 추가된 것이 중다공분산분석(Multiple Analysis of Covariance: MANCOVA)이다. 이 방법은 복수의 종속변인이 상호 연관성을 가질 때 유용하게 사용될 수 있다.

예를 들어, 교육방법(블렌디드 vs. 메타버스)에 따른 학업성취도와 학습만족도라는 두 종속변인을 고려한다면, 종속변인의 수가 두 개가 되어 일원중다변량분석(one-way MANOVA)이 된다. 여기에 지능을 공변인으로 삽입하면 일원중다공분산분석(one-way MANCOVA)이 되어 종속변인 세트 간의 차이를 지능을 고려하여 검증하게 된다. 마찬가지로, 요인이 두 개이고 공변인이 한 개인 경우에는 이원중다공분산분석(two-way MANCOVA)이라고 할 수 있다.

◆ 일원공분산분석의 선형모델 ◆

$$y_{ij} = \mu + \alpha_i + \beta(x_{ij} - \overline{x}) + e_{ij}$$

y_{ij} = i그룹의 j번째 종속변인 값

x_{ij} = i그룹 공변인의 j번째 독립변인 관찰 값

μ = 전체 평균

$\overline{x}$ = 공변인 전체평균

α_i = 독립변인 처치 수준 효과

β = 회귀선 기울기

e_{ij} = i그룹의 j번째 관찰치에 대한 잔차. 잔차는 독립적이며 동질적이고 정규분포에 평균은 0, 변량 σ^2

중다공분산분석은 여러 종속변인 간의 패턴을 통합적으로 고려하면서, 공변인의 영향을 조절하여 통계적 검정을 수행할 수 있어 유용한 분석방법 중 하나이며 종속변인 세트와 세트를 공변인을 통제하며 분석할 수 있는 다변인분석 기법이다.

각 i에 대하여, 기울기 β는 동일한 단순선형회귀식을 가지나, 절편(intercept)은 일반적으로 다를 수 있다. 다시 말해 공변인의 효과는 각 그룹의 평균을 조정하여 새로운 값을 생성한다. 따라서 공분산분석에서는 그룹의 원래 평균값을 비교하는 것이 아니라 공변인을 고려한 조정된 평균값(least square means: LS means)을 비교한다. 이후 조정된 평균값을 비교한 후에는, 각 그룹의 종속변인 값에 대한 회귀공식을 제시할 수 있다.

제8장

조사연구

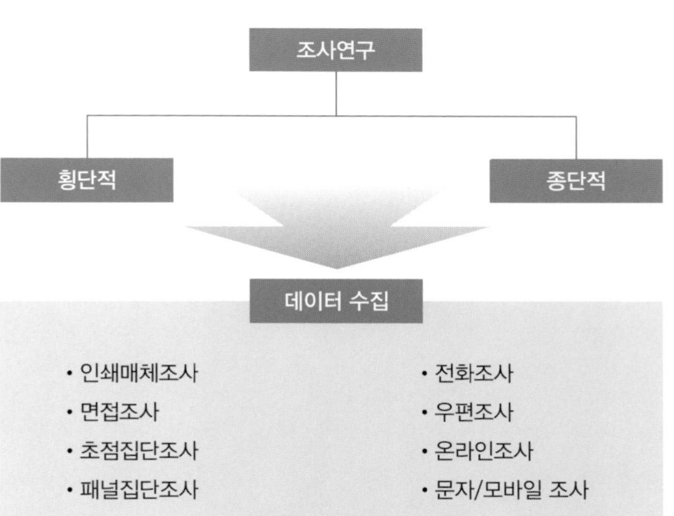
조사연구
횡단적
종단적
데이터 수집
• 인쇄매체조사
• 면접조사
• 초점집단조사
• 패널집단조사
• 전화조사
• 우편조사
• 온라인조사
• 문자/모바일 조사

1. 조사연구

조사연구(survey)는 연구주제와 관련된 대상들에게 질문하거나 정보를 요청하여 수집한 후, 이를 분석하여 결과를 도출하고 결론을 만들어 내는 방법론이다. 이 방법론은 교육학뿐만 아니라 사회, 경제, 정치, 보건, 의료 등 다양한 분야에서 활용되고 있다. 실제로 양적연구의 두 개 핵심연구방법이라면 실험연구와 조사연구가 될 것이다. 조사연구를 수행하는 목적은 연구문제나 목적에 따라 달라지지만, 오랫동안 검증된 방법으로 문제에 대한 해결책을 찾기 위한 매우 적절한 방법으로 널리 사용되어 왔다.

조사연구에는 횡단적(cross sectional) 연구와 종단적(longitudinal) 연구라는 두 가지 주요 유형이 있다. 횡단적 연구는 특정 시점에서 데이터를 수집하여 분석하는 반면, 종단적 연구는 시간이 지남에 따라 데이터를 반복하여 수집하고 분석한다.

1) 횡단적 연구

횡단적 연구는 특정 시기나 짧은 시점에 표집이나 전집 모두에게 적용될 수 있는 조사 방식의 연구이다. 주어진 동시간대나 비슷한 시기에 이루어지기 때문에 특정한 사건이나 이슈에 대한 의견이나 태도 등을 빠르게 조사하여 분석하는 방식이다. 예를 들어, COVID-19에 취약한 연령층이나 질환자들에 관한 조사연구는 특정 시점에 이루어지는 연구이다. 또한 지역별로 비슷한 시기에 조사하여 비교 · 분석하는 것도 횡단적 연구에 포함될 수 있다. 다만, 시기에 따라 비교 · 분석하는 것은 횡단적 연구의 정의를 벗어난다. 원래 횡단의 의미는 동시간대에 옆으로 펴져 있는 다른 지역이나 다른 그룹 또는 집단을 의미한다.

2) 종단적 연구

종단적 연구는 데이터를 지속적으로 수집하여 시기별로 비교·분석하거나 추세 또는 경향을 파악하는 방식의 조사 연구이다. 일반적으로 횡단적 연구에 비해 인과관계를 파악하는 데 우수하지만, 시간과 비용이 많이 드는 단점도 발생한다. 종단적 연구를 수행하고 나서 횡단적 연구를 지속적으로 수행하는 경우도 있으며, 애초에 종단적 연구를 수행하기 위해 디자인하고 나서 지속적으로 같은 대상을 시기별로 조사하는 경우도 있다.

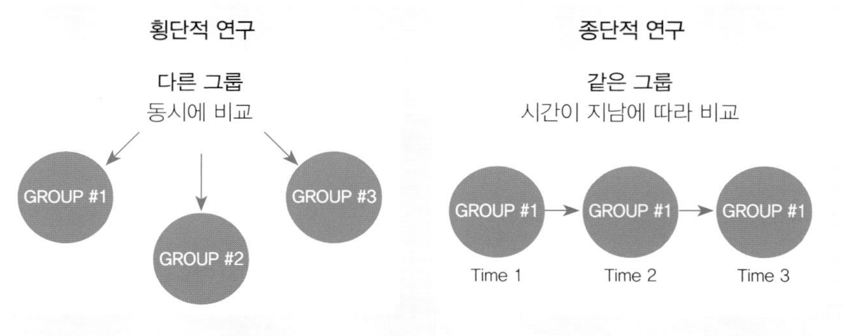

[그림 8-1] **횡단적 연구와 종단적 연구**

2. 조사연구 데이터 수집

1) 인쇄매체조사

인쇄매체조사(paper survey)는 가장 전통적인 방식으로 조사문항 등을 포함시켜 설문지를 제작한 후 그 설문지를 프린트하여 조사 대상자에게 배포함으로써 데이터를 수집하는 방식이다. 설문지 방식은 아직도 많이 사용되지만, 점차 인터넷을 이용한 온라인 등 다른 데이터 수집 방식으로 전환되고 있는 추세이다. 일반적으로 조사 대상자가 많이 모이는 장소에 연구자나 조사를 지원하는 사람이 배포하고, 조사 대상자는 설문지를 작성한 후 다시 수거하는 방식으로 진행된다.

2) 면접조사

면접조사(interview)는 연구자가 직접 일대일로 또는 일대 다수의 형태로 조사 대상자들을 만나 얼굴을 보면서 데이터를 수집하는 방식이다. 면접조사는 조사 내용을 미리 만들어 놓은 설문지를 사용할 수도 있지만, 때로는 설문지에 없는 내용을 추가적으로 확인하여 좀 더 질적으로 좋은 데이터를 얻을 수 있는 장점이 있다. 이는 시간과 비용이 더 들지만, 개인적인 사항들을 파악하는 데 도움이 된다.

면접조사에서는 연구자가 직접 면접을 수행할 수도 있고, 면접요원을 활용할 수도 있다. 면접을 직접 수행하는 경우에는 카메라로 촬영하거나 녹음하는 등의 기록 방법을 사용하기도 하며, 최근에는 모바일 기기를 활용하여 면접을 수행하는 경우도 많다.

3) 초점집단조사

초점집단조사(Focus Group Interview: FGI)는 면접조사와 비슷하게 개인적으로 조사를 수행한다는 점에서 유사하지만, 그룹을 대상으로 한다는 점에서 차이가 있다. 초점집단은 소수의 다양한 배경과 전문적인 지식을 가진 구성원들로 이루어진다는 특징이 있다. 이러한 특성을 가진 소수 전문가들의 의견이나 태도를 확인하기 위해 사용되는 조사방법이며 특정한 연구주제와 관련 선행연구가 부족하거나 시급히 해결되어야 할 정책적 대안을 도출할 필요성이 있을 때 많이 사용한다. 이렇게 수집된 정보는 연구나 정책 수립에 중요한 자료로 활용될 수 있다.

4) 패널집단조사

패널조사(panel study)는 조사 대상자들을 모집하여 일정한 시간 간격을 가지고 지속적으로 조사를 수행하는 방법으로, '패널'을 구성하는 것이 중요하다. 이 패널은 초기에 대표성 있게 모집되고, 시간이 지남에 따라 변동이 있더라도 조사에 참여할 수 있는 의지와 신뢰가 필요한 사람으로 구성되어야 한다. 패널조사는 주로 양적연구에서 사용된다. 특정 시기에 지속적인 데이터를 수집할 수 있어 종단적 연구의 대표적인 방법이며 추세비교분석(trend analysis)에 많이 활용된다.

패널조사의 가장 큰 장점은 시간의 흐름에 따른 변화를 관찰할 수 있다는 점이다. 특정 그룹의 응답을 시간의 흐름에 따라 지속적으로 기록하므로, 변화하는 경향이나 특정 사건에 대한 반응을 관찰할 수 있다. 이러한 정보는 경제 관련 정책 결정이나 마케팅 전략 수립에 유용하게 활용될 수 있다.

5) 전화조사

무선적 다이얼링(random digit dialing)은 무작위로 전화번호를 생성하여 조사를 수행하는 방식으로, 일반적으로 여론조사(public poll)에 많이 활용된다. 대면 인터뷰 방식에 비해 시간과 비용 측면에서 효율적이지만 응답률을 높이는 것이 중요하며, 전집의 특성을 반영하는 표본 구성이 핵심이다.

전화조사(telephone survey)의 응답률을 높이기 위해서는 조사 대상자들의 참여를 유도해야 한다. 특히 관심 이슈에 대해 집중된 응답이 발생하는 경향을 감안하여 표본 구성에 신경을 써야 한다. 무응답이나 참여 거부 비율을 제시하여 조사의 신뢰성을 높이기도 한다. 최근에는 자동응답 시스템(interactive voice response: IVR 또는 automatic response system: ARS)을 활용하여 전화 인터뷰를 수행하는 경우가 늘고 있다. 이 방식은 조사원 없이 응답자가 버튼을 눌러 응답 내용을 컴퓨터에 저장하는 방식이며, 효율적으로 데이터를 수집할 수 있다.

6) 우편조사

우편조사(mail survey)는 설문지를 봉투에 넣고 반송 봉투에 우표를 붙여 데이터를 수집하는 전통적인 방법으로, 최근에는 인터넷과 SNS의 발전으로 사용 빈도가 줄었지만 여전히 일부 연구에서 활용 중이다. 과거에 비해 사용 빈도는 감소하였지만, 여전히 신뢰성 있는 조사방법으로 평가된다.

우편조사의 장점 중 하나는 이름과 주소가 메일링 리스트에 있어 응답률이 비교적 높다는 점이다. 응답자들에게 설문지를 직접 배송하기 때문에 조사에 대한 인지도가 높고, 민감한 주제에 대한 조사 시 익명성과 신뢰성이 보장된다는 장점이 있다. 그러나 우편조사의 단점으로는 응답 시간이 상대적으로 오래 걸린다는 점과 전체적인 조사 과정이 오래 걸릴 수 있어 빠른 결과 획득에 제약이 있다는 것이다.

7) 온라인조사

온라인조사(online survey)는 현재 가장 효과적이고 폭넓게 활용되는 조사방법 중 하나이다. 조사대상과 조사내용에 따라 포맷을 자유롭게 설정할 수 있으며, 조사대상자 위주로 커스터마이징도 가능하다. 이메일을 통해 조사 파일을 첨부하여 진행하거나, 인터넷 사이트에서 직접 응답을 받아 자동으로 데이터를 저장할 수 있다.

온라인조사는 비교적 저렴한 경비로 많은 조사 대상자로부터 빠르게 응답을 받을 수 있어 데이터를 신속하게 수집하고 분석할 수 있다는 것이 장점이다. 또한 최근에는 무료로 이용할 수 있는 온라인조사 플랫폼과 템플릿이 제공되어 조사가 용이하다. 조사된 내용을 다시 코딩하는 작업을 거치지 않고 자동으로 응답 파일로 저장이 되어 곧바로 분석을 수행할 수 있는 장점도 있다. 하지만 응답률 유지와 품질 관리, 무응답자의 왜곡 등에 주의해야 한다. 또한 온라인 환경에서 개인정보 보호와 데이터 해킹에 대한 대책을 강구하여 응답자의 신뢰를 확보하는 것도 필요하다.

8) 문자/모바일조사

현재 모바일 기반의 온라인조사가 매우 흔하고 효율적으로 활용되고 있다. 모바일 기기와의 연동을 통해 문자나 SNS 형태로 조사를 실시할 수 있어, 제품 구매나 서비스 이용 후 즉각적인 피드백을 받을 수 있으므로 매우 유용하다.

모바일 기반 온라인조사는 빠르고 신속한 데이터 수집과 효율적인 피드백을 제공하는 장점을 가지고 있으며, 참여자들이 편리하게 참여할 수 있는 환경을 조성함으로써 더욱 높은 참여율을 기대할 수 있다. 그러나 모바일 기반 온라인조사가 모든 사람에게 적합한 것은 아니다. 아직 디지털 역량이 부족한 일부 집단에게는 접근이 어려울 수 있으며, 따라서 연구나 조사를 수행할 때에는 참여자들의 디지털 역량과 편의를 고려하여 다양한 방법을 유연하게 활용하는 것이 필요하다.

3. 설문지 형태

1) 구조화된 설문지

구조화된 설문지(structured questionnaires)는 일정한 양식에 따라 표준화된 질문들로 구성된다. 주로 양적 분석(quantitative analysis)을 위해 사용되며, 특정한 주제에 대한 인구조사나 센서스(census) 데이터 수집에 자주 활용된다. 예를 들어, 인구 특성이나 경제 지표 등을 수집하는 데 구조화된 설문지가 많이 사용된다. 또한 구조화된 설문지는 적성이나 태도와 관련된 심리적인 검사에 표준화된 도구로도 보편적으로 활용된다.

2) 비구조화된 설문지

비구조화된 설문지(unstructured questionnaires)는 응답자가 자유롭게 응답할 수 있는 형태로 구성된다. 이러한 설문지는 주로 개방형 질문(open-ended questions) 형식을 가지고 있어 양적 분석이 어려운 특징이 있다. 그러나 이러한 형식은 더 세밀하고 심층적인 정보를 얻을 수 있는 장점도 있다. 따라서 객관주의에 반대하는 사람들이 선호하는 경향이 있다. 최근에는 비구조화된 응답을 계량화할 수 있는 소프트웨어가 개발되어 양적 분석도 가능하다.

일반적으로 구조화된 설문지는 폐쇄형 형태의 질문이 많이 사용되며, 비구조화된 설문지는 개방형 형태의 질문이 주를 이룬다.

3) 폐쇄형 형태 설문

폐쇄형(closed-ended) 설문은 응답자에게 특정한 선택지나 응답 옵션 중에서 하나 이상을 고르거나 기입하도록 하는 형태의 설문이다. 응답자는 보통 주어진 선택지 중에서 적절한 항목을 체크하거나 동그라미로 표시하여 응답한다. 또는 여러 응답 옵션(예: 1점에서 5점 사이) 중에서 하나를 선택하는 형태로 설계될 수 있다. 이러한 설문은 객관적이고 구조화된 응답을 얻을 수 있어 데이터의 분석이 상대적으로 용이하다.

폐쇄형 설문의 장점은 데이터 분석이 간단하고 빠르며, 대규모 조사에서 유용하게 활용할 수 있다는 것이다. 그러나 응답자의 의견이나 생각을 충분히 표현할 수 없는 단점이 있을 수 있으며, 설문지 작성 시 선택지 설정이 중요하다는 점에 유의해야 한다.

4) 개방형 형태 설문

개방형(open-ended) 설문은 응답자로 하여금 특정 이슈나 연구주제와 관련하여 자유롭게 서술문 형태로 응답하도록 하는 설문이다. 응답자는 주어진 질문에 대해 의견이나 생각을 자유롭게 기술하는 방식으로 응답한다. 이러한 설문형태는 응답자의 깊은 생각과 의견을 자세하게 이해할 수 있어 풍부하고 심층적인 정보를 제공한다.

개방형 설문의 장점은 응답자의 의견을 자유롭게 수집할 수 있어 다양한 관점과 아이디어를 얻을 수 있다는 것이다. 그러나 일반적으로 응답을 양적으로 취급하기 어렵고, 응답 내용을 분석하고 정리하는 데 시간과 노력이 많이 소요될 수 있다. 그러나 최근에는 이러한 언어적 내용을 계량화하는 특정 프로그램이 있어 과거보다는 좀 더 분석에 용이한 편이다.

4. 설문지 작성 시 유의할 점

1) 설문지 크기

설문지의 페이지 수는 연구나 조사의 효율성을 고려할 때 중요한 요소이다. 적절한 설문지 크기(size)를 선택하는 것은 응답률과 응답의 질을 유지하는 데 도움이 된다. 보통 설문지의 페이지 수는 적을수록 좋다. 커버 페이지를 제외하고 4~5페이지가 적절한 범위로 여겨진다. 설문조사의 목적과 성격에 따라 페이지 수는 조정될 수 있지만, 최대한 간결하고 명확하게 정보를 전달할 수 있는 분량을 유지하는 것이 좋다. 7~8페이지를 넘지 않도록 하는 것이 바람직하며, 설문지의 복잡성과 응답자의 피로도를 줄이는 것이 좋다.

설문지가 종이 형태가 아니고 온라인매체 형식이라고 할 때 각 화면을 1페이지로 생각할 수도 있다. 다만 모바일의 경우 화면 사이즈로 인해 2개의 화면을 1페이지의 종이매체로 간주할 수도 있다.

2) 설문지 구조

설문지의 구조(structure)는 설문 내용과 연구목적에 따라 폐쇄형과 개방형 중 한 형태로 만들어질 수 있으며 혼합하여 작성될 수도 있다. 응답자들은 일반적으로 체크 표시나 선택할 수 있는 폐쇄형 질문을 선호하지만, 경우에 따라 자유롭게 응답하는 개방형 질문이 유리할 수 있다. 이러한 선택은 통계분석에 사용되는 데이터의 형태에 따라 달라진다.

예를 들어, 연령을 묻는 질문에서 폐쇄형으로 10대, 20대, 30대, 40대 등의 범주에 체크 표시로 응답을 하도록 하는 것은 편이성 측면에서 바람직하다. 그러나 응답자가 직접 나이를 ' 세'로 기입하는 개방형 방식이 통계분석에 더 유리할 수 있다. 즉, 평균과 표준편차를 만들어 낼 수 있고 추가적으로 다시 10대, 20대, 30대, 40대로 범주로 응답을 그룹핑할 수도 있기 때문이다. 따라서 설문지의 구조는 일반적으로 폐쇄형이 더 효율적이지만, 어떤 통계분석을 수행할 것인지에 따라 구조를 결정하는 것이 필요하다.

3) 설문지 형태

설문지의 형태(format)는 읽기 쉽고 혼란스럽지 않게 구성해야 한다. 설문은 가능한 간결하고 명확한 표현을 사용하여 짧게 작성하는 것이 좋다. 중복된 내용이 생기지 않도록 주의해야 하며, 각 설문은 하나의 내용을 묻는 방식으로 작성되어야 한다.

문항은 긍정적으로 표현하는 것이 좋으며, 필요에 따라 부정적인 문항(negative item)을 사용할 때는 나중에 역코딩을 하거나 점수를 반대로 치환 전환(reverse)하여 사용해야 한다. 역코딩은 추후 분석 시 부정적인 문항의 응답을 긍정적으로 변환하여 사용하는 것을 의미하며 그래야 올바른 상관계수, 타당도 및 신뢰도 계수가 산출되고 또한 나머지 통계분석도 정확하게 이루어질 수 있다.

4) 설문지 순서

설문지의 순서(order)는 일반적으로 커버 페이지(설문의 취지, 목적, 방법, 연락처 등을 포함) 다음에 크게 개인적 사항, 변인 관련 측정 문항, 기타 등 세 부분으로 나누어 작성된다. 개인적 사항을 맨 앞에 만드는 이유는 응답자가 부담을 갖지 않고 편하게 응답할 수 있게 하여 응답률을 높이기 위함이다. 그러나 개인적 일반사항을 맨 뒤로 하는 것도 나쁜 것은 아니다. 마무리를 여유롭게 하여 응답을 마치게 하는 목적도 있을 수 있다. 보통은 앞에 일반적 사항을 묻는 것이 적절하나 연구목적이나 대상에 따라 달라질 수도 있다.

(1) 커버 페이지

설문의 취지, 목적, 방법, 보안 및 개인정보 보호, 연락처 등을 설명하는 영역이다.

(2) 개인적 사항

응답자의 개인 정보를 수집하는 부분으로, 일반적으로 첫 부분에 위치한다. 보통 성, 나이, 학력, 지역, 소득 및 특정 변인과 관련한 일반적 경험이나 정보를 묻는 사항으로 구성된다.

(3) 변인 관련 측정 문항

연구의 독립변인과 종속변인에 관련된 측정 문항을 논리적인 구성에 따라 제시한다. 보통 독립변인부터 매개 또는 중재변인 그리고 최종 종속변인의 순서로 구성하는 것이 바람직하다.

(4) 기타

폐쇄형 질문이 끝난 후 개방형 질문을 삽입하거나 감사의 표시, 연구자가 추가로 전달하고 싶은 내용을 기재할 수 있는 부분이다. 필요에 따라 생략할 수 있다.

설문지의 구성은 연구 디자인과 논리적인 흐름에 맞게 조절하되, 개인적 사항을 앞에 두고 변인 관련 측정 문항을 연구목적에 맞게 순서적으로 위치시키는 것이 일반적이라고 할 수 있다. 다음은 커버 페이지, 폐쇄형 응답, 개방형 응답 등에 대한 예시이다.

◆ 특성화 고등학교 교사의 e-Learning 수행실태와 수행에 영향을 미치는 요인분석 ◆

안녕하십니까?
우선 우리나라 직업교육을 위하여 불철주야 노력하시는 선생님들의 노력에 깊은 감사를 표합니다.
이 설문지는 특성화 고등학교 교사의 e-Learning 수행 실태를 파악하고 e-Learning 수행에 영향을 미치는 요인을 분석하여 특성화 고교에서의 e-Learning 활용을 활성화하는 방안에 대한 연구를 하고자 작성되었습니다.
설문 응답 시간은 10분 미만입니다. 바쁘시더라도 선생님의 소중한 응답이 본 연구의 질을 결정하고 더 나아가 우리나라 교육 환경 발전의 초석이 된다고 생각해 주시고 성심껏 응답해 주시기 바랍니다.
설문조사 결과는 「통계법」 제33조(비밀의 보호), 제34조(통계종사자 등의 의무)에 의해 연구목적으로만 사용될 것이며, 선생님 개인과 학교와 관련된 정보는 비공개로 유지할 것을 약속 드립니다.
마지막으로 선생님의 가정에는 건강과 행복이, 학교에는 발전이 있기를 기원하며 소중한 시간을 할애하여 응답해 주신 것에 대해 깊은 감사를 드립니다.

◆ 설문내용과 관련하여 궁금한 사항은 아래 연락처로 문의하시면 됩니다.
주소: 서울시 광진구 능동로 ○○○ 건국대학교 교육과학관 000호
이메일: ○○○○@konkuk.ac.kr 연락처: 010-0000-0000

2024년 5월 1일
건국대학교 교수 박성열

◆ 응답자의 일반적 사항 ◆

본인에게 해당되는 항목에 ✓ 표시하시거나 알맞은 숫자나 내용을 기입해 주세요.

1. 나이: 만 (   )세
2. 성별
① 남 ② 여

3. 학력
① 대졸 ② 석사 재학 중 ③ 석사 수료
④ 석사학위 취득 ⑤ 박사 재학 중 ⑥ 박사 수료
⑦ 박사학위 취득

4. 교직 경력: (   )년
5. 하루에 평균적인 컴퓨터 사용 시간은? (   ) 시간 (   )분
6. 일주일에 사용하는 평균 SNS 사용 시간은? (   ) 시간 (   )분

다음은 인지된 혁신속성 중 적합성에 대한 내용을 알아보기 위한 내용으로 귀하의 선택기준과 가장 해당되는 부분에 ✓를 표시해 주십시오.

영역	질문내용		매우 그렇지 않다	그렇지 않다	보통이다	그렇다	매우 그렇다
적합성	1	나는 모바일기기를 사용하여 학습하는 데 큰 문제가 없다.	①	②	③	④	⑤
	2	모바일기기를 사용한 학습은 나의 현재 상황에 매우 적합하다.	①	②	③	④	⑤
	3	모바일기기를 사용하는 것은 내가 공부하고 싶어 하는 방식과 잘 맞는다.	①	②	③	④	⑤
	4	모바일기기를 사용한 학습은 나의 학습 스타일에 잘 맞는다.	①	②	③	④	⑤

※ 응답요령–각 문항을 주의 깊게 읽어 보신 후, 자신의 생각을 가장 잘 반영하는 항목에 체크 표시(✓)하시기 바랍니다.

문항내용			아주 아니다 1점	<< 2점	아니다 3점	중간이다 4점	그렇다 5점	>> 6점	아주 그렇다 7점
자아 효능감	1	나는 NCS 교육과정에서 학습한 방송 관련 용어들을 잘 이해하였다.	①	②	③	④	⑤	⑥	⑦
	2	나는 NCS 교육과정을 통해 방송 업무를 위한 충분한 지식과 기술(skill)을 습득하였다.	①	②	③	④	⑤	⑥	⑦
	3	나는 NCS 교육과정에서 교육하는 내용들을 학습하는 데 충분한 자신감이 있었다.	①	②	③	④	⑤	⑥	⑦

◆ 자유의견 기입식 개방형 설문(unrestricted open-type questions) ◆

아래 박스에 학교에서 여러분의 진로지도와 지원을 위해 제공해야 할 필요가 있는 것을 간단히 기입하시오.

5. 조사연구의 절차

1) 모집과 표집의 규정

조사연구를 시작하기 전에 연구목적과 연구문제가 명확히 설정되었다고 가정하자. 연구를 진행하려면 먼저 조사 대상자가 누구인지를 결정하는 것이 핵심이다. 연구결과를 일반화하기 위한 모집(전집)의 규정이 이루어지고 그 모집으로부터 실질적으로 데이터를 수집할 수 있는 표집은 어떻게 규정되느냐가 연구의 타당도를 확보할 수 있을 것이다. 표집방법과 더불어 표집크기(sample size)의 규정이 무엇보다 중요하다.

2) 조사연구의 형태 결정

조사연구는 일반적으로 설문지를 활용하여 진행된다. 이 설문지는 다양한 방식으로 배포되어 데이터를 수집하게 한다. 배포 방식은 연구자가 직접 조사 대상자들을 접촉하여 배포할 수 있고, 우편, 온라인, 인터뷰 등도 있으며, 각 방식에 따라 연구의 형태가 결정된다. 또한 연구의 목적과 특성에 따라서도 조사방법을 선택하게 된다. 표집크기도 연구의 형태와 관련이 있다. 일반적으로 면접의 경우는 좀 더 적은 표집크기가 유리하며 질적인 면에서 유리하다.

3) 설문형태 결정

설문조사의 효과와 품질은 선택된 설문형태에 의존한다. 설문형태는 주로 개방형, 폐쇄형 또는 이 둘을 혼합한 형태로 구성된다. 각 형태는 연구의 목적, 응답자의 특성, 데이터 분석방법 등을 고려하여 결정될 수 있다. 설문형태가 결정되면 연구문제와 관련하여 설문내용을 구성하고, 문구를 작성한다. 설문

내용의 순서를 결정하고, 전반적인 설문지의 디자인을 고려하여 최종적인 설문지를 완성한다. 설문조사의 품질과 유효성을 높이기 위해 정확한 용어를 사용하는 형태를 선택하고 응답자들의 특성에 맞게 적절히 구성하는 것이 중요하다. 가령, 연령이 낮은 학생들에게는 선택 중심의 폐쇄형이 더 적절하고 소수의 전문가를 대상하는 경우는 개방형이 더 적절할 수 있다.

4) 설문의 배포와 데이터 수집

설문의 배포와 데이터 수집은 조사연구의 중요한 단계로, 연구의 목적과 설문 형태에 따라 구체적인 방법을 결정해야 한다. 먼저, 배포 방법에 따라 수집 방법도 달라질 수 있다. 연구의 성격, 대상자의 특성 및 목적에 따라 온라인, 우편, 면접 등 다양한 방법 중 적합한 방법을 선택하고 배포 일정을 계획한다.

다음으로, 응답 수집 방법을 선택하는 방식이다. 이는 응답 데이터를 어떻게 수집할지를 결정하는 것이다. 종이 설문지, 온라인 플랫폼, 전화 인터뷰 등에 따라 데이터 수집 방법이 달라질 수 있다. 즉시 데이터 수집을 할 수 있고 얼마간의 시간적 여유를 주고 데이터 수집을 할 수도 있다. 설문이 배포된 후에는 응답 데이터를 수집하는데, 이러한 응답 데이터는 설문 형태에 따라 수동으로 기록되거나 자동으로 데이터베이스에 저장될 수 있다. 데이터 수집 중 무응답(non-response)의 경우 그냥 그것으로 끝나는 것보다는 재응답을 요청하는 것도 필요하다.

5) 설문결과 분석

설문조사를 통해 얻은 데이터를 분석하는 과정은 설문의 형태와 응답의 특성에 따라 달라진다. 즉, 폐쇄형이냐 개방형이냐에 달라질 수 있으며 응답을 어떤 식으로 데이터화했느냐에 달라진다.

(1) 폐쇄형 설문 분석

구조화된 폐쇄형 설문은 미리 정의된 응답 선택지로 응답을 제한한다. 이런 유형의 응답은 양적 데이터로 취급되어, 주로 통계적인 방법을 사용하여 분석된다. 대표적으로는 빈도 분석, 평균, 표준편차, 변량분석, 상관분석, 회귀분석 등이 있다. 이러한 분석을 통해 설문결과를 정량적으로 도출한다.

(2) 개방형 설문 분석

비구조화된 개방형 설문은 미리 정의된 응답 선택지가 없어 응답이 자유롭게 기술된다. 이러한 응답은 텍스트 형태로 주어지기 때문에 주관적인 내용을 양적 데이터로 전환하기 위해 텍스트 분석 기법을 사용한다. 주로 자연어 처리, 텍스트 마이닝, 토픽 모델링과 같은 기술을 활용하여 응답 내용을 정량화하거나 의미 있는 특징을 도출할 수 있다.

설문결과 분석은 연구의 목적에 따라 적절한 방법을 선택하고, 설정된 연구문제와 관련하여 이루어져야 한다. 더 나아가 설정된 변인에 따라 세부적인 분석이 진행되어 연구의 목표에 부합하는 결론을 도출한다. 이러한 분석을 통해 설문조사 결과를 효과적으로 활용할 수 있다.

6) 설문결과 보고서 작성

설문조사와 데이터 분석의 결과를 바탕으로 최종적으로 보고서를 작성해야 한다. 이 보고서는 연구의 목적과 수행하는 기관 또는 연구결과에 관심 있는 이해관계자(stake holder)의 요구에 맞추어 작성된다.

(1) 학위논문의 경우

학위를 위한 보고서는 해당 대학이나 기관에서 지정한 논문 양식과 가이드라인에 따라 작성된다. 각 학술지나 학위 수여기관은 고유의 양식을 가지고 있으므로 그에 맞게 작성해야 한다.

(2) 학술지 제출을 위한 경우

학술지에 제출할 보고서는 해당 학술지의 특정 양식과 규정을 준수하여 작성한다. 일반적으로 사회과학 분야에서는 APA(American Psychological Association) 스타일을 따르는 것이 가장 유용하다.

(3) 연구기관 내부 이슈페이퍼 또는 연구보고서

연구기관 내부 보고서는 해당 기관에서 지정한 양식과 규정에 따라 작성한다. 각 연구기관은 독자적인 양식을 가지고 있으므로 그에 맞게 작성해야 한다.

보고서 작성 시에는 항목별로 명확하고 논리적인 구조를 갖추어야 하며, 설문조사의 목적, 연구결과, 데이터 분석 결과를 체계적으로 보여 주어야 한다. 또한 보고서 내용은 목적과 대상 독자에 맞추어 적절한 전문 용어나 일반인이 이해할 수 있는 용어로 표현되어야 한다.

제9장

사례연구 및 혼합연구

사례연구

절차
① 사례 발굴 및 선정
② 관련 이론의 적용
③ 자료 및 데이터 수집
④ 수집된 자료 및 데이터 해석 및 분석
⑤ 결론 및 논의

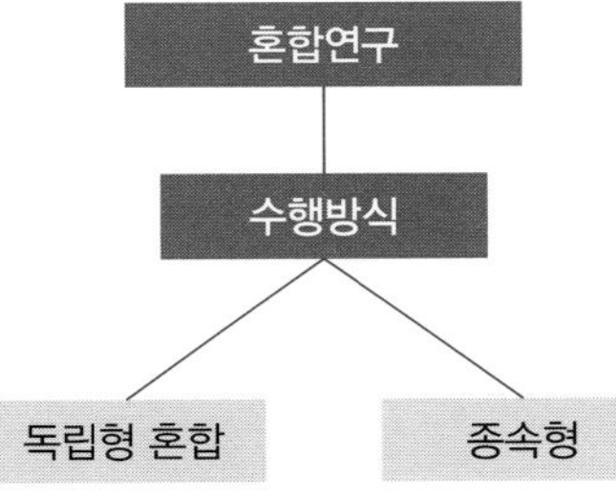

1. 사례연구

사례연구(case study)는 과거에 실제로 발생하였거나 현재 진행 중인 특별한 사례에 대해 정밀하게 연구하는 방법론을 의미한다. 이 방법론은 사회학, 교육학, 경영·경제학, 정치·행정학, 의학 등 다양한 학문 분야에서 활용되고 있다. 연구의 대상은 사건(event), 인물(person), 그룹(group), 조직(organization), 지역사회(community), 역사적 사실(historical event), 현상(phenomenon), 기술(technology) 등이 될 수 있다.

주로 질적연구방법론에 속하지만, 양적연구방법론과도 결합하여 사용되며, 이를 통해 풍부한 데이터를 얻을 수 있다. 사례연구에서는 관찰, 면접, 현장방문조사 등의 방법을 사용하여 깊이 있는 통찰을 얻으며, 종종 이러한 방법들을 혼합한 통합적(holistic) 접근방식을 사용하기도 한다.

사례연구는 일반적으로 연구 진행이 어려운 편이지만, 정확하고 체계적으로 수행된다면 특정 연구문제에 대해 다양한 각도에서 접근하고 분석할 수 있어, 심도 있는 대안이나 제언을 제시할 수 있다. 이를 통해 일반적인 원리나 이론에 기반한 통찰을 넘어서 실제 현장의 복잡한 상황에 대한 이해도를 높일 수 있다.

사례연구는 다양한 장점과 함께 몇 가지 단점도 갖고 있다. 이러한 장점과 단점을 효과적으로 이해하고 상호 보완적으로 적용함으로써 실증적 연구 설계 및 결과 해석을 내릴 수 있다.

〈표 9-1〉 사례연구의 장점과 단점

장점	단점
실험실이나 무선적으로 표집하여 수행하기 어려운 주제나 그룹(개체)들에 대해서도 연구가 가능함	정확하게 통제가 되지 않고 표집 선정에 문제가 있으므로 일반화(generalization)가 어려움

특별한 사례를 통해 일반적으로 발생하는 사건이나 사람과 비교분석이 가능하여 새로운 이론이나 모델을 탐색(explore)하거나 개발하는 데 기초자료로 사용됨	특정 사례를 비교분석함에 따라 인과관계를 정립하기 어려움
시급히 해결되어야 할 이슈 발생 시 유사한 특정 지역, 인물, 사건 등을 분석함에 따라 해결해야 할 대안을 즉각적으로 제시할 수 있음	특정 사례를 분석하며 실증적 대안이 아닐 경우 기대했던 효과를 창출하지 못하며 오히려 예상치 못한 효과(side effect)가 발생할 수 있음

사례연구의 예를 가상적으로 제시하면 〈표 9-2〉와 같다.

〈표 9-2〉 **사례연구의 예**

연구문제	사례연구
• 코로나로 인해 원격수업 적용 시 새로운 교수-학습모델이 학업성취를 올리는가?	• 경기도 A초등학교의 스마트 교수법 모델의 원격수업 사례 분석(특정 방법)
• 전쟁으로 인해 세계 곡물 시장과 그에 따른 경제적 불황이 전개되는가?	• 우크라이나 전쟁 상황에서 곡물지대 생산량과 세계 곡물시장 가격변동의 사례(특정 이벤트)
• 토론식 수업이 일반 강의 수업보다 창의력 향상에 기여하는가?	• 이스라엘 A 키부츠 안에 있는 지역 유치원에서 토론식 수업을 적용하는 방식과 그 효과 사례(특정 지역 커뮤니티)
• 지역의 황폐화 방지와 지속성장을 위한 지역대학의 역할은 무엇인가?	• 일본의 A 지역 대학의 지역기관 및 지자체 연계 협력방안이 지역경제 및 지역인구 유지에 미치는 사례분석(특정 지역 조직)

2. 사례연구의 단계

1) 사례발굴 및 선정

사례연구의 첫 번째 단계는 적절한 사례를 발굴하고 선택하는 것이다. 이

과정은 연구자가 연구하고자 하는 주제, 구체적으로는 연구문제와 관련이 있는 특정 사례를 찾는 것에 초점을 두어야 한다. 좋은 사례란 심도 있는 조사를 통해 복잡하고 어려운 연구문제를 해결할 수 있는 방안이 도출될 수 있는 것이어야 한다. 또한 사례는 일반적인 상황이 아니라 독특한 상황(extreme case)이 발생하였을 때 해결하는 데 즉각적인 도움을 줄 수 있는 대안을 발굴하는 것과 관련되어야 한다.

- 새로운 관점의 대안을 도출할 수 있는 사례

연구주제에 대해 새로운 시각이나 관점을 제공할 수 있는 사례를 선택한다. 기존 연구와는 다른 관점에서 문제를 해결하거나 새로운 가능성을 제시할 수 있는 사례가 적절하다.

- 독특한 상황 또는 이상치 사례

사례가 일반적인 상황이나 사건이 아닌, 독특하거나 이상적인 상황에서 발생한 것일수록 연구 가치가 있다. 예를 들어, COVID-19 사태와 같이 일반적이지 않은 상황에서의 사례 선택이 가능하다.

- 빠른 실험적 확인이 가능한 사례

새로운 상황에 신속하게 대응하여 문제를 해결하고자 하는 사례를 선택한다. 빠른 실험 및 확인이 가능한 사례가 연구에 유용할 수 있다.

- 자료 및 정보수집 용이성

연구에 필요한 자료나 정보를 수집하기 쉬운 사례를 선정한다. 연구 진행에 필요한 데이터를 효과적으로 수집할 수 있는 사례를 선택하여 연구과정을 원활히 진행할 수 있다.

사례연구의 성패는 선정한 사례의 적절성과 품질에 크게 의존하므로, 이러한 고려사항을 바탕으로 사례를 신중하게 선정하는 것이 중요하다.

2) 관련 이론의 적용

사례연구는 기존 이론이나 모형이 특정 사례를 설명하는 데 어려움을 겪을 때 유용하게 활용된다. 사례연구를 선택하는 이유 중 하나는 기존의 이론이나 모형이 특정 사례를 설명하기에 적절하지 않을 때이다. 기존 이론이나 모형이 특정 상황을 충분히 설명하지 못하면, 사례연구를 통해 새로운 관점을 제시하고 이해할 수 있다. 그럼에도 특정 사례에서 발생하는 사건이나 현상을 설명하는 데 가장 유사하게 설명할 수 있는 이론이나 모형이 있다면 그러한 것을 선택하여 비교·제시하는 것이 필요하다.

사례연구는 특정 상황이나 사건을 깊이 파헤쳐 설명하기 때문에, 기존 이론이나 모형으로 설명이 어려운 부분을 식별하는 데 도움을 준다. 부족한 부분을 확인하고 이를 보완할 수 있는 새로운 개념이나 아이디어를 발굴할 수 있다. 사례연구를 통해 얻은 통찰을 기반으로 새로운 이론이나 모형을 제안할 수 있다. 특정 사례에 나타난 패턴이나 관계를 기반으로 새로운 이론을 형성하여 해당 사례를 설명하거나 일반화할 수 있다.

3) 자료 및 데이터 수집

다른 연구방법과 마찬가지로 사례연구도 다양한 관련 자료와 데이터가 수집되어야 연구목적에 부합하는 해석이 가능하다. 특히 다양한 원천(multiple research resources)과 여러 형태의 자료(various type of data)를 수집하는 것이 중요하며, 이들을 사용해 다양한 측면에서 해석이 가능하다. 예를 들어, 양적 조사로부터 얻은 통계적 결과만을 가지고 결론을 내리는 일반적인 연구와 달리, 사례연구에서는 특정한 조직의 성과가 두드러지게 나타날 경우, 통계적 데이터뿐만 아니라 조직의 거버넌스, 구성원 간 커뮤니케이션 흐름, 조직문화와 같은 일상적인 측면까지 관찰하고 이를 분석하여 해석할 수 있다.

사례연구 시 자료 및 데이터를 수집하는 과정에서 고려해야 할 주요 요인은 다음과 같다.

첫째, 연구자가 수집하는 자료나 데이터는 특별한 상황이나 연구대상을 명확하게 설명하고 이해할 수 있는 자료여야 한다.

둘째, 일반적인 연구 상황이나 연구대상과의 차별성(differentiation)을 명확히 하고 타당성을 보장할 수 있는 자료나 데이터를 수집하는 것이 중요하다.

셋째, 자료나 데이터는 기존의 접근과는 다른 새로운 결과를 도출하거나 새로운 관점을 제시할 수 있어야 한다. 예를 들어, 일반적으로 영어 수업이 많을수록 국제화 지수가 높아지는 경향이 있는데, 특정 대학에서 100% 영어 수업을 수행했을 때 학생의 국제화 수준이 상대적으로 낮아지는 현상을 설명하는 자료를 수집하는 것은 새로운 결과를 도출할 수 있는 사례로 적절할 것이다. 이 경우 특정 대학의 특성과 관련된 자료를 수집하는 것이 필요하다.

4) 수집된 자료 및 데이터의 해석 및 분석

사례연구에서 수집된 자료 및 데이터를 분석하는 방법은 일반적인 연구의 데이터 해석과 유사하나 몇 가지 특별한 점이 있다. 사례연구에서는 먼저 해당 사례, 즉 이벤트, 인물, 조직, 현상을 상세히 설명하는 것이 필요하다. 그런 다음 기존의 이론이나 선행 연구결과와 비교하거나 일반적인 사건, 조직, 현상 등과 비교하는 비교적 접근(comparative approach)을 적용하는 것이 바람직하다. 이를 통해 특정한 사건의 발생 이유나 특정한 상황에서 문제 해결에 필요한 대안을 도출할 수 있다.

자료 및 데이터 분석 시에 중요한 점은 너무 통계적인 유의성(statistical significance)에만 기반한 결과를 도출하는 것이 아니라, 실질적인 유의성(practical significance)을 도출해야 한다는 것이다. 보이지 않는 사실을 발견하여 확연하게 드러나는 실증적 데이터와 같이 조합하여 총체적이고 통합적인 방식으로 해석함으로써 실질적인 유의성을 파악하는 것이 바람직하다. 이를 위해서는 통계적 데이터뿐만 아니라 연구자가 현장에서 관찰한 내용, 특정 지역의 특성, 인터뷰 등 다양한 자료를 통합하여 분석해야 한다. 그리고 나서 추가적으로 다른 지역의 사건이나 데이터 등과 비교하여 이유를 분석하고 문제 해결에 필요한 대안을 도출한다.

5) 결론 및 논의

사례연구의 결론은 특별한 상황이나 사건을 중심으로 연구가 수행되었으므로 기존 이론이나 결과를 강화(build up)하거나 반박(oppose)할 수 있다. 어떤 결론을 내리든지 특별한 상황이나 사건을 둘러싼 환경과 문맥(context)을 고려하는 것이 중요하다. 연구결과와 논의를 기반으로 한 결론을 도출할 때 핵심적인 역할을 하는 것은 특정 상황, 사건, 인물, 조직 그 자체이다. 그러므로 왜 이러한 결과가 발생했는지에 대한 해답은 논의에 있으며, 문맥의 이해가 이를 끌어내는 중요한 요소이다. 따라서 문맥을 이해하고 이를 기반으로 한 결론을 제시하는 것이 바람직하다.

3. 혼합연구

혼합연구(mixed method research)는 통합적인 연구(integrated research) 또는 총체적인 연구(holistic development research)라고도 불린다. 기본적으로 광의의 연구문제(needs of research)나 협의의 연구문제(research question)에 대응하기 위해 한 가지 연구방법으로는 부족하다고 판단될 때 두 가지 이상의 연구방법을 도입·수행하는 경우 혼합연구라고 한다.

일반적으로는 양적연구나 질적연구 한 가지로 연구목적을 달성하는 데 어려움이 있거나 연구결론을 도출함에 있어 한계점이 발생할 때 양적연구와 질적연구를 혼합하여 수행하는 경우가 많다. 양적연구의 결과와 질적연구의 결과를 통합하여 좀 더 심화되고 단편적인 내용이 아닌 총체적 연구결과를 만들어 낼 수 있다.

예를 들면, 교도소에서 교정교육을 수행하여 그 효과가 발생하였는지를 연구한다고 하자. 교정교육을 받은 범죄자가 출소 후 그 교육을 실제 사회에서 사용해야 학습전이(learning transfer)가 이루어졌으며 교육의 성과가 발생한 것이라고 할 수 있다. 교정교육을 받은 사람들에게 교정교육에 대한 학습만족도 등을 포함하여 다양한 양적 데이터를 수집하였다고 하자. 그러나 출소 후 사회에서 실제 배운 내용을 사용하는지는 접촉의 어려움으로 데이터 수집의 한계가 발생할 수 있다. 이럴 경우 학습전이기대(expectation of learning transfer)에 대한 양적 데이터를 설문조사하고, 동시에 출소가 얼마 남지 않은 사람들을 대상으로 교정교육의 효과성과 향후 사용가능성에 대해 심층적 인터뷰를 하여 상호 보완적으로 최종 연구결론을 내릴 수 있다.

혼합연구를 수행하는 이유는 여러 가지가 있으나 일반적으로 다음과 같은 경우 많이 도입된다.

- 연구의 타당도 증가: 연구개체 수(sample size)가 적거나, 일부 연구개체의 속성이 양적으로 응답하기가 어려울 경우(예: 민감한 문항에 응답이 어려운 경우), 연구기간이 짧은 경우, 연구의 외적 타당도를 증가시키기 위해 혼합연구가 수행된다.
- 충실한 연구결론 도출: 양적연구를 수행하며 발생한 통계적 결과에 기반하여 결론을 도출하였을 때 발생할 수 있는 결론의 오류를 방지하고, 질적연구 결과를 통합하여 좀 더 신뢰성 있는 결론을 만들어 낼 수 있다. 즉, 양적연구로부터의 통계적인 유의성(statistical significance)과 질적연구로부터 현실적 유의성(practical significance)을 통합하여 최종적인 유의성을 만들어 낼 수 있다.
- 연구의 충실성 증가: 다단계(multi stage or step) 또는 혼합적인 방식의 연

구를 수행함으로써 단순히 한 개의 연구를 수행한 것보다 연구결과에 관심이 있는 기관이나 독자에게 연구를 충실히 적절하게 수행하였다는 신인도(credibility)를 높일 수 있다.

혼합연구수행 방식은 다음과 같이 나뉜다.

- 독립형 혼합방식(independent mixed): 양적과 질적 데이터를 동시에 수집하고 분석은 각각 별도로 수행하고 나서 두 개의 결과를 놓고 비교하며 결론을 이끌어 내는 것이다. 두 개의 연구결과가 서로 형식만 다르고 똑같은 내용일 때 문제없이 연구결론을 끌어낼 수 있으며 이러한 연구결론은 하나의 연구결과로부터 발생한 것보다 더 정교할 수 있다. 만약 상이한 결과가 나올 때는 결론을 다양한 시각에서 제시하거나 추후 보완적 연구를 수행하여 새로운 연구결론을 도출한다.
- 종속형(dependent): 양적과 질적 연구 설계 중 하나가 주된 연구방법이라고 할 때 한쪽에 좀 더 비중 있는 연구설계가 이루어진 경우 한쪽의 데이터는 다른 한쪽의 데이터에 종속되는 경우이다. 보통 연구수행으로부터 발생할 수 있는 한계점을 보완하고 싶어서 수행한다. 양적연구를 먼저 수행하고 좀 더 심층적인 결론을 도출하기 위해 질적연구 데이터를 수집하여 보완하는 방식과 질적연구를 먼저 수행하면서 그 과정에서 양적연구의 필요성이 제기되어 양적연구 데이터를 생성하는 것이 일반적이다. 양적연구가 먼저 수행되는 경우는 확인적(confirmatory) 성격의 연구가 많고 질적연구가 먼저 수행되는 경우는 탐색적(exploratory) 연구가 많다.

혼합연구의 수행방식은 일반 다른 연구과 마찬가지로 연구문제 설정, 연구데이터 수집, 연구데이터 분석과 비교 및 통합, 연구결론 도출 방식으로 전개된다. 일반 연구와 다른 것은 비교 및 통합 절차가 추가된다는 것이다.

혼합연구는 심층적이고 통합적인 연구결론을 도출하고 실질적인 연구결론에 기반한 제언을 제시함으로써 좀 더 현장애로적인 문제를 해결할 수 있다는 장점이 있다. 또한 향후 연구에 있어서도 실증적인 연구를 수행하는 데 가이드라인을 제시한다는 점에서도 우수한 장점이 있다.

혼합연구는 상기 장점과 더불어 다음과 같은 단점도 존재한다.

첫째, 시간, 경비 그리고 노력이 일반 단일 연구에 비해 더 많이 든다. 추가적인 인터뷰나 면접, 참여로부터 발생하는 비용과 노력에 대한 지원이 없이는 어려운 연구수행방식이다.

둘째, 연구결과가 서로 지지를 해 주는 관계가 아니라 대조적인 경우 통합에 어려움이 발생한다. 이러한 경우 좀 더 한쪽 결과에 무게가 실릴 수 있는 추후 연구 실행이나 결론 수립 시 좀 더 세밀한 분석이 필요하다.

셋째, 단일연구에서 확실한 결론 도출이 가능할 경우 혼합연구는 단순히 중복투자에 해당하며 오히려 연구결과 일반화를 의도적으로 하기 위한 방식으로 인정받을 수 있다. 혼합연구 수행에 대한 확실한 타당적 근거를 제시해야 한다.

다음 예시는 일반 학술적인 연구가 아니라 공공기관에서 ICT리터러시 문항개발과 사용전략 수립에 필요한 연구를 혼합식으로 진행한 연구절차를 제시하고 있다.

○ 연구과제는 3개의 세부과제로 나뉘어 독립적으로 수행되었으나, 연구기간이 짧고 제2세부과제와 제3세부과제는 상호보완적 성격이 강하므로 연구진이 통합하여 한 곳의 장소(one-stop research site)에서 연구를 수행. 즉, 연구와 개발(R&D)이 동시에 수행되어야 하는 방식을 채택. 기본적으로 국내외 문헌자료들을 수집하여 분석하였으며, 농업분야 전문가, 농업정보화 담당자, 전문계 고등학교의 정보처리기술 담당 교사, 농업계 고등학교의 농업정보관리 담당교사, 과제 담당자와 주기적인 회의 실시, 문항개발을 위한 예비 및 본 조사 실시, 문항반응이론 적용을 위한 통계처리 및 분석, 온라인 테스트 시스템 개발, 각 매뉴얼 사용 개발, 수준

별 측정 및 수준에 따른 영농인 특성분석 등 총체적인 연구방법(Holistic Development Approach)이 수행됨

○ 본 연구과제의 절차는 DIMS(Dynamic ISP Methodology for Small and Medium Enterprise)를 기반으로 수행되었으며 착수, 환경분석, 업무분석, 교육구조설계, 실행계획, 프로젝트 종료로 구성된 총 6단계로 구성되어 있음. 수행과정은 일반적 절차는 다음과 같음

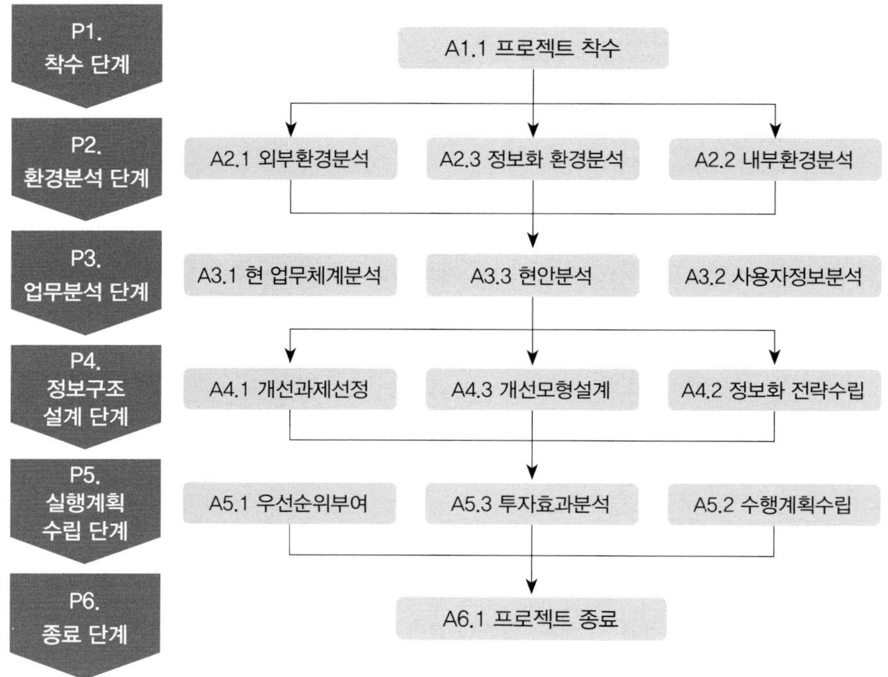

[그림 9-1] DIMS 연구방법 체계도

○ 연구 과제를 수행하기 위하여 다음과 같은 방법을 활용하였음

첫째, 문헌 및 자료 수집 분석

둘째, 실무진과의 협의

셋째, 워크숍을 통한 협의 및 자문회의

넷째, 오프라인 예비문항 테스트 및 분석
다섯째, ICT리터러시 본 문항 개발 및 온라인 테스트
여섯째, 각 문항에 대한 문항적용이론 검증 및 진단 파악

○ 본 연구과제의 절차는 착수, 분석, 설계, 개발, 실행 및 평가, 운영 및 구현으로 구성된 총 6단계로 수행되었음. 수행과정은 [그림 9-2]와 같음

• 착수 단계는 농업인 ICT리터러시 지수 개발 연구에 대한 프로젝트 팀을 구성하고 사업 수행 계획서 및 과제 담당자 미팅 등의 기본적인 계획안을 작성하여 사업을 착수하는 단계임
• 분석 단계는 농업인 정보화, ICT, 문항개발 및 검증 단계를 거쳐 국내 · 외 문헌자료를 분석하고 ICT리터러시의 경향을 분석하며 문항에 대한 기술분석을 하여 농업인의 ICT리터러시에 대한 구성요소를 설정함
• 설계 단계는 문항 개발의 하위영역을 구체화하고 문항 내용을 구조화하여 표준 문항을 작성하고 전문가에게 협의 및 자문을 요함
• 개발 단계는 예비문항을 개발하여 적합도 검증 및 타당도와 신뢰도 검사를 통해 본 문항을 개발한 후 온라인 검사도구를 개발함
• 실행 및 평가 단계는 ICT리터러시를 조사하여 데이터를 확보한 후 농업인의 ICT리터러시 수준을 분류함
• 운영 및 구현 단계는 향후 ICT리터러시의 활용에 대한 정책적 제언을 하는 단계임

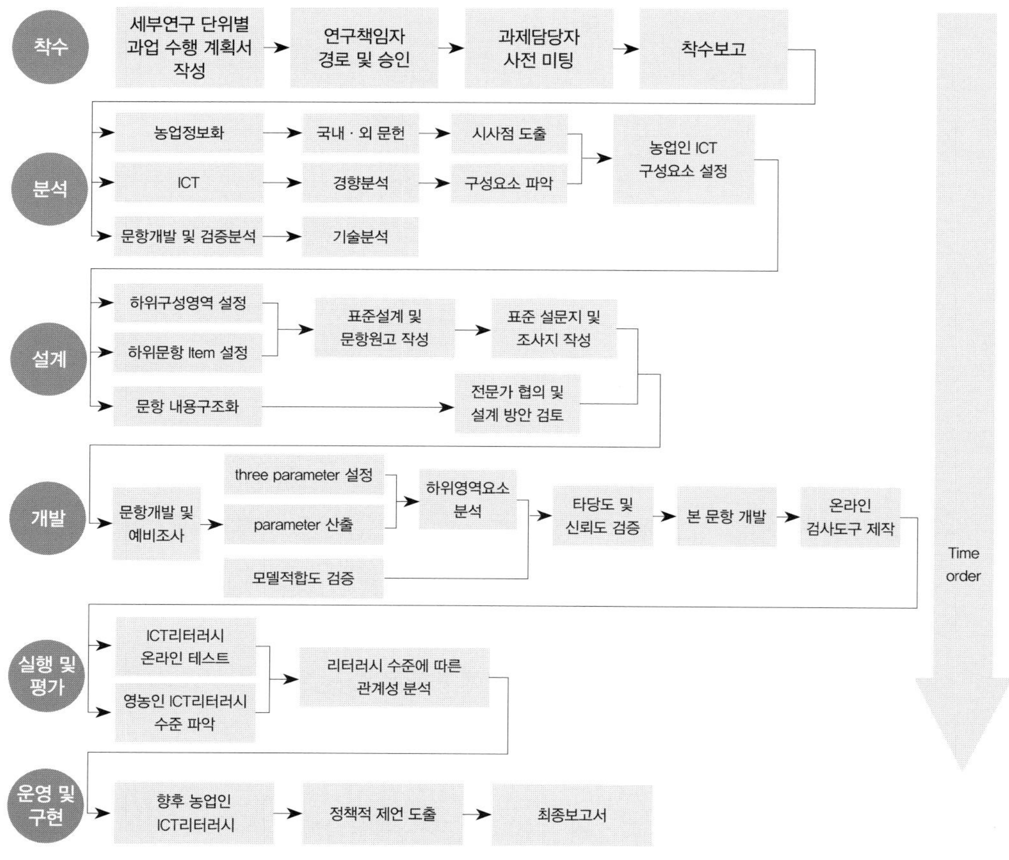

[그림 9-2] **연구수행 체계도**

출처: 박성열 외. (2008). 농업인 ICT리터러시(Literacy) 지수 개발에 관한 연구. 농림수산식품부, 한국농림수산정보센터.

제10장

실행연구·메타분석·평가연구·평가에 대한 평가

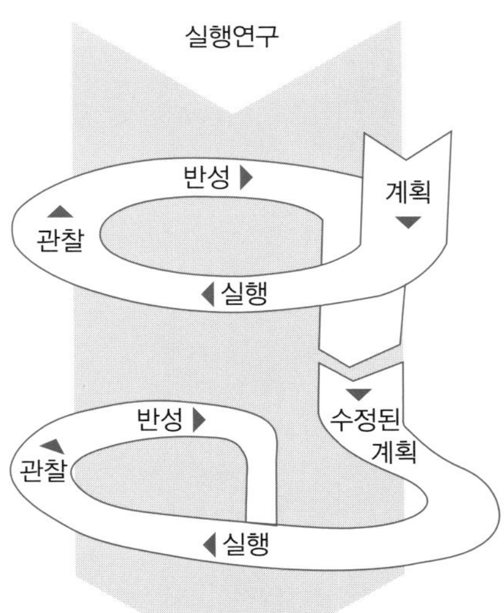

평가에 대한 평가
- 유용성
- 실현성
- 적절성
- 정확성

평가연구: 성과(총괄평가) & 질 향상(형성평가)

메타분석: 분석의 분석 & 효과크기

1. 실행연구

실행연구(action research)는 특정 프로그램이나 프로젝트를 수행하는 동안 연구를 병행하여 진행하는 방법이다. 이 방법은 일반적인 연구와는 차이가 있다. 보통의 연구는 가설을 설정하고 데이터를 수집한 후에 연구결론을 도출하는 데 비해, 실행연구는 프로그램이나 프로젝트를 효과적으로 진행하고 질적으로 향상시키기 위해 또는 그 과정에서 발생하는 의사결정을 효율적으로 내리기 위한 방안에 중점을 둔다. 이를 위해 계획, 실행, 결과 분석, 그리고 그 결과를 바탕으로 프로젝트를 조정하는 계속적인 나선형 과정(spiral process)을 채택한다.

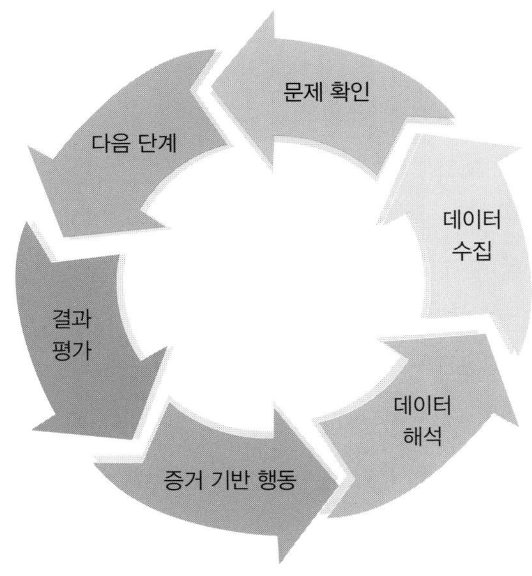

[그림 10-1] **실행연구 과정**

출처: Ferrance, E. (2000). Themes in education action research. *LAB: Northeast and Islands Regional Educational*. https://repository.library.brown.edu/studio/item/bdr:qbjs2293

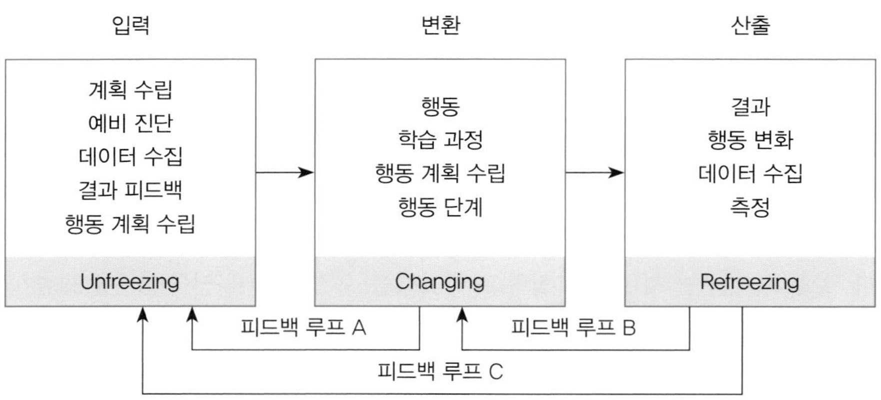

[그림 10-2] **교육현장 실행연구 모델**

교육현장에서 교육프로그램을 개발하고 실행하는 과정에서 발생하는 다양한 데이터와 정보를 수집하여 이를 차기 교육프로그램의 설계에 활용하고 반영하는 것을 교육실행연구라고 할 수 있다. 이는 교사들이 자신이 진행하는 수업에서 발생하는 문제를 해결하거나 수업 질을 향상시키기 위해 필요한 자료를 직접 수집하거나 개발하여 적용하고, 그 결과를 확인하고 분석하여 차후 수업에 반영하는 것을 포함한다.

교육계에서는 이러한 실행연구를 '현장연구(field study)'라고도 부르며, 교사들이 현장연구를 통해 자신의 수업 질을 향상시키거나 문제를 해결하기 위해 특정 프로젝트를 직접 시행하고 그로부터 발생한 데이터 등을 수집하여 최종결과를 분석한다. 현장연구 결과는 일반적으로 다른 학교의 교사들에게도 적용될 수 있으며 일반화 가능하다. 이러한 현장연구는 학문적이거나 과학적인 목적보다는 실용적인 목적이 강하며, 교사들에게 동기부여를 제공하는 부가적인 효과도 가질 수 있다. 때로는 현장연구가 우수하여 다른 지역이나 다른 교사에게도 일반화될 수 있다면 그에 따른 인센티브도 부여한다.

2. 메타분석

메타분석(meta analysis)은 기존에 수행된 여러 연구결과를 종합하고 통합하여 분석하며, 이를 기반으로 결론을 도출하는 방법이다. 연구자가 직접 새로운 연구를 수행하는 것이 아니라 이미 수행된 연구의 결과를 통합하고 종합하여 분석하는 과정을 통해 연구하는 기법이다. 이를 '분석들의 분석'이라고도 표현하며, 메타는 원래 사후(after)를 의미하므로 선행연구를 기반으로 한 사후분석으로 해석될 수 있다.

메타분석은 기존의 다양한 연구를 통합하는 측면에서 질적연구처럼 보일 수 있지만, 실제로는 양적 분석방법이다. 방대한 양의 기존 연구를 계량적으로 통계적 방법을 적용하여 종합하기 때문이다. 주로 효과크기(effect size)를 산출하여 이를 해석하며, 이와 관련된 통계분석의 일반적인 절차를 수행하여 결과를 도출한다.

메타분석의 장점은 다수의 연구결과를 통합하여 결론을 도출하므로 통계적으로 검증력이 높아진다는 것이다. 개별 연구에서 발생하는 통계치(효과크기 등)보다 통합하여 압축하므로 더 신뢰할 수 있는 결과를 얻을 수 있다. 또한 다양한 연구결과를 종합하여 특정 변인 간뿐만 아니라 연구방법이나 절차와 관련된 관계성도 분석할 수 있다. 상반된 연구결과가 있을 경우 이를 조정하여 연구결과를 일반화시키는 장점도 있다. 더불어 연구 전반적인 흐름을 파악하고 향후 연구 방향을 제시할 수 있는 장점도 있다.

하지만 메타분석의 단점도 고려해야 한다. 본인의 순수 연구가 아니기 때문에 개인의 경험과 지식이 반영되지 않을 수 있어 논의가 논리적이지 못할 수 있다. 또한 초기 설계나 연구 수행 절차가 잘못되고 신뢰성이 낮은 연구결과만 수집・분석된다면 잘못된 통합 결과를 만들어 낼 위험성이 있다. 이를 통틀어 'garbage in, garbage out'이라고 표현하기도 한다.

메타분석의 절차는 일반적으로 5단계로 이루어진다.

① 연구문제 제기 및 가설 설정

메타분석의 첫 단계는 연구의 목적과 가설 설정이다. 여기서 연구하고자 하는 주제와 관련된 연구문제를 정의하고 연구가설을 설정하여 제시한다.

② 연구자료 범위 설정 및 수집

이 단계에서는 연구의 범위를 설정하고 관련 연구자료를 수집한다. 연구자료의 출처를 파악하고 연구문제와 관련한 선행연구를 수집하여 분류한다.

③ 분석자료 결과(변인) 코딩

수집한 연구자료의 결과나 변인을 코딩한다. 변인에 대한 코딩표를 작성하고 수집한 자료를 해당 변인에 맞게 코딩한다.

④ 메타통계 산출

메타 관련 통계는 여러 가지가 있는데 보통 다음의 통계가 사용된다.

• 두 집단 간의 효과크기(ES)

$$ES = \frac{Xe - Xc}{Sc}$$

여기서 Xe는 실험 집단의 평균치, Xc는 통제 집단의 평균치, Sc는 통제 집단의 표준편차이다.

• 연속변인의 경우 상관계수의 효과크기
• $r = \Sigma r/n$ 또는 표준점수 $\Sigma zr/n$
• 집단 간 평균치 차이와 표준편차를 이용한 효과크기(d) 산출
• 효과크기 동질성 검증: 공통의 효과크기 d를 산출한 후, 동일 모집단에서 나온 결과로 인정 가능한지 동질성 검증을 수행한다. 동질성 검증을

통해 각 효과크기가 동일 모집단에서 나왔는지 확인할 수 있으며, 이때 p-value가 0.05보다 작아야 유의한 결과로 판단한다.

- 동질성 검증: 동질성 검증은 가설검증을 통해서도 가능하며, r값의 표준화 값 z를 구하고 95% 신뢰구간(confidence interval)을 제시하는 것에 의해 독립변인의 효과를 확인한다. z값의 95% 범위 안에 0이 포함되어 있지 않아야 동질성이 보장된다.

효과크기 계산을 수작업으로 하여도 되지만 그러한 효과크기를 손쉽게 산출해 주는 여러 온라인 계산기도 있다. 이러한 계산기들은 연구자들이 간편하게 효과크기를 계산하고 해석할 수 있도록 도움을 준다. 다음은 효과크기 d를 두 그룹의 평균과 표준편차 사례 수를 가지고 산출하고 동시에 95% 신뢰구간도 제시하는 계산기의 예이다. 링크를 통해 접속하면 원하는 효과크기를 다양한 방법으로부터 구할 수 있다.

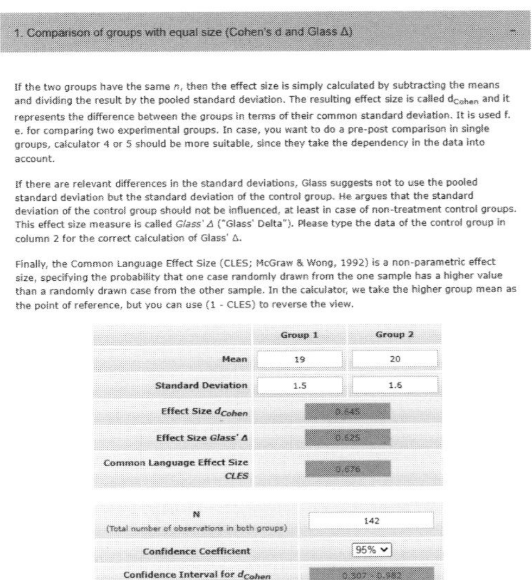

1. Comparison of groups with equal size (Cohen's d and Glass Δ) -

If the two groups have the same *n*, then the effect size is simply calculated by subtracting the means and dividing the result by the pooled standard deviation. The resulting effect size is called d_{Cohen} and it represents the difference between the groups in terms of their common standard deviation. It is used f. e. for comparing two experimental groups. In case, you want to do a pre-post comparison in single groups, calculator 4 or 5 should be more suitable, since they take the dependency in the data into account.

If there are relevant differences in the standard deviations, Glass suggests not to use the pooled standard deviation but the standard deviation of the control group. He argues that the standard deviation of the control group should not be influenced, at least in case of non-treatment control groups. This effect size measure is called *Glass' Δ* ("Glass' Delta"). Please type the data of the control group in column 2 for the correct calculation of Glass' Δ.

Finally, the Common Language Effect Size (CLES; McGraw & Wong, 1992) is a non-parametric effect size, specifying the probability that one case randomly drawn from the one sample has a higher value than a randomly drawn case from the other sample. In the calculator, we take the higher group mean as the point of reference, but you can use (1 - CLES) to reverse the view.

	Group 1	Group 2
Mean	19	20
Standard Deviation	1.5	1.6
Effect Size d_{Cohen}	0.645	
Effect Size *Glass' Δ*	0.625	
Common Language Effect Size *CLES*	0.676	

N (Total number of observations in both groups)	142
Confidence Coefficient	95%
Confidence Interval for d_{Cohen}	0.307 - 0.982

출처: https://www.psychometrica.de/effect_size.html에서 두 개의 그룹평균 사례 수가 동일할 때 또 다른 계산기 사이트: https://www.campbellcollaboration.org/escalc/html/EffectSizeCalculator-SMD4.php

⑤ 분석 결과 제시 및 해석: 결과 유형 선택 및 효과크기 해석

분석 결과는 연구문제나 가설에서 설정된 순서에 따라 수집된 자료의 수(효과크기 수), 평균 효과크기, 표준편차, 백분위, Z값, 신뢰구간 추정 범위, 카이제곱 검정(Q값) 등을 제시하는 것이 일반적이다.

효과크기는 보통 Cohen의 해석 방식을 사용한다.

표준화 평균차의 효과크기 d

작은 효과크기: <=0.20
중간 효과크기: 0.50
큰 효과크기: >=0.80

상관계수의 효과크기 r

작은 효과크기: <=0.10
중간 효과크기: =0.25
큰 효과크기: >=0.40

일원변량분석에서의 에타자승(η^2) 효과크기

작은 효과크기: 0.01
중간 효과크기: 0.06
큰 효과크기: 0.14

F^2(일원변량분석) 효과크기

작은 효과크기: 0.2
중간 효과크기: 0.15
큰 효과크기: 0.35

앞에서 에타자승보다는 자유도가 고려된 오메가자승 혹은 F자승 값이 더 적절하다고 볼 수 있다. 이러한 효과크기 지표를 통해 결과를 정량적으로 평가하고 해석함으로써 통합적인 연구결과를 도출할 수 있다.

3. 평가연구

평가연구(evaluation research)는 일반적으로 프로그램 평가(program evaluation)로도 알려져 있다. 프로그램이 설정한 목적이나 목표를 달성하기 위해 사용된 각종 자원 및 시간, 프로그램의 가치 등을 체계적으로 진단하고 평가하는 과정 또는 그 결과를 평가연구라고 한다. 평가연구를 통해 프로그램의 효과성, 효율성, 만족도, 지속가능성 등을 평가하여 개선점을 도출하고 실행연구와 마찬가지로 의사결정에 활용할 수 있다.

평가연구는 일반적인 연구와 유사한 연구방법과 분석절차를 사용하지만, 특정 기관이나 프로그램의 효율성 및 효과성을 평가하고 개선하기 위해 수행된다. 이러한 평가는 종종 특정 기관, 프로그램, 정책 또는 프로젝트의 목적에 부합하도록 설계·실행된다.

평가연구에서는 특히 해당 기관이나 프로그램의 목표와 관련된 해결책을 찾고, 프로그램의 질을 향상시키기 위한 권고 사항을 도출하는 것이 중요하다. 이를 위해 연구팀은 해당 기관이나 프로그램과 긴밀한 협력을 유지하며, 이해당사자(stake holders)들과의 소통 및 협업 능력도 필요하다. 또한 위기관리(risk management) 및 평가 도중에 발생하는 문제에 탄력적으로 대처할 수 있는 적응력도 요구된다.

평가연구는 전반적으로 성과 중심(performance based or outcome based)의 총괄평가와 프로그램의 질 향상(enhancement of program quality)을 위한 형성평가로 나뉜다.

총괄평가(summative evaluation)는 주로 프로그램이나 정책의 성과 및 효과를 측정하고 평가하는 것에 중점을 둔다. 이것은 프로그램의 성과가 목표한 결과물을 달성했는지 평가하고 결과를 요약하여 보고하는 데 사용된다. 책무성(accountability) 차원에서 진행되는 경우가 많다. 보통 외부의 평가 전문가나 내용 전문가 등에 의해 수행된다. 이러한 종류의 평가는 일반적으로 프로그램이나 정책의 종료 시점에 수행되며 결과는 이후의 결정에 영향을 미치게 된다.

형성평가(formative evaluation)는 주로 프로그램, 정책 또는 프로젝트의 질을 향상시키기 위해 사용된다. 이것은 프로그램의 중간 단계나 진행 중에 평가를 수행하여 프로그램을 개선하고 조정하는 데 중점을 둔다. 보통 내부 담당자나 내부 평가팀에 의해 수행되는 경우가 많다. 형성평가는 프로그램의 설계 및 실행 단계에서 프로그램의 강점과 약점을 식별하고 개선할 수 있는 기회를 제공한다.

최근에는 프로그램이나 정책의 효과적인 성과를 보장하기 위해 총괄평가와 형성평가를 함께 수행하는 경향이 늘어나고 있다. 외부 전문가와 내부 사업이나 과제 담당자가 동시에 투입되어 평가가 진행되는 경우도 많다. 이것은 프로그램을 개선하면서 동시에 성과 발생의 유무와 목표를 달성하는 것에 중점을 둘 수 있도록 도와준다.

〈표 10-1〉 형성평가와 총합평가

	형성평가	총합평가
목적	프로그램 질의 향상 및 개선	프로그램 책무성 및 유용성 증명
평가결과 관심대상	기관행정 담당자 및 관리자	잠재적 프로그램 참여자 혹은 예산지원기관
평가수행자	내부기관 평가자	외부의 공신력 있는 평가전문가
평가의 주요 특징	시기 적절한 시점에서 수행	설득력을 요함
데이터 특징	비형식적인 데이터	타당도와 신뢰도가 있는 데이터
데이터 수집의 시기	자주 혹은 필요시마다	제한된 시기(보통 사업이나 과제 종료 후)
표집크기	보통은 적음	많은 데이터 요함
주요 질문사항	프로그램과 관련하여 잘되고 있는 것은 무엇인가? 개선점은 무엇인가? 어떻게 하면 프로그램 질을 향상시킬 것인가?	결과가 무엇인가? 어느 정도 예산에, 어떠한 조건하에, 어떠한 프로그램이 누구에게 전개되어 어느 정도 효과가 발생하였는가?
평가설계의 제약	어떠한 정보가 언제 필요한가?	평가자가 어떠한 주장을 하고 싶은가?

〈표 10−2〉는 일반적으로 국제원조나 개발지원에 많이 사용되는 평가양식인 PDM 중 하나이다.

〈표 10−2〉 평가 & 프로그램 개발 매트릭스의 예(project design matrix: PDM)

Narrative Summary (요약)	Objectively Verifiable Indicators (객관적 검증지표)	Means of Verification (검증수단)	Important Assumptions (중요가정)
Impact(영향) 양질의 농업인력 양성을 통한 농업생산성 향상 농업생산성 향상으로 인한 경제개발 기초인프라 구축	x 지역 쌀 자급률 − x 지역 소득증대율	농업부, 국제기구 통계자료 −현장 stakeholder 면접조사	• 사업의 적기 착수 및 성공적 수행 여부 • 농업기술학교 역량강화 홍보
Outcomes(성과) 종합농업기술학교(CIPA) 모델로서 세네갈 내 파급	개발된 커리큘럼을 도입한 전국 CIPA의 수	농업기술교육국 보고서, 타 농업기술학교 학사운영 보고서	• 농업기술학교 홍보 강화로 교육수강 희망자 증대 • 각 단계에서 제공하는 프로젝트 항목별 서비스 질이 유지됨 • 체계적으로 성과관리 점검과 환류가 이루어지고 있다고 가정함
교육성과	CIPA 취득학생수 교육수료율 역량강화성과 프로그램 효과성, 영농능력 향상도, 가치관 변화향상도 학습전이 및 학습참여 지속의향	학생등록 및 졸업 현황 자료 설문조사결과분석 현장 stakeholder 면접조사	
양질의 농업인력 양성을 통한 지역발전에 기여	졸업생의 생루이 지역 농산업 종사비율	기초 및 종료 전 조사를 통한 데이터 비교	
Output(산출물) 운영진단 전략 수립 및 환류체계	학교 운영진단 및 전략 수립/자체평가 및 환류체계	농업기술학교 학사운영 보고서 −교사 및 교사용 가이드북 −연수결과 보고서 −감리보고서, 건축 사업관리 CM보고서, 준공도서 −각 활동보고서 −설문조사결과 분석	• 단, 중, 장기 과정 운영 위한 행정적 절차 정상적으로 진행 • 농업기술학교가 본 사업계획을 준수하고 유기적으로 협조함 • 교사, 교무 관계자 등의 적극적인 참여와 협력 • 역량의 정의 및 구성요소의 타당성이 있음 • 교육과정설계에 전문가 참여가 있어야 함
교육과정 운영 교원 역량강화 지원	교육생 모집 및 관리 교육과정 운영의 정합성 및 혁신성 교육과정 운영의 충실성 사업관리: 자체평가 및 환류체계 타 기관과의 협력 적절성 교육만족도: 내용 방법 및 환경만족도 강의 교보재 제작을 위한 워크숍 진행 횟수, 특강 및 워크숍 진행 횟수 −공개수업 진행 건수 −교원 연수 또는 자체 성찰의 형태		

<table>
<tr><td>시설 및 기자재 지원
학교건물 신축</td><td>학교 사무실/교실용 기자재 지원개수
–실습용 농업 기자재 지원개수
건축 공정률</td><td></td><td></td></tr>
<tr><td colspan="3">activities(활동)
1.1 교육 역량강화
1.1.1 교육목적에 맞는 과정 확대(단, 중, 장기)
1.1.2 수요자 위주 교과과정 개발
1.1.3 교재 및 교사용 가이드북 개발
1.1.4 농업 실습 확대(시범포 운영)
1.1.5 교사 대상 초청연수/워크숍 실시

1.2 교무행정 및 학교운영 역량강화
1.2.1 학교운영계획 수립(중, 장기)
1.2.2 교무 관계자(상위 기관의 교육정책 관계자) 대상 초청연수 실시

2.1 교육인프라 지원
2.1.1 강의실, 기숙사 등 교육환경 조성
2.1.2 교육시설 기자재 지원
2.1.3 농기계, 농기구 등 지원

3.1 학생활동
3.1.1 교과 학생참여
3.1.2. 비교과프로그램 활동참여</td><td>Inputs(투입물)
〈한국 측〉
• 사업수행 및 관리 위한 전문가 파견
• 기자재(농기계, 교육시설 기자재 등) 지원
• 교사 및 학교관리자급 한국초청연수
• 현지 연수 및 워크숍
• 교실, 기숙사(학생, 교사) 신축 및 본관 리모델링 건립
• 시범포 운영

〈수혜국 측〉
• 사업에 필요한 인력 및 기타 행정 협조
• 시범포 운영 농경지 및 창고 건립 부지
• 지원 기자재 및 면세통관 및 운송협조
• 기자재 유지 및 보수

Pre-conditions(선행조건)
• 지역사회 및 지역 기관의 행정적 협조
• 환율의 급격한 변화가 없음
• 건축지 및 건축에 필요한 법적허가와 충분한 시공사, 인력, 기자재 확보
• 농기계기자재 적시 제공
• 적합한 단기파견 전문가 확보, 체재 시 안전보장, 장기체류인원에 대한 안전보장</td></tr>
</table>

4. 평가에 대한 평가

메타평가는 평가의 고유 목적과 프로세스를 평가하여 평가 전반의 품질과 성과 추출의 적절성을 확인하는 것이다. 다양한 측면에서 평가를 평가하여 향후 평가의 개선과 발전에 기여할 수 있으며 동시에 평가사업이나 평가수행의 타당성을 확보한다. 다음은 평가에 대한 평가(meta evaluation)를 수행함에 있어 고려해야 할 네 개 요소이다.

1) 유용성 평가

평가 결과 및 정보가 평가의 목표를 달성하고, 이해당사자들에게 어떠한 유용한 도움을 주었는지 평가한다. 정보가 어떻게 활용되고 있는지, 이를 통해 어떤 변화나 개선이 이루어졌는지를 고려한다.

2) 실현성 평가

평가의 진행 방법이 처음 계획대로 수행되었는지, 실제로 실행 가능하였는지, 신중하게 수행되었는지 평가한다. 평가방법의 실제 적용 가능성과 수행 중 발생한 어려움이나 문제점을 평가한다.

3) 적절성 평가

평가방법이 법적, 윤리적 측면에서 적절하게 수행되었는지, 결과가 타당하고 공정한지 평가한다. 법적, 윤리적인 측면에서 문제가 없는지, 편향이나 부당한 영향이 없는지, 예측하지 않은 효과가 발생하였는지 확인한다.

4) 정확성 평가

분석 및 해석한 결과가 신뢰성 있는지, 정확하게 수행되었는지 평가한다. 분석과 해석의 정확성과 일관성을 평가하여 평가결과의 신뢰성을 보장한다.

메타평가는 결국 평가의 타당성 및 신뢰성과 효과성을 보장하고, 평가방법 및 프로세스에 대한 개선점을 찾아내어 평가의 질을 높이는 데 중요한 역할을 한다.

교육연구방법론

제4부

데이터 처리 및 통계분석

통계분석

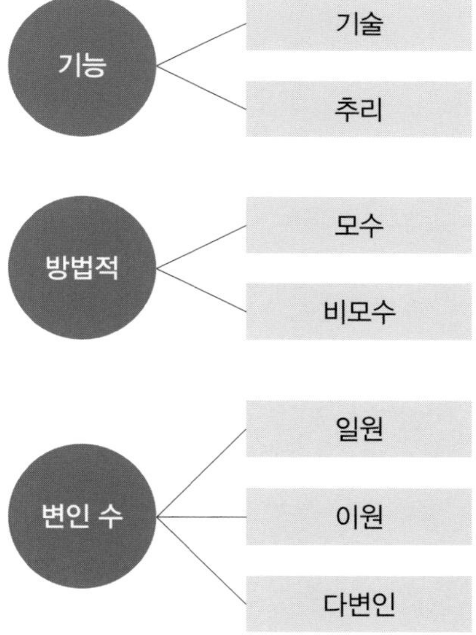

통계분석은 수집된 데이터를 조직화(organizing)하고 정리(summarizing)한 후 그 데이터를 해석하고 모델링하여 의사결정에 도움을 주는 과정이다. 이러한 통계분석은 데이터로부터 유용한 정보를 추출하고 결정적인 패턴을 발견하기 위해 수행되며, 최종적으로 적은 표집의 데이터로부터 궁극적으로 알고 싶은 전집의 특징(characteristic)을 유추하는 과정과 그로부터 발생한 결과이다. 이는 실증적 과학기법으로서 자연과학, 의학, 사회과학 등 다양한 학문분야에서 사용되고 있다. 연구방법과 관련하여 여기서는 통계의 종류와 기능을 중심으로 서술하겠다.

1. 통계분석의 종류

통계분석은 기능적인 측면에서 기술통계(descriptive statistics)와 추리통계(inferential statistics)로, 조건이나 방법적 측면에서 모수통계(parametric statistics)와 비모수통계(nonparametirc statistics)로, 그리고 변인의 수에 따라 일원통계(univariate statistics), 이원통계(bivariate statistics), 다변인통계(multivariate statistics)로 나뉜다.

1) 기술통계와 추리통계

기술통계는 말 그대로 현상이나 연구하고자 하는 그룹의 특징을 있는 그대로 기술하기 위한 통계이다. 그러한 과정에서 데이터를 조직화하고 정리하여 좀 더 특징을 잘 파악하고 이해할 수 있도록 처리하는 과정과 그 결과이다. 또한 데이터 집합의 주요 특성과 패턴을 요약하고 설명하는 통계 기술이다. 보통 연구대상 개체의 전체 집단인 모집 또는 전집(population)으로부터 표집방법을 통해 만들어진 표집(sample)의 데이터를 측정, 수집, 계산함으로써 표집특징을 파악하고 전집특징을 유추하기 위한 기초자료 및 정보를 산출하는 것이다. 기술통계의 대표적인 통계는 다음과 같다.

- 집중경향치(measures of central tendency): 연구자가 가지고 있는 데이터 세트의 대표적 특징을 파악하기 위해 집중경향치를 산출한다. 집중경향치만 가지고도 표집의 특징을 손쉽게 알 수 있으며 주로 평균, 중앙치, 최빈치가 사용된다.
  - 평균(mean): 모든 데이터 값이 고려된 집중경향치로 추후 모집의 데이터 세트를 추리하는 데도 사용되는 가장 기본적인 집중경향치이다. 데이터의 합을 데이터 포인트 수로 나눈 것으로, 극단치에 영향을 받는 속성도 있으나 가장 수리적으로 우수한 집중경향치이다. 기본적으로 등간척도 이상에서 사용 가능하다. 예를 들어, 1, 2, 3, 4, 5의 평균은 (1+2+3+4+5)/5=3이다.
  - 중앙치(median): 데이터를 오름차순으로 정렬했을 때 중간에 위치한 값이다. 중앙치는 이상치의 영향을 덜 받는 장점이 있다. 서열척도 이상에서 사용 가능하다.
    1, 2, 3, 4, 5의 중앙치는 3이며 1, 2, 3, 4, 5, 6의 중앙치는 3.5이다.
  - 최빈치(mode): 데이터 집합에서 가장 자주 발생한, 즉 빈도가 가장 많이 발생한 점수이다. 하나 이상의 최빈치가 존재할 수 있으며 손쉽게 데이터 세트를 이해할 수 있는 장점이 있으나 수리적으로는 평균과 중앙치보다 우수하다고 볼 수 없다. 명명척도에서도 사용 가능하다. 1, 1, 1, 2, 3, 4의 최빈치는 1이다.

- 분산도(measures of dispersion): 데이터의 밀집과 퍼짐 정도를 나타내며, 주로 분산, 표준편차, 범위로 나타낸다.
  - 분산(variance): 변량이라고도 하며 각 데이터 포인트와 평균 간의 차이, 즉 편차를 제곱하여 다 더한 후 사례수에서 −1을 하여 나눈 값이다. 높

은 분산은 데이터가 평균에서 더 멀리 퍼져 있다는 것을 의미한다.

– 표준편차(standard deviation): 분산의 제곱근으로, 데이터의 변동성을 측정하는 일반적인 방법이다. +1표준편차와 −1표준편차 사이에 68.2%의 데이터가 존재하고 +2표준편차와 −2표준편차 사이에 95.4%의 데이터가 존재한다는 것을 의미한다.

– 범위(range): 데이터 집합의 최댓값과 최솟값의 차이를 나타내며, 데이터의 전체 퍼짐 정도를 손쉽게 알려 주는 장점이 있으나 단 두 개의 값만 반영한다는 단점도 있다.

• 데이터 분포(data distribution): 데이터가 어떻게 분포하는지 이해하는 것이 중요하다. 데이터 분포의 형태에는 정규분포, 왜도, 첨도 등이 있다.

– 정규분포(normal distribution): 대칭적인(symmetric) 종모양(bell shape)의 분포로, 평균과 중앙치가 동일하며, 평균 주위에 데이터가 집중된다.

– 왜도(skewness): 데이터 분포의 비대칭 정도를 나타내며, 양(positive)의 왜도는 오른쪽으로 긴 꼬리를, 음(negative)의 왜도는 왼쪽으로 긴 꼬리를 가진다. 0에 가까울수록 정규분포로 해석한다.

– 첨도(kurtosis): 데이터 분포 꼬리 부분의 뾰족함을 나타낸다. 뾰족한 분포는 양의 높은 첨도를 가지며, 더 평평한 분포는 음의 낮은 첨도를 가진다. 0에 가까울수록 정규분포로 해석한다.

• 백분위수(percentiles): 데이터의 상대적 위치를 나타내며, 데이터를 오름차순으로 정렬하고 백분율로 나타낸 값이다. 예를 들어, 75번째 백분위수는 데이터 중 75%의 위치에 해당하는 점수이다.

• 상자 그림(box plot): 데이터의 분포를 시각적으로 나타내는 그래프로, 중앙치, 사분위수, 이상치 등을 확인할 수 있다.

예시

학생 10명의 시험 점수가 다음과 같다고 가정해 보자.

85, 90, 92, 78, 88, 95, 89, 76, 94, 82

평균: (85+90+92+78+88+95+89+76+94+82)/10=86.9

중앙치: 데이터를 정렬하면 중앙치는 88.50이다.

표준편차: 약 6.52

범위: 95–76=19

상자 그림: 중앙치는 88.5, 1사분위는 82, 3사분위는 92, 이상치는 없음

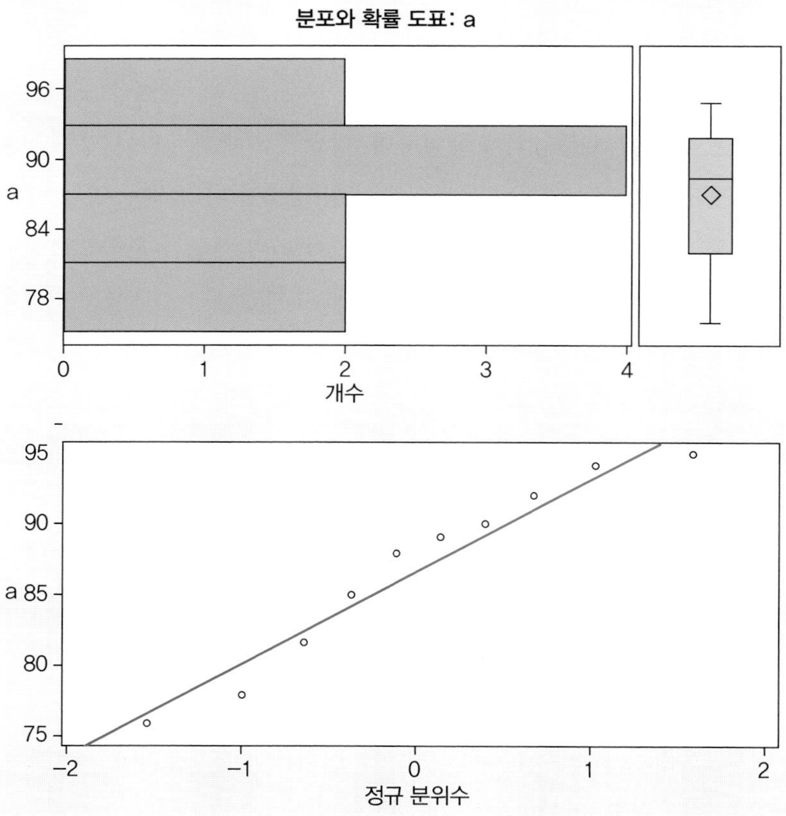

2) 추리통계

추리통계는 데이터에서 얻은 정보를 사용하여 모집단에 대한 결론을 도출하고 예측하는 통계적 기법이다. 이것은 데이터로부터 얻은 패턴을 일반화하고 불확실성을 평가하는 데 사용된다. 추리통계는 기본적으로 모수추정(parameter estimate)과 가설검증에 의해 수행된다. 추리통계의 주요 개념과 예시를 살펴보자.

- 모집단과 표본
  - 모집단(population): 연구대상(objects) 전체를 나타내며, 모든 관심 대상의 집합이다. 예를 들어, 모든 학생의 시험 성적 데이터가 모집단이며 그중 대표적인 평균이 모집단의 특징(characteristics) 중 하나인 모수(parameter)가 될 수 있다.
  - 표집(sample): 모집단에서 선택한 작은 부분 집합으로, 모집단을 대표할 수 있어야 하며 연구자가 데이터를 추출하는 그룹이다. 예를 들어, 100명의 학생을 무작위로 선택하면 그들의 시험 성적 데이터가 표집이며, 이 표집으로 하나의 특징수인 평균을 만들어 냈을 때 그것은 통계치(statistics)가 될 것이다.

- 신뢰구간
  - 신뢰구간(confidence interval, confidence limit): 표집의 특징수인 통계치를 가지고 전집의 모수를 추정함에 있어 어디서 어디까지 존재하는지의 범위를 제공한다. 추정값의 불확실성을 나타내며, 모집단의 모수(평균, 분산 등)에 대한 추정치의 범위를 제공하면서 동시에 신뢰수준(significant level)도 제시한다. 일반적으로 95% 또는 99% 신뢰수준을 사용한다. 신뢰수준이 높을수록 범위, 즉 구간도 넓어진다. 반면, 신뢰수준이 낮을수록 범위는 좁아진다.

–예시: 학생들의 평균 시험 성적이 50이고 표준오차(표집분포의 표준편차)가 3이라고 할 때 95.44%의 모수 구간추정은 50−2(3)~50+2(3), 즉 44~56의 범위에 존재할 것이라고 추정한다. 99%의 모수 구간추정은 50−2.576(3)~50+2.576(3), 즉 42.272~57.728이라고 할 수 있다.

• 추리와 가설검정

–가설검정(hypothesis test): 추리통계의 중요한 부분 중 하나로, 가설을 검증하고 모집단에 대한 결론을 도출하는 과정이다. 보통 귀무가설 혹은 영가설(null hypothesis: Ho)과 대안가설(alternative hypothesis: Ha)을 설정하고 검정 통계량을 사용하여 가설을 받아들일 것인지 기각할 것인지 검증한다.

–예시

영가설: A대학 학생의 정보화 지수는 B대학 학생의 정보화 지수와 같다.

대안가설: A대학 학생의 정보화 지수와 B대학 학생의 정보화 지수는 다르다(양방향: two way).

대안가설: A대학 학생의 정보화 지수는 B대학 학생의 정보화 지수보다 우수하다(일방향: one way). 만약 두 그룹의 평균 차이에 대한 양방향의 t-value=3.7이고 자유도(df)가 28일 때 p-value=.03이라면 영가설은 기각되고 두 대학의 정보화 지수에는 차이가 있다고 결론 내린다.

• 표집분포와 중앙집중한계법칙

–표집분포(sampling distribution): 동일한 크기로 무한대 표집을 추출하고 해당 표집의 통계치(예: 평균)를 계산하여 얻는 분포이다. 이러한 분포는 가상적이며 실제로는 표집을 1개만 만든다. 가상의 표집분포로부터 만들어지는 표준편차를 표본오차(standard error)라고 하며 이러한 표본오차가 구해져야 모수 구간추정과 가설검증이 가능하다.

–중앙집중한계법칙(central limit theorm): 일정사례수(n)가 어느 정도 크

고(보통 최소 30 혹은 넉넉히 120 이상) 이것을 무선적으로 전집으로부터 무한대 표집을 추출하여 분포를 만들면 전집의 형태와는 상관없이 (왜곡된 분포라고 해도) 표집분포의 분포는 정상분포를 이루며, 표집분포의 평균은 전집의 평균과 같다. 표집분포의 표준편차(즉, 표준오차)는 전집의 표준편차를 한 표집의 사례수를 제곱근하여 나눈 값과 같아진다. 전집의 표준편차를 모르는 경우 한 표집의 표준편차를 점추정으로 간주하여 그 값을 이용하며, 표집의 사례 수를 제곱근하여 나누면 표준오차가 된다.

• 오류 유형

가설검증을 수행함에 있어 항상 발생하는 두 가지 유형의 오류가 있다.

–제1종 오류(type I error): 귀무가설 혹은 영가설이 참(true)인데도 귀무가설을 기각하고 대안가설을 선택하는 오류이다. 일반적으로 α(알파)로 표시하며, 유의수준을 나타낸다. α=0.05라는 것은 알파에러가 발생할 확률이 5%라는 것이고 95% 유의수준과 동일한 의미이다.

–제2종 오류(type II error): 귀무가설이 거짓(false)인데도 귀무가설을 기각하지 못하고 귀무가설을 받아들이는 오류이다. 일반적으로 β(베타)로 표시한다. 제1종 오류를 엄격하게 하면 제2종 오류가 증가하고 제2종 오류를 엄격하게 하면 제1종 오류가 커진다. 상호보완적이나 일반적으로 제1종 오류를 줄이려고 노력한다.

–가설검증력(power): 가설검증력은 귀무가설이 거짓일 때 반드시 기각해야 하는 확률이며, 1–β를 의미한다. 보통 가설검증력은 유의수준α, 표집크기, 효과크기(effect size) 등에 영향을 받는다.

〈표 11-1〉 제1종 오류와 제2종 오류의 결정과 실제

<table>
<tr><td rowspan="4">영가설 결정
(decision of H_0)</td><td></td><td colspan="2">실제(reality)</td></tr>
<tr><td rowspan="2">기각 실패
(fail to reject H_0)</td><td>영가설 진
(H_0 true)</td><td>영가설 위
(H_0 false)</td></tr>
<tr><td>올바른 결정
(correct decision, $1-\alpha$)</td><td>제2종 오류
(type II error)</td></tr>
<tr><td>기각
(reject H_0)</td><td>제1종 오류
(type I error)</td><td>올바른 결정
(correct decision, $1-\beta$, power)</td></tr>
</table>

[예시] H_0: $\mu_{남성}=\mu_{여성}$

실제로 남성 평균과 여성 평균이 같은데 영가설 기각하고 다르다라고 결론(제1종 오류)

실제로 남성 평균과 여성 평균이 다른데 영가설 기각 못하고 같다라고 결론(제2종 오류)

2. 모수통계와 비모수통계

1) 모수통계

모수통계(parametric statistics)는 전집의 분포가 알려져 있으며 그러한 분포로부터 표집을 추출한 경우이다. 모수통계의 경우 통계분석에 앞서 몇 가지 조건 검증을 수행한다. 보통 전집분포의 정규성(normality), 분산의 동질성(homogeneity of variance/equal variance), 개체의 독립성(independence), 측정도구의 등간성(interval scale), 이상치(outliers) 등이다. 일반적으로 데이터 세트의 분포에서 평균이 중심을 잘 나타내는 것으로 확인되는 경우 모수통계를 사용한다.

모수통계의 대표적인 통계방법으로는 두 그룹의 평균 차이 검증인 t-test, 변량분석(analysis of variance: ANOVA), 상관관계 Pearson's product moment correlation, 회귀분석(regression analysis) 등이 있다.

2) 비모수통계

비모수통계(nonparametric statistics)는 정규분포성이 떨어지고 모수통계에서 요구되는 가정요건이 위반되는 경우 사용한다. 적용과 이해가 쉽고 계산도 용이한 장점이 있다. 또한 척도 경우도 자유로워 어느 척도를 사용해도 무방하다. 보통 평균보다 중앙치가 연구자가 가지고 있는 데이터 세트의 분포를 대표한다고 할 때 사용한다. 대표적인 비모수통계로는 Mann-Whitney U test, 카이자승검증(Chi square test), Kruskal Wallis Test, Friedman Test, Spearman rank correlation, Wilcoxon rank sum test 등이 있다.

모수통계와 비모수통계 중 어느 것을 사용해야 할지 결정하는 것은 앞서 언급한 가정요건과 분포를 고려하는 것이 적절하다. 일반적으로 모수통계가 엄격한 요건을 갖춰야 하지만 동시에 검증력에 있어서 비모수통계분석보다 더 우수하다.

〈표 11-2〉 **모수통계와 비모수통계**

	모수통계	비모수통계
특징	조건검증이 엄격함(정규분포성, 변량 동질성, 독립성, 등간척도, 이상치 등) 가설검증을 선호하는 경우 적용 그룹의 변량이 다를 경우 신뢰로운 결과 제공	조건검증이 엄격하지 않음 정규분포성이나 척도로부터 자유로움 적은 표집크기에서도 가능 평균보다는 중앙치를 평가하는 것이 좋을 때
장점	정확한 결론. 검증력이 좋음	쉽게 적용할 수 있음. 표집에 근거하지 않아도 됨. 비슷한 경우 모수통계보다 계산이 용이함
단점	비모수통계보다 까다롭게 적용. 표집크기를 비모수통계보다 더 요구	검증력이 떨어지며, 가설검증 시 그룹간 차이가 커야 모수통계와 유사결과 발생

3. 일원통계, 이원통계, 다변인통계

1) 일원통계

일원통계(univariate statistics)분석은 변인 하나를 분석하는 것이다. 특정한 변인과 변인과의 관계성 분석에 앞서 각 변인의 특성과 패턴을 파악하고 그와 관련한 기초통계를 산출하는 것이다. 데이터의 분포, 집중경향치, 변량(분산), 표준편차, 빈도 및 퍼센트를 산출하여 연구자가 가지고 있는 데이터 세트를 변인별로 파악하기 위한 분석이다.

대표적인 통계기법으로는 평균과 표준편차, 그리고 빈도와 퍼센트이다. 이러한 통계는 어느 추리통계분석에 앞서서 반드시 산출해야 하는 것이다.

- 중심 경향치(measures of central tendency): 이는 데이터의 '중심'이 어디에 있는지를 나타낸다.
  - 예시: 시험 점수 데이터를 고려해 보자. 평균, 중앙치, 최빈치 등 중심 경향치 지표를 사용하여 학생들의 성적수준에 대해 이해할 수 있다.
- 산포도(measures of dispersion): 데이터의 값들이 얼마나 퍼져 있는지를 나타낸다.
  - 예시: 표준편차나 분산을 통해 점수 데이터의 분포가 얼마나 퍼져 있는지 확인할 수 있다. 분산이 작으면 대부분의 학생이 비슷한 점수를 받았음을 나타내고, 분산이 크면 점수가 다양하게 분포되어 있음을 나타낸다. 교사는 보통 분산이 작은 학생 성적의 분포를 원할 것이다.
- 빈도분석(frequency analysis): 범주형 변인의 각 카테고리나 범주가 얼마나 자주 발생하는지를 나타낸다.
  - 예시: 학년, 성별, 지역 등 범주형 변인의 빈도분석을 통해 학급 내 학년별 학생 수, 성별 비율, 지역별 분포 등을 파악할 수 있으며 성적을 그룹

핑하여 90점대에 몇 명, 80점대에 몇 명이 있는지 파악하여 성적에 대한 전체적인 윤곽을 확인할 수 있다.

2) 이원통계

이원통계(bivariate statistics)분석은 두 변인 간 혹은 두 개 이상의 변인이 한 개의 변인에게 영향을 주는지를 확인하기 위해 사용되는 분석기법이다. 단순히 두 변인, 가령 키와 몸무게 간의 상관관계계수만 이원통계기법이 아니고 성(gender)과 교육방법(instructional method)이 학업성취에 미치는 영향을 이원변량분석(two way ANOVA) 방식으로 수행하였다면 이 또한 이원통계분석이라고 할 수 있다.

종속변인은 1개이나 독립변인은 1개 혹은 그 이상이 되어도 이원통계분석으로 보는 것이 이해가 쉬울 것이다. 일원통계분석에서 각 변인의 특징을 파악하였다면 다음으로 변인과 변인의 관계성이나 특정 변인이 특정 변인한테 어느 정도의 영향력이나 설명력을 가지고 있는지 파악해야 하는 것이 이원통계분석이다.

이원통계분석의 대표적인 통계방법으로는 t검증(t-test), 변량분석(ANOVA), 상관계수(correlation), 회귀분석(regression), 카이자승방법, 공분산분석(covariate analysis)과 같은 통계검증과 더불어 빈도와 퍼센트를 중심으로 한 교차테이블(cross table), 변인과 변인의 값을 이용한 산포도(plot)와 같은 것도 해당한다. 다음의 예시는 각각의 분석기법에 대한 표와 간단한 해석을 제시한다.

• t 검증: 남학생 그룹과 여학생 그룹의 진로적응력의 진로관심 비교(N=1297)

다음 표는 t검증 결과를 나타내고 있다. 남학생과 여학생 평균비교에 대한 t값은 자유도 1295에서 −1.29이고 p-value[1]=.1968이므로 영가설 '남학생 그

1) p-value: 제1종 오류를 지지하기 위한 확률로, .05보다 작을 때 95% 유의수준에서 영가설을 기각한다.

룹의 평균과 여학생 그룹의 평균은 같다'가 기각되지 않고 두 그룹 간에 차이가 없다고 결론 내린다.

성	평균(표준편차)	t값	p-value
남학생	3.82(.66)	−1.29	.1968
여학생	3.86(.60)		

• **변량분석: 학년에 따른 진로적응력의 진로관심 비교**

다음 표는 각 학년에 따라 진로적응력의 진로관심에 대한 평균, 표준편차, F값과 p-value를 제시하고 있다. 영가설 '학년 간 진로관심의 평균에는 차이가 없다'에 대한 F−값 3, 1293 자유도에서 9.53이며 p-value<.0001이므로 영가설은 기각이 되고 '학년 간 차이가 발생한다'라고 결론짓는다. 여기서 다중비교(multiple group comparisons)는 최소유의차 방식(least significant difference: LSD)으로 수행하고 그 결과 값도 제시하고 있다. '1학년과 3, 4학년 그리고 2학년과 3, 4학년 간에 진로관심에 대한 평균이 차이가 있다'고 할 수 있다.

학년(사례수)	평균(표준편차)	F−값	p-value		1	2	3	4
1학년(436)	3.78(.63)	9.53	<.0001	1				
2학년(371)	3.76(.64)			2				
3학년(234)	3.91(.64)			3	*	*		
4학년(256)	3.99(.61)			4	*	*		

note: * p= <.05

• **상관관계:** 진로적응력 하위요소와 사회적후원, 학교생활만족도, 전공관련성 간 관련성의 강한 정도를 파악하고 수렴타당도 및 판별타당도를 확인하고자 수행. 상관관계 및 유의도 결과는 다음 표에 제시되어 있다. 진로관심, 진로통제, 진로호기심, 진로자신감 간에는 .45~.61 상관계수를 제시하고 있고 나머지도 .21~.50의 상관계수 크기를 제시하고 있다. 모

든 상관계수는 정적상관(positive correlation)이며 99% 수준에서 유의성이 있다. 진로적응력 하위요인(관심, 통제, 호기심, 자신감)에는 수렴타당도가 어느 정도 있는 것으로(r=.45 이상) 해석할 수 있으며 동시에 전체적으로 판별타당도(r=.80 이하)가 있다고 해석한다.

	관심	통제	호기심	자신감	후원	만족도	관련성
진로관심	1.00						
진로통제	.505**	1.00					
진로호기심	.525**	.454**	1.00				
진로자신감	.507**	.477**	.608**	1.00			
사회적후원	.298**	.210**	.335**	.341**	1.00		
학교생활만족도	.386**	.277**	.396**	.427**	.502**	1.00	
전공관련성	.388**	.331**	.307**	.378**	.432**	.426**	1.00

note: ** p= <.01

- **회귀분석**: 대학생의 생활만족도가 진로관심, 진로통제, 진로호기심, 사회적후원, 전공관련성에 의해 예측가능한가에 대한 다중회귀분석이다. 다음은 회귀분석을 수행한 변량분석(ANOVA) 결과와 각회귀계수에 대한 유의도, 그리고 다중공선성 결과이다.

변인	회귀계수	표준화 회귀계수	t-값	p-value	tolerance	F/p-value
절편	.39	.14	2.77	.01	.	
진로관심	.13	.11	3.76	.00	.59	
진로통제	−.02	−.02	−.57	.57	.66	
진로호기심	.13	.10	3.29	.00	.55	126.49/<.00
진로자신감	.19	.15	4.93	<.00	.54	
전공관련성	.14	.17	6.30	<.00	.71	
사회적후원	.32	.32	12.54	<.00	.76	

note: R^2=.37

상기 결과로부터 '대학생의 생활만족도=.39+진로관심(.13)+진로통제(−.02)+진로호기심(.13)+진로자신감(.19)+전공관련성(.14)+사회적후원(.32)'은 F값이 6, 1290자유도에서 126.49, p−value=<.00이므로 받아들인다. 이 중 유의성이 없는 계수는 진로통제 −.02이며 나머지 회귀계수는 t값에 의해 유의성이 있다. 표준화 회귀계수의 크기를 고려한다면 사회적후원이 대학생 생활만족도에 가장 영향을 준다고 볼 수 있다. 각 변인과 다중공선성은 모두 tolerance 값이 0.1보다 크므로 발생하지 않았다. 마지막으로 상기 회귀식으로부터 약 37%의 대학생 생활만족도의 변량이 설명된다.

- **카이자승**: 학년과 진로결정여부(미결정, 결정)에 관한 이원테이블과 독립성 검증

다음은 각 학년과 진로결정여부에 대한 빈도 및 퍼센트(행 기준)의 이원테이블 결과를 제시하고 있다.

진로결정 / 학년	미결정(%)	결정(%)	합계(%)
1	220(50.46)	216(49.54)	436(33.62)
2	174(46.90)	197(53.10)	371(28.60)
3	104(44.44)	130(55.56)	234(18.04)
4	71(27.73)	185(72.27)	256(19.74)
합계	569(43.87)	728(56.13)	1297(100)

note: 카이제곱(Chi-square), 자유도 3=36.17, p-value=<.0001

'영가설: 학년과 진로결정여부 간에는 관계성이 없다(독립적이다)'는 카이제곱=36.17, p-value가 .0001보다 작으므로 기각된다. 따라서 학년과 진로결정여부는 관계성이 있다고 결론 내린다. 카이자승은 관계성이 있는지 없는지만 알려 주고 그 크기는 알려 주지 않는다. 4학년이 1학년에 비해 결정퍼센트가 높은 것처럼 보이나 확증적으로 말할 수 없다. 비모수통계로서의 제한점이 나타나는 사례이다.

3) 다변인통계

다변인통계(multivariate statistics)분석은 다양한 정의가 존재하며, 다원적 통계분석이라고도 한다. 다변인이란 두 개 이상의 변인을 말한다. 즉, 두 개 이상의 변인이 독립변인과 종속변인에 존재하여 통계분석이 진행되는 것을 말한다. 여기서 주의할 것은 두 개 이상의 독립변인과 한 개의 종속변인이 연구모형에 삽입되어 통계분석이 이루어졌다면 그것은 다변인통계기법이 아니라고 할 수 있다. 즉, 앞에서 변량분석(ANOVA)의 기법 중 2개의 독립변인(예: 성과 교육방법)과 하나의 종속변인(학업성취도)이 연구모형에 삽입되었다면 이는 이원변량분석으로 다변인통계분석 기법이 아니다.

다중회귀분석(multiple regression)도 다변인통계분석이라고 할 수 없다. 여러 개의 독립변인과 한 개의 종속변인 간 선형관계식(linear relationship equation)을 만들어 내는 것이므로 다중이라는 용어가 사용되지만 이원변량분석과 마찬가지로 다수의 독립변인과 한 개의 종속변인의 관계성을 제시하므로 엄밀히 말해서 다변인통계분석이라고 할 수 없다. 다변인통계분석의 조건은 다음과 같다.

첫째, 다변인통계분석은 독립변인과 종속변인 모두 두 개 이상이어야 한다(독립변인의 경우는 최소 1개 이상). 즉, 독립변인도 여러 개이지만 종속변인도 두 개 이상으로 구성된 조합이 이뤄져 수행되는 통계분석이다. 독립변인이 하나이나 종속변인이 여러 개 있다면 그것도 다변인통계분석이라고 할 수 있다. 가령, 독립변인이 교육방법 하나이고 종속변인이 학습성과로 두 개의 종속변인(학업성취도, 학습만족도)으로 구성되어 온라인 교육방법의 평균 벡터(학업성취도, 학습만족도), 오프라인 교육방법의 평균 벡터(학업성취도, 학습만족도), 즉 평균 벡터를 비교하는 다원변량분석(MANOVA)은 다변인 분석이기 때문이다.

둘째, 다원통계분석은 세트와 세트의 관계성을 분석하는 기법이다. 독립변인이 여러 개이므로 하나의 세트가 되고 종속변인도 여러 개로 구성되어 하나의 세트가 되므로 이러한 세트와 세트 간의 관련성을 통계적으로 처리하고 분석하는 기법이 다변인통계분석이다. 가령, 식물을 성장시키는 요인으로 온도, 빛, 강수량이 있고 식물의 성장결과는 뿌리, 줄기, 잎의 크기로 본다면 성장요인과 성장결과라는 두 개의 세트가 있고 이러한 세트와 세트의 상관관계를 내는 것이 다중정준상관계수(canonical correlation coefficient)이기 때문이다. 세트와 세트 간의 관계성을 동시(simultaneous)적으로 해석하고 분석하려고 하는 기법이 다원적 통계분석이다. 즉, 단순 변인과 변인의 관계성보다는 더 포괄적이고 통합적으로 관계성을 확인하고자 하는 기법이라 할 수 있다.

셋째, 다원통계라는 것은 변인의 수가 아니라 여러 변인이 모여 가중치를 가진 조합의 형태(weighted combinations of variables)이다. 새로운 변인이 발생하여 이러한 잠재변인으로 실제로 측정되지 않은 변인과 변인과의 관계성을 살펴보는 것이다. 새로운 변인은 영어로 variable보다 variate라는 단어를 사용하며 variate는 여러 변인이 조합, 특히 선형조합(linear relationship)으로 결합되어 생긴 변인이다.

예를 들면, 판별점수(discriminant score)는 여러 독립변인의 세트로부터 새롭게 발생한 선형조합 변인의 값이다. 이러한 판별점수를 만들어 내는 판별함수식으로 발생된 판별점수는 원래 한 개체가 가지고 있던 값이 아닌 가상의 점수이다.

다원적 관계 분석은 연구문제의 복잡성을 다루는 데 도움이 되며, 변인 간의 상호작용과 복합적인 영향을 이해하는 데 필수적인 통계적 기법 중 하나이다. 실제로 다원적 통계분석을 수행하는 구체적 이유는 두 가지 때문이다. 첫 번째는 제1종 오류(type I error)를 통제하기 위함이다. 많은 변인을 동시에 삽입하여 제1종 오류를 조절하기 때문에 좀 더 정확하고 신뢰성이 있는 통계 기반의 추론이 가능하다.

두 번째는 전반적(overall)이고 동시적인 효과를 검증하기 위함이다. 개별적인 변인의 효과를 확인한다면 개별 변인 각각을 별도로 분리하여 해석을 내려야 한다. 그러나 연구자가 알고 싶은 종속변인세트나 종속변인 전체를 동시에 독립변인세트나 독립변인 개별들로부터 어느 정도 영향을 받고, 어느 정도 관계성이 있는지를 알게 된다면 좀 더 통합적인 해석이 가능해진다. 나아가 통합적인 것을 확인하고 개별적으로 관계성을 쪼개거나(decomposition) 분리한다면 좀 더 인과관계에 대한 논리적인 결론 도출이 가능해지기 때문이다.

다음은 다변인통계분석에서 주로 사용되는 통계기법의 간단한 설명과 예시이다.

(1) 다변인 다중회귀분석

다변인 다중회귀분석(multivariate multiple regression analysis)은 두 개 이상의 독립변인으로 발생한 세트와 종속변인도 두 개 이상으로부터 발생한 세트 간의 회귀식을 만들어 세트가 미치는 영향력을 확인하고 영향력이 있다고 하였을 때 단일 다중회귀분석을 수행한다. 가령, 대학생의 진로준비(career preparation)라는 종속변인이 두 개, 즉 진로탐색활동(career exploration)과 진로결정과정(career decision making)으로 구성되었다고 하자. 그리고 진로적응력 하위요인(진로관심, 진로통제, 진로호기심, 진로자신감), 대학생활 만족도, 사회적 후원으로 독립변인 7개가 있다고 하자. 영가설은 각 독립변인으로부터 종속변인 진로탐색활동과 진로의사결정과정에 대응하는 베타회귀계수 행렬(1×2 vector)은 0이라는 것이다.

$$H_0: \underset{\sim}{\beta_1} = \underset{\sim}{\beta_2} = \underset{\sim}{\beta_3} = \underset{\sim}{\beta_4} = \underset{\sim}{\beta_5} = \underset{\sim}{\beta_6} = \underset{\sim}{\beta_7} = 0$$

만약 이 영가설이 기각되면 진로준비와 관련된 종속변인들인 진로탐색활동과 진로결정과정에 대한 독립변인들의 회귀선이 동일한지를 검증하고, 회귀선 기울기가 다르다고 할 때 진로탐색과 진로결정과정을 분리하여 각각 일반 다중회귀분석을 두 번 수행한다.

(2) 다변량 분산분석

다변량 분석(multivariate analysis of variance: MANOVA)은 한 개 이상의 독립

변인 그룹이 두 개 이상의 종속변인에 미치는 효과를 분석한다. 일반적으로 앞의 다변인 다중회귀분석과 마찬가지로 종속변인은 크게 하나의 같은 개념을 구성하는 하위요인으로 설정하면 바람직하다. 가령, 학습성과는 학업성취도와 학습만족도, 진로적응력은 네 가지 하위요인, 즉 진로관심, 진로통제, 진로호기심, 진로자신감, 디지털 리터러시는 인지적영역리터러시, 정의적영역리터러시, 운동기능적영역리터러시로 구성하는 것이다.

만약 '학년에 따라 진로적응력이 차이가 있나'를 확인하고자 변량분석을 하면 각 학년마다 네 개의 종속변인 평균 벡터(4×1)가 있을 것이다. 학년이 4개라면 1학년 평균 벡터, 2학년 평균 벡터, 3학년 평균 벡터, 4학년 평균 벡터를 동시에 같은지 다른지 비교하면 된다. 만약 평균 벡터가 다르다고 결과가 나오면 각 학년별로 각각의 종속변인 4개에 대해 별도의 일원변량분석을 수행한다.

(3) 판별분석

판별분석(multivariate discriminant analysis)은 여러 독립변인을 이용하여 선형조합의 판별함수식을 만들어 분석하는 기법이다. 각 표집개체들의 판별함수식 기반의 판별점수가 생성되면 종속변인 그룹의 판별점수평균(z centroid)이 차이가 있는지를 확인하는 분석방법이다. 예를 들면, 대학생의 진로결정 판별점수를 다음과 같이 판별함수식으로 구할 수 있다.

Z(discriminant score) = 1.628(career concern) + .361(career control)
− .826(career curiosity) + .289(career confidence) + .053(social support)
+ .149(major relevance) − .221(university life satisfaction)

이러한 판별함수식으로부터 진로미결정 그룹의 평균 Z값과 진로결정 그룹의 평균 Z값이 차이가 있을 때 판별식을 받아들이고, 각각의 독립변인에 대한 영향력을 판별요인계수(discriminant loadings)과 같은 것으로 확인한다.

최종적으로 판별함수식이 실제 미결정과 결정 그룹의 사례수를 얼마나 정확하게 판별하는지를 판별분석 분류행렬표(classification matrix)로 제시하고 분류 오류 퍼센트(error count estimates)를 제시한다.

(4) 정준상관계수분석

정준상관계수분석(canonical correlation coefficient analysis)은 다중회귀분석과 상관관계분석의 확장이라고 볼 수 있다. 다중회귀분석의 경우 여러 독립변인 X들과 하나의 종속변인 Y의 선형조합을 만드는 것이나, 정준상관계수분석은 여러 독립변인 X들로부터의 세트를 만들고 여러 종속변인 Y들로부터 세트를 만들어 그들 간의 관계성을 분석하는 것이다. 단순상관계수(simple correlation)와 다중상관계수(multiple correlation)는 종속변인이나 독립변인이 1개인 정준상관의 특별한 케이스(special case)이다.

사실 단순과 다중상관계수는 어느 것이 독립변인이고 어느 것이 종속변인인지 정확하게 설정할 필요가 없다. 다중회귀분석에서 종속변인이 정해지고 설명계수는 만들어지지만 애초에 상관계수는 관련성의 방향(positive or negative)과 강도(magnitude)만 제시하는 것이지 어느 것이 종속이고 독립인지는 굳이 설정할 필요가 없는 것이다. 대개 종속변인을 설정하는 다른 다변인 분석과 약간의 차별성이 발생한다.

판별분석과 마찬가지로 여러 개의 독립변인으로부터 함수식을 만들어 새로운 점수를 만들고 동시에 여러 개의 종속변인으로부터 역시 함수식을 만들어 새로운 점수를 만듦으로써 이들 간에 상관관계를 제시하고 유의성을 확인한다. 그러고 나서 어떠한 실제 변인이 각각의 새로운 점수 변인에 어느 정도 영향을 미치는지 분석을 수행하는 것이다.

(5) 요인분석

요인분석(factor analysis)은 다른 다변인 분석과 같이 변인과 변인 간의 방향성이나 영향력을 확인하는 것이 아니다. 원래의 측정변인 값을 가지고 새로운 변인, 보통은 잠재변인(latent variable) 또는 요인(factor)을 만들어 그 요인으로부터 실제 측정변인이 어느 정도 영향을 받는지 표준화 회귀계수 또는 요인점수(factor loading)의 값을 산출하고, 각 측정변인에 대한 변량이 이러한 요인으로부터 얼마나 설명되는지를 확인하는 방식이다.

요인분석은 결국 이러한 요인들과 실제 측정변인 간의 선형관계성을 제시함으로써 변인의 구조를 확인하고자 수행되는 방식이다. 요인분석으로 각 측정변인의 구조(dimension)를 축약(reduce)할 수 있다. 즉, 요인분석은 다수의 관찰변인을 소수의 요인으로 묶는 방식이라고 할 수 있다. 반대로 유사하게 실제 다수의 개체(표집개체)를 소수의 공통된 특성의 개체로 축약하는 것은 군집분석(cluster analysis)이다. 호랑이, 표범, 살쾡이 등을 하나의 공통된 생물과에 집어넣는 방식은 군집분석으로 이루어지는 결과이다.

요인분석의 예를 들면, 진로적응력이라는 보이지 않는 커다란 잠재변인 또는 요인이 있고, 4개의 하위요인(진로관심, 진로통제, 진로호기심, 진로자신감)과 24개의 측정아이템이 있다고 할 때, 각 하위요인이 6개의 측정아이템과 연결되어 있다면 이는 요인분석으로 묶인 결과이다. 또한 4개의 하위요인도 그 위의 진로적응력이라는 상위의 요인과 연결되어 있을 것이다.

(6) 경로분석

경로분석(path analysis)은 다중회귀분석의 연장이다. 다중회귀분석은 여러 독립변인과 한 개의 종속변인을 이용하여 다중회귀식을 생성함으로써 분석하지만, 경로분석은 종속변인이 여러 개 있는 경우(즉, 여러 다중회귀식을 발생) 동시에 다중회귀식을 수행하여 그 결과 값을 설정된 모형 안에 제시하고 그 모형 안에서 각 독립변인과 종속변인에 대한 관계성을 동시에 살펴보는 방식이다. 경로분석을 통해 직접적인 효과와 다른 변인을 통해서 영향력을 가지는 간접 효과 또는 매개 효과까지 검증할 수 있다.

가령, 학업성취도라는 종속변인이 있을 때 독립변인으로 부모의 관심도, 사교육비를 설정하고 중간에 학습시간이라는 매개변인을 삽입하면 부모의 관심

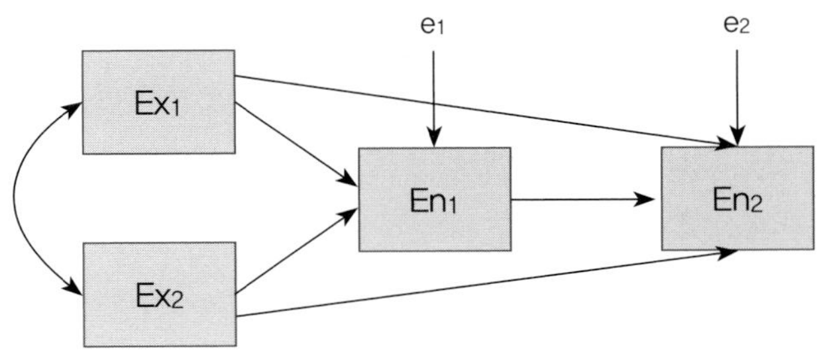

[그림 11-1] **전통적인 경로모델**

도, 사교육비, 학습시간이 학업성취도에 미치는 직접적인 효과를 확인함과 동시에 부모의 관심도와 사교육비가 학습시간을 경유해 학업성취도에 미치는 간접적인 효과도 확인할 수 있다. 이러한 직접 효과와 간접 효과를 더할 경우 총효과로 좀 더 실증적인 인과관계를 확인할 수 있다.

[그림 11-1]은 전통적인 경로모델을 보여 주고 있다. Ex_1은 부모의 관심도, Ex_2는 사교육비, En_1은 학습시간, En_2는 최종 종속변인인 학업성취도이다. 부모의 관심도와 사교육비는 다른 변인으로부터 영향을 받지 않는 독립변인이며, 두 변인 간에 화살표는 상관관계가 존재하는 것을 의미한다. 부모의 관심도와 사교육비는 학습시간(En_1)과 학업성취도(En_2)에 직접적으로 영향을 미치는 동시에 학습시간을 거쳐서 학업성취도에도 간접적으로 영향을 미치는 것으로 설정되었다. 학습시간은 학업성취도에 직접 영향을 미치는 변인이며 동시에 앞의 두 변인의 매개변인이다. e는 학습시간과 학업성취도에 영향을 미치나 모델에 포함되지 않는 변인들의 영향력인 오차변량을 나타낸다.

(7) 구조방정식모형 분석

구조방정식모형은 쉽게 생각하면 요인분석과 경로분석을 합쳐 놓은 것이라 할 수 있다. 각 측정변인과 잠재변인의 요인구조를 측정모형에서 확인하고, 설정된 잠재변인과 잠재변인 간의 구조적 관계성을 구조모형에서 확인하는 방식이다. 구조방정식모형은 일반 사회과학에서 인과관계성을 실험 대신 가장 잘 설명할 수 있는 통계기법이다. 그러나 맹목적인 구조방정식모형 분석보다는 인과관계설정이 무엇보다도 중요하다.

구조방정식모형 분석(structural equation modeling analysis: SEM analysis)도 결국 통계적 기법으로 실증적 인과관계를 밝히는 것은 통계기법을 넘어선 통합적인 인과관계설정과 그 영향을 해석하는 것에 의해 가능하기 때문이다. 그리고 각종 가정요건과 수리적인 이해 없이 사용하는 것은 해석에 어려움을 발생시킬 것이다. 가령, 구조방정식모형 분석에 모델인정(model identification)은 매우 중요한 절차인데 이에 대한 이해가 부족하고 검증도 하지 않은 것이 많다는 지적도 있다. 실제로 어느 논문에서는 모델인정의 단계를 건너뛰고 수행된 연구가 전체 연구에서 1/10이나 된다고 지적하고 있다.

[그림 11-2]는 구조방정식모형의 최종 결과이다. 여기서 타원 안에 있는 변인이 하나의 잠재변인(latent variable)이고 네모 안에 있는 것이 실제로 측

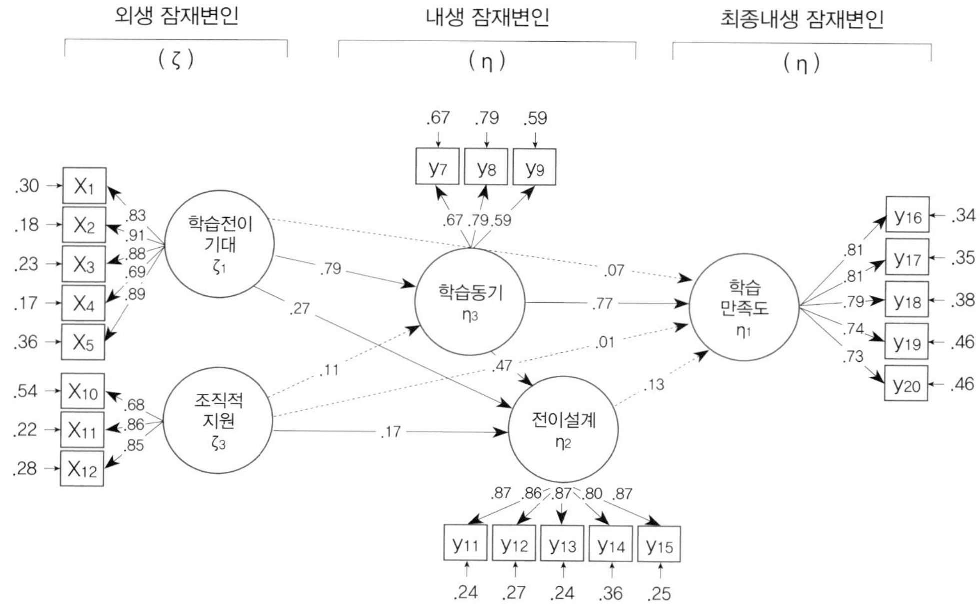

[그림 11-2] 구조방정식 모형의 최종 결과

출처: 박성열. 윤홍희. (2023). 대학 평생교육원 학점은행제 미용(뷰티)학과 학생의 학습만족도 관련 변인 간 구조모형분석. 농업교육과 인적자원개발, 55(2), 71-94.

정한 측정변인(observed variable) 또는 측정아이템(measurement item)이며 각 수치는 순서적으로 에러변량(error variance: Delta and Epsilon), 요인점수(factor loading: Lambda x and Lambda y), 표준화 회귀계수(standardized beta coefficient: Gamma and Beta)이다.

제12장

데이터 해석의 일반적 절차

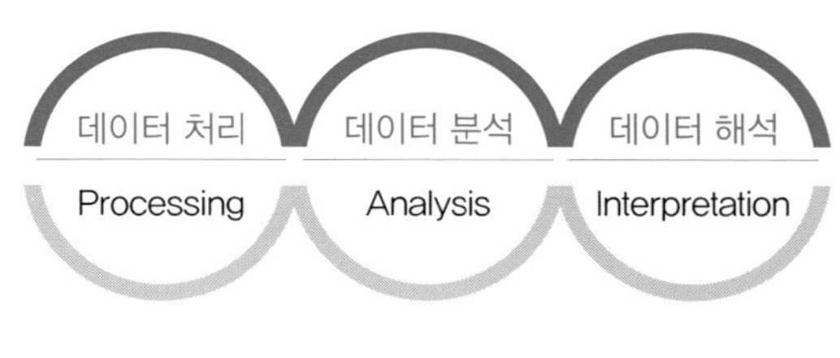

① 데이터 코딩
② 데이터 입력 확인
③ 데이터 결측치 및 이상치 확인
④ 기술통계치 산출
⑤ 기본적인 경향 파악
⑥ 타당도 및 신뢰도확인
⑦ 상관계수 확인
⑧ 가정요건 검증
⑨ 데이터의 최종 분석 및 해석

구조방정식모형 분석 절차

자료 수집 → 모델 명세화 → 모델 인정 → 모수 수정 → 적합도 평가 → 모델 수정

데이터 해석은 다양한 정보 원천으로부터 생성된 데이터(설문지, 온라인 데이터 플랫폼, 자동응답, 인터뷰 등)를 수집한 후, 이를 적절한 방법으로 가공 · 처리한 뒤 분석하여 데이터기반의 실증적인 해석을 도출하는 과정을 의미한다. 이는 주로 통계적 데이터(statistical data)의 처리(processing), 분석(analysis), 해석(interpretation)의 연속된 절차로 진행된다. 데이터 해석 방법은 연구자마다 달라질 수 있으며 표준 프로토콜이나 정해진 방식은 없다. 이는 연구를 수행하는 연구자의 능력 및 배경, 가용자원, 그리고 연구의 주제나 목적에 따라 해석 방식이 유연하게 조정될 수 있기 때문이다.

그러나 데이터를 해석하기 위한 표준적인 프로세스가 존재한다. 예를 들어, 구조방정식모형(structural equation model: SEM)을 적용한 분석방법에는 자료수집(data collection), 모형 및 변인관계 설정(model specification), 모델 인정(model identification), 모수추정(parameter estimation), 모형의 적합도검증(goodness of fit test), 모형수정(model modification)이 일반적으로 적용된다(Weston & Gorer, 2006). 이러한 구조방정식모형 분석의 절차 이외에도, 흔히 일상적으로 적용되며 보편적으로 활용할 수 있는 데이터 분석 및 해석 기법에 대해 소개하면 다음과 같다.

1. 데이터의 형태 확인

데이터의 형태를 확인하는 첫 단계로서, 원천인 설문지(체크리스트, 온라인 설문 등)의 구성 부분을 살펴본다. 대부분 설문지는 연구자가 연구를 수행하는 데 필요한 종속변인과 독립변인을 측정하기 위한 다수의 측정아이템(관찰변인: observed variables, measurement items)으로 구성되어 있을 것이다.

예를 들어, 하나의 잠재변인(latent variable)인 진로적응력(career adaptability)이라는 구성개념(construct)이 있다고 가정해 보자. 이 구성개념에는 4개의 하위구성개념(sub factors)이 있으며, 각각은 진로관심(career concern), 진로통제(career control), 진로호기심(career curiosity), 진로자신감(career confidence)으로 명명된다. 이러한 하위구성개념을 측정하기 위해 하위구성개념별로 6개씩 총 24개의 측정아이템이 사용되었다. 또한 이 외에도 관련된 다른 변인들이 있다고 하자. 예를 들어, 사회적지원(social support)을 측정하는 데 5개의 측정아이템을 사용하고, 대학생활 만족도(university life satisfaction)를 측정하는 데 3개의 측정아이템을 사용했으며 또한 전공관련성(major relevance)을 측정하기 위해 3개의 측정아이템을 사용하였다. 이 모든 정보는 Part I에 작성한다.

Part II는 조사 대상자인 응답자의 일반적인 정보를 확인하는 부분이다. 이 부분은 다양한 개인적인 사항을 수집하기 위한 것이며, 성별, 학년, 전공, 진로선택 관련 정보 획득 경로, 취업(진로) 결정 우선적 요인, 그리고 진로 취업 여부로 구성되어 있다. 〈표 12-1〉은 이러한 형태의 데이터 수집을 위한 설문지 구성이다.

〈표 12-1〉 **설문지 구성 명세표**

변인	문항 (측정아이템) 개수	측정척도
진로적응력	24개(각 하위 요인 6개)	1점 매우 아니다~5점 매우 그렇다 라이커트 타입 5점 척도
사회적지원	5개	1점 매우 아니다~5점 매우 그렇다 라이커트 타입 5점 척도
대학생활만족도	3개	1점 매우 아니다~5점 매우 그렇다 라이커트 타입 5점 척도
전공관련성	3개	1점 매우 아니다~5점 매우 그렇다 라이커트 타입 5점 척도
성별	1개	남(1) 여(2) 이분명명척도(dichotomous nominal scale)
학년	1개	1학년~4학년 선택형 서열척도(ordinal scale)
전공	1개	인문, 사회, 자연, 공학, 예체능, 기타 명명척도

진로취업관련정보 획득원천	1개	학교행정관련기관, 사설취업관련기관, 정부 및 공공기관, 학과선배, 교수, 친구 및 동료, 부모, 기타 선택형 명명척도
진로결정우선요인	1개	연봉(보상체계), 안정성(정년포함), 근무환경, 적성 및 흥미, 평판 및 이미지(인정지위), 향후 발전가능성, 담당직무, 전공적절성, 상사나 관련자로부터 통제정도 선택형 명명척도
진로결정유무 (status)	1개	결정 안 했음(1), 결정 중임(2), 결정했음(3) 서열척도로 인정

만약 이와 같은 폐쇄형(close question) 방식이 아니라 개방형(open ended) 방식으로 측정이 이루어진다면 그에 따른 형태를 파악하고 점수를 부여하는 방식을 결정해야 한다. 〈표 12-2〉는 개방형인 경우 데이터의 기본 형태를 파악하는 개괄적인 표이다.

〈표 12-2〉 **개방형 데이터 명세표**

변인	측정문항	측정도구척도
성	당신의 성은?	체크형 남성( ) 여성( ) 명명척도로 남성 1, 여성 2로 데이터 코딩
나이	당신의 나이는? ( )	자율기입형 등간척도 삽입된 그대로 데이터 코딩
소득	당신의 일 년 소득액은? ( )	자율기입형 등간척도 삽입된 그대로 데이터 코딩
위기요소 (risk factor)	현재 조직문화에 부정적으로 영향을 주는 심각한 요인은 무엇이라 생각하는가?	자율기입형 정성적 문항 클러스터화하여 정략적으로 코딩 가능

데이터 형태의 확인은 다음과 같은 세 단계로 수행되어야 한다.

첫째, 변인이 양적(qualitative)인가 질적(qualitative)인가를 확인한다. 만약 질적 변인이라면 그 측정을 수치화하여 측정하고 있는가 아니면 단어나 문장으로 측정하고 있는가를 확인한다. 대부분 질적 변인은 양적인 데이터로 변환할 수 있으며 수적인 데이터로 코딩이 되어야 데이터 처리가 가능하다. 질적 변인의 경우 모두 더미 처리(dummy coding)를 하여야 하며 더미 처리하여 양적 데이터가 되었다고 해서 그것이 특별한 서열이나 순위가 발생하는 것은 아니다. 다만 데이터 형태를 질적에서 양적으로 전환만 하는 것이다. 가령, 상기 표에서 성별의 경우 남성(1), 여성(2)로 코딩을 해야 데이터 처리가 용이하다.

원래 더미 코딩은 그룹(category)의 수 −1의 입력 칼럼을 가진다. 즉, 남성, 여성 그룹의 수가 2이므로 2−1인 1의 칼럼을 가지고 그 칼럼에 1이나 2의 값을 기입한다. 0이나 1의 값을 기입해도 똑같다. 다만 0의 값을 삽입하는 경우 결측치로 오해할 수 있으므로 가능한 0의 값을 배제하는 것이 바람직하다. 세 그룹인 경우 2개의 더미변인, 즉 2개의 칼럼이 필요하다. 예를 들어, 지역이 3개라면 00(서울) 01(경기) 11(부산)이라고 코딩한다. 더미 코딩은 주로 범주형 데이터의 수치화에 활용되며, 각 범주에 대한 이진 변수를 생성하여 통계적 분석에 유용하게 활용된다.

둘째, 변인이 양적인지 질적인지에 따라 원 데이터인지 더미 데이터인지 확인한 후, 이어서 측정아이템이나 측정도구의 수를 점검한다. 측정도구의 수를 확인하는 것은 나중에 타당도와 신뢰도를 고려하여 특정 아이템을 수정하거나 제거하는 데 사용하기 위함이다.

셋째, 측정척도에 부여된 실질적인 값(value)을 확인한다. 예를 들어, 당신의 진로결정 유무를 묻는 설문지에서 결정하지 않았다(1), 결정 중이다(2), 결정하였다(3)로 데이터 값이 부여되었다면, 이러한 값을 미리 코딩할 때 결정하지 않은 것을 1로 할지, 아니면 3으로 할지 결정하고 이를 확인하는 것이다. 또한 원 데이터가 결정하였다(1), 결정 중이다(2), 결정하지 않았다(3)로 설계되었다면, 나중에 이 값을 역코딩(inverse)하는 것이 필요하다. 이러한 측정도구는 관점에 따라 명명척도 또는 서열척도일 수 있다. 진로 결정이 단순히 그룹으로 유형화될 수 있는 경우에는 명명척도로 간주될 수 있으며, 진로 결정의 과정이 서열화되어 결정하지 않았다(1), 결정 중이다(2), 결정하였다(3)로 표현되는 경우에는 높은 값이 긍정적인(positive) 점수로 해석될 수 있다. 이러한 확인은 추후 통계분석에 중요한 영향을 미치므로 분명한 결정이 필요하다.

넷째, 측정아이템이 부정문으로 구성되어 있다면 부정적인 값을 모두 긍정적인 값으로 역코딩하거나 특정 프로그램에서 명령문을 사용하여 점수를 치환해야 한다. 예를 들어, 변수 x가 '나는 컴퓨터가 유용하지 않다고 생각한다'라는 부정문으로 측정된 경우, 1점은 '매우 아니다', 2점은 '아니다', 3점은 '중간이다', 4점은 '그렇다', 5점은 '매우 그렇다'로 측정된다면, 1점을 5점으로, 2점을 4점으로 역코딩하거나 통계 프로그램에서 명령문(예: 6−x로 변환하는 명령문 삽입)을 사용하여 전환해야 한다. 그렇지 않을 경우 데이터 해석이 혼란스러워지며, 다른 측정아이템과 연관하여 신뢰도를 산출하면 당연히 그 값은 낮게 나온다. 따라서 부정문으로 측정된 아이템이 어떤 것이 있는지, 그리고 해당 아이템에 어떤 값(value)을 부여했는지를 확인해야 한다.

2. 데이터의 입력 확인

대부분의 경우, 데이터 입력은 두 가지 방식으로 이루어질 것이다. 첫째는 온라인이나 컴퓨터상에서 연구자의 직접적인 코딩 없이 자동으로 데이터가 생성되는 방식이며, 둘째는 연구자나 연구를 의뢰한 사람이 직접 데이터를 입력하는 방식이다. 어떤 방식을 사용하든, 기본적으로 데이터는 Excel 형식으로 입력하는 것이 좋다. 이는 Excel 형식으로 입력된 데이터는 대부분의 통계분석 프로그램에서 손쉽게 임포팅되어 사용할 수 있으며, Excel 자체에 내장된 통계분석 기능을 활용하여 필요한 분석을 수행할 수도 있기 때문이다.

Excel에서 코딩된 데이터를 특정 통계 프로그램에 불러와 통계 처리하기 전에, Excel 시트에서 첫 번째 행에 있는 변인명과 그 아래에 있는 원본 자료가 매치되는지 확인하는 것이 필요하다. 또한 시트의 마지막 행에 있는 데이터와 원래 응답자료가 일치하는지도 확인해야 한다. Excel 시트의 마지막 행의 숫자는 전체 사례 수보다 하나 더 클 것이다. 이는 첫 번째 행이 변인 행이기 때문에, 예를 들어 100명의 응답자가 있다면 101번째 행에 데이터가 입력되어 있을 것이다.

Excel Sheet에서 특별한 오류가 없다고 판단했다면, 특정 통계 프로그램에서 Excel 데이터를 임포팅한 후에도 오류가 발생하는지 확인해야 한다. 일반적으로 전체 사례 수에서 약 2% 정도의 데이터를 무작위로 선택하여, 실제 데이터와 특정 프로그램에서 읽어 온 데이터가 일치하는지 확인한다. 예를 들어, Windows SAS 프로그램을 사용할 때, 전체 데이터 중 약 2%를 선택하여 SAS 프로그램에서 불러온 데이터와 원래 Excel 데이터가 일치하는지 확인한다. [그림 12-1]은 Excel의 원본 데이터와 SAS 프로그램에서 불러온 데이터의 상위 4개를 비교한 것이다.

A1 | fx cern1

	A	B	C	D	E	F	G	H	I	J	K	L
1	cern1	cern2	cern3	cern4	cern5	cern6	trol1	trol2	trol3	trol4	trol5	trol6
2	4	5	4	5	1	5	5	5	5	5	5	5
3	3	3	3	2	3	3	3	3	3	3	3	3
4	4	3	4	2	3	4	4	4	4	3	4	4
5	3	3	3	3	3	3	2	3	4	3	3	3

OBS	cern1	cern2	cern3	cern4	cern5	cern6	trol1	trol2
1	4	5	4	5	1	5	5	5
2	3	3	3	2	3	3	3	3
3	4	3	4	2	3	4	4	4
4	3	3	3	3	3	3	2	3
5	5	5	4	4	4	5	4	5
6	3	2	3	3	4	5	4	5
7	5	5	5	4	5	4	3	5
8	4	4	4	4	4	4	3	4

OBS	trol3	trol4	trol5	trol6	curi1	curi2	curi3	curi4
1	5	5	5	5	5	5	4	4
2	3	3	3	3	3	3	3	4
3	4	3	4	4	4	4	4	3
4	4	3	3	3	3	3	3	3
5	5	5	5	5	4	5	4	3
6	5	5	5	4	4	4	4	3
7	4	2	4	5	5	2	4	4
8	4	4	4	4	4	4	4	4

[그림 12-1] Excel의 원본 데이터와 SAS 프로그램에서 불러온 데이터의 상위 4개 비교

3. 데이터의 결측치와 비정상 데이터 확인

결측치는 주로 두 가지 이유로 발생한다. 첫째는 응답자가 특정 항목에 대해 응답하지 않은 경우이며, 둘째는 데이터를 입력할 때 실수로 값이 누락된 경우이다. 어떤 경우든 결측치에 대한 적절한 처리가 필요하다.

일부 데이터에서 결측치가 작고 표집크기가 큰 경우, 몇몇 무시해도 될 정도라면 소수의 결측치는 중요하지 않을 수 있다. 그러나 결측치 비율이 최소 10%를 넘는다면, 결측치에 대한 처리가 필수적이다. 다음 그림은 응답자가 응답하지 않은 결측치를 보여 주는 것이다. 성별(sex, n=1297)은 결측치가 없지만 전공(major, n=1295)은 응답하지 않은 응답자가 2명 있다. 누적 빈도의 차이가 있지만, 특별한 패턴이나 크지 않은 수치로 인해 이러한 결측치는 무시해도 될 것이다.

sex	빈도	백분율	누적 빈도	누적 백분율
1	692	53.35	692	53.35
2	605	46.65	1297	100.00

major	빈도	백분율	누적 빈도	누적 백분율
1	142	10.97	142	10.97
2	244	18.84	386	29.81
3	545	42.08	931	71.89
4	179	13.82	1110	85.71
6	106	8.19	1216	93.90
7	79	6.10	1295	100.00

결측값 빈도 = 2

결측치의 발생 여부를 확인할 때 크기와 패턴을 파악하는 것이 기본이다. 무선적으로 발생한 결측치의 경우 소수인 경우에는 특별한 문제가 없다고 봐도 무방하다. 무선적으로 발생하는 결측치는 보통 두 가지 주요 형태가 있다.

첫째는 단순무작위 결측치(missing at random)로서, 이 경우 한 변인의 값이 다른 특정 변인(x)에 의존하고 다른 변인(y)에 의존하지 않고 발생하는 결측치이다. 두 번째인 완전무작위 결측치(completely missing at random)는 특정 변인의 값이 x 변인과 다른 y 변인 모두에 의존하지 않고 발생하는 결측치이다.

이와 달리 특정 변인(x)에 결측 데이터가 없는데 변인(y)에 많은 결측치가 있는 경우, 혹은 그 반대인 경우는 패턴이 발생한 것으로 간주한다. 이런 패턴을 발견할 때, 특정 변인에서 민감한 개인적인 정보와 관련된 결측치가 의도적으로 발생한 것으로 해석할 수 있다. 결측치의 크기가 작고 패턴이 없으면 무시할 수 있다. 그러나 패턴이 있다면 이를 고려하여 적절한 대응이 필요하다.

가장 일반적인 대응 방법은 결측치가 있는 개체(observations)를 아예 삭제하여 데이터 세트에서 제거하는 것이다. 데이터 세트에서 근본적으로 제거하기에는 아깝게 특정 변인에 소수의 결측치만 있다면 그 결측치에 대체 값을 부여하여 데이터를 사용한다. 평균, 최빈치, 정규화된 점수(예: 정준점수), 또는 요인 분석 등을 활용하여 결측값을 대체할 수 있다. 평균은 데이터 세트의 대표적인 중심 경향을 나타내므로 대체 값으로 사용할 수 있으며, 가장 빈도가 높은 값인 최빈치(mode)도 사용할 수 있다. 더 정교한 대체 방법은 주성분 분석(principal component analysis)이나 요인분석(factor analysis)을 통해 생성된 정준점수나 요인점수를 활용하여 결측치를 대체하는 것이다.

결측치가 많고 특정한 패턴이 나타나는 경우, 먼저 결측치가 발생한 그룹과 일반 그룹 간에 t-검정을 수행하여 두 그룹 간에 유의한 차이가 있는지 확인하는 것도 필요하다. 만약 유의한 차이가 나타난다면 좀 더 신중하게 처리해야 한다.

결측치가 발생한 그룹이 특정 성향을 보인다면, 해당 그룹에 대해 별도의 추론과 해석이 필요할 수 있다. 이러한 경우, 결측치 그룹과 일반 그룹을 분리하여 각각에 대한 처리와 해석을 실시하는 것이 바람직하다.

마찬가지로, 결측치 그룹이 아닌 경우에도 늦게 응답한 그룹(late respondent group)과 조기에 응답한 그룹(early respondent group) 간에 t-검정을 수행하여 두 그룹 간에 유의한 차이가 있는지도 확인한다.

만약 두 그룹 간에 유의한 차이가 나타나면, 각 그룹에 대해 별도의 해석이나 추론이 필요할 수 있으며, 각 그룹을 분리하여 개별적인 분석을 수행한다. 반대로, 두 그룹 간에 유의한 차이가 없다면 이러한 그룹을 합쳐서 분석할 데이터 세트를 구성하여 전체적인 데이터 해석을 진행한다.

이상치(outliers)는 일반적으로 원 데이터에서 다른 데이터보다 극단적으로 높거나 낮은 값을 가지는 점수를 나타낸다. 예를 들어, 대부분의 점수가 3점에 분포하고 있는데 몇몇 사람의 점수가 5점인 경우에 극단치로 볼 수 있다. 이상치인 극단치와 달리 애초에 비정상적인 데이터(abnormal data)도 있다. 비정상 데이터란 이상치와 달리 잘못 코딩되거나 처리된 데이터로서 측정 범위를 넘어선 값 등을 의미한다. 예를 들어, 데이터의 범위가 1부터 5점인데 6점이 측정된 경우에 해당된다. 이러한 비정상 데이터를 확인하는 방법으로 각 측정 항목의 최댓값(maximum score), 최솟값(minimum score), 평균 등을 확인하여 측정 범위(range)를 벗어난 데이터를 찾을 수 있다.

다음 그림에서 진로관심(cern)의 1번과 2번이 최댓값인 6으로 코딩된 것을 확인할 수 있다. 이는 특정 개체나 개체들이 최댓값을 벗어나서 나타난 사례이다. 이 경우 6점으로 코딩된 데이터를 찾아 원자료와 확인하여 코딩 오류를 수정하거나, 원자료의 확인이 어려운 경우 평균값 등으로 대체하는 방법을 사용하여 데이터를 처리할 필요가 있다. 최솟값이 1.4로 측정된 것은 특정 개체의 값이 6이기 때문에 발생한 것으로 보인다.

MEANS 프로시저

변수	N	평균	표준편차	최솟값	최댓값
cern1	1297	3.9992290	0.8179125	1.0000000	6.0000000
cern2	1297	3.9714726	0.8305251	1.0000000	6.0000000
cern3	1297	3.6553585	0.8574948	1.0000000	5.0000000
cern4	1296	3.5578704	0.9356350	1.0000000	5.0000000
cern5	1297	3.6700077	0.8672555	1.0000000	5.0000000
cern6	1297	4.3168851	0.7529572	1.0000000	5.0000000
cernsum	1297	3.8397841	0.6343724	1.4000000	5.0000000

4. 기술통계치 산출과 기본적인 경향 파악

한 변인이 여러 측정아이템으로 구성되어 측정된 경우, 총합점수(summated scale score)를 산출하여 사용해야 한다. 예를 들어, 진로적응력의 하위요인인 진로관심은 6개의 측정아이템으로 이루어져 있으므로, 이를 기반으로 6점에서 30점의 범위를 가지는 총합점수를 생성할 수 있다. 이 총합점수는 각 측정아이템의 점수를 합산한 후 6으로 나누어 변환하고 1~5점의 총합점수로 다시 변환해야 한다. 이러한 변환은 보통 1~5점의 범위에 익숙하기 때문에 이루어지며, 추후 데이터 분석 및 경향 파악이 용이하도록 도움을 준다. 예를 들어, 앞의 그림에서 진로관심총합점수(cernsum)는 SAS에서 다음과 같이 생성될 수 있다.

cernsum = (cern1 + cern2 + cern3 + cern4 + cern5 + cern6) / 6; 또는 cernsum = mean(of cern1−cern6);

이렇게 함으로써 각 응답자의 진로관심 총합점수를 얻을 수 있다. 이러한 총합점수 생성은 대부분의 라이커트 타입 척도에서 필수적으로 이루어져야 하는 과정이다.

두 번째로 총합점수가 생성되었다면, 각 변인 중 등간척도(interval scale) 이상의 변인은 평균, 표준편차, 최댓값, 최솟값 등의 기술통계(descriptive statistics)를 계산하여 각 변인의 집중경향(central tendency)과 데이터의 분산(variance)을 파악한다. 라이커트 타입 척도는 원래 서열척도(ordinal scale)이지만, 등간척도(interval scale)로 간주하여 처리하는 경우가 많기 때문에 기술통계를 활용하여 중요한 통계적 특성을 이해하는 것이 중요하다.

기술통계를 통해 각 변인의 평균값을 확인하여 데이터의 중심 경향을 이해하고, 표준편차를 통해 데이터가 얼마나 분산되어 있는지를 파악할 수 있다. 또한 최댓값과 최솟값을 통해 데이터의 범위를 확인하여 극단적인 값이나 이상치가 있는지도 검토할 수 있다.

이러한 기술통계(descriptive statistics)는 추후 통계분석을 수행할 때 중요한 참고 자료가 된다. 추리통계(inferential statistics)로 가설검증이나 모수추정을 수행하기 전에 기술통계를 통해 데이터의 특성을 잘 이해하는 것이 중요하며, 분석 결과를 해석할 때도 기술통계를 바탕으로 데이터의 특성을 고려하여 해석해야 한다.

추리통계에 이르기 전에 기술통계를 통한 집중경향 파악이 중요한 선행 단계이다. 기술통계에 대한 심도 있는 분석이 없으면 추후에 추리통계를 기반으로 한 데이터 해석은 의미가 없을 것이다. 각 변인의 경향을 파악하는 것은 내가 가지고 있는 데이터의 특징을 이해하고자 하는 데 중요하다. 이러한 경향 파악은 나중에 변인과 변인 간의 관계를 이해하는 데 도움이 되며, 데이터 전체의 특성을 이해하는 데 도움을 준다.

기술통계인 평균과 표준편차는 데이터를 이해하는 데 가장 흔히 사용된다. 특히 서열척도 이상의 데이터인 경우에는 반드시 이러한 통계량들을 산출해야 한다. 평균을 사용할 때는 어떤 점수 척도(points scale)를 사용했는지 파악해야 한다. 예를 들어, 5점 척도와 7점 척도가 있을 때, 5점 척도의 중간점은 3점이고 7점 척도의 중간점은 4점이다. 평균을 해석할 때는 항상 중간점을 기준으로 삼는 것이 바람직하다. 중간점수를 넘어섰을 때 태도의 경우는 긍정적으로 해석한다. 5점 척도에서 변인의 값이 4점을 넘으면 어느 정도 긍정적이라고 할 수 있으며, 4.5점을 넘을 경우 매우 긍정적으로 해석할 수 있다. 반면, 7점 척도의 경우 6점을 넘으면 대체로 높은 것으로 해석하고, 4점에 가까우면 보통 수준으로 해석할 수 있다.

편차도 중요한 기술통계치로, 주로 표준편차를 산출하여 제시한다. 편차가 클수록 데이터는 좀 더 이질적이며, 변량이 많아서 이질적인 데이터 세트(heterogenous data)로 간주된다. 따라서 표준편차가 작은 경우, 동질적인 데이터(homogenous data) 세트로 간주된다. 예를 들어, 5점 척도의 경우 표준편차가 1.5를 넘으면 문제가 있다고 보며, 대부분의 경우 표준편차가 1에 가까우면 동질적인 데이터 세트로 간주한다. 7점 척도의 경우 표준편차가 2를 넘어서면 이질적인 데이터 세트로 간주할 수 있다.

변인의 집중경향을 파악하는 순서는 조사연구라면 원 설문지에 작성된 순서대로 파악하는 것이 바람직하다. 일반적으로는 독립변인에서 종속변인 순서로 데이터를 해석하는 것이 좋다. 특히 명명척도나 서열척도인 경우에는 기술통계치로 빈도(frequency)와 퍼센트(percentage)를 산출하여 확인해야 한다. 앞에서 제시된 성(sex)과 전공(major) 외에도 다른 변인이 조사되었다면 이를 제시하는 것이 바람직하다. 다음은 학년에 대한 빈도와 퍼센트에 대한 기술통계치이다.

year	빈도	백분율	누적 빈도	누적 백분율
1	436	33.62	436	33.62
2	371	28.60	807	62.22
3	234	18.04	1041	80.26
4	256	19.74	1297	100.00

성, 학년, 전공 등과 관련한 데이터를 제시하는 이유는 여러 목적이 있다. 첫째는 데이터 세트가 전체 모집단(population)을 대표(representativeness)한다는 것을 입증하기 위해서이다. 학년의 분포를 살펴보면 1학년이 많지만, 전반적으로 3, 4학년의 비율도 전체 사례 수를 고려할 때 각각 약 20%에 육박하여 데이터 세트가 어느 정도 대표성을 가지고 있음을 입증할 수 있다. 둘째는 추후 추리통계분석을 수행할 때 데이터를 그룹화하기 위한 것이다. 학년에 따른 진로적응력의 차이를 분석하려면 데이터를 그룹으로 나누어야 한다. 셋째는 중요한 변인의 경향과 순위를 확인하기 위함이다. 예를 들어, 진로를 결정하지 않은 사례(decision=1)와 결정한 사례 수(decision=2)의 비율을 확인하여 전반적인 경향을 파악할 수 있다. 다음 그림에서 진로를 결정하지 않은 그룹이 전체의 43.87%로 많은 비율을 차지한다는 것을 확인할 수 있다. 이러한 데이터 분석은 중요한 결론을 도출하는 데 도움이 된다. 다음은 연구에서 가장 중요한 진로 결정의 유무에 대한 빈도와 백분율이다.

decision	빈도	백분율	누적 빈도	누적 백분율
1	569	43.87	569	43.87
2	728	56.13	1297	100.00

진로나 취업결정의 우선순위를 연봉 및 보상체계(1), 근무환경(2), 안정성 및 정년(3), 평판 및 인정지위 이미지(4), 담당직무(5), 향후 발전가능성(6), 적성 및 흥미(7), 전공적절성(8), 상사나 관련자로부터 통제(9)의 순서로 조사하였다. 이에 따라 적성 및 흥미(37.78%)가 가장 높은 우선순위를 차지하고 있으며, 그다음으로 연봉 및 보상체계(18.35%)가 높은 순위를 나타내고 있다. 반면에 전공적절성(1.54%)은 가장 낮은 우선순위를 갖고 있다. 이러한 순위를 나타낼 때 주의할 점은, 높은 순위의 요소들을 상위 2~3개로, 낮은 순위의 요소들을 하위 2~3개로 제시하여 데이터의 경향을 파악하고 향후 인과적인 측면에서 왜 이러한 결과가 나왔는지 확인해야 한다는 것이다. 만약 이와 똑같은 측정도구로 수년 전에 조사된 데이터가 있으면 종단적으로 비교하는 것도 필요하다.

priority	빈도	백분율	누적 빈도	누적 백분율
1	238	18.35	238	18.35
2	166	12.80	404	31.15
3	162	12.49	566	43.64
4	53	4.09	619	47.73
5	72	5.55	691	53.28
6	94	7.25	785	60.52
7	490	37.78	1275	98.30
8	20	1.54	1295	99.85
9	2	0.15	1297	100.00

추가로 인종적인 정보를 분석할 때 교차테이블(cross table)을 생성하여 분석하는 것도 바람직하다. 예를 들어, 학년과 진로 결정 간의 관계를 살펴볼 때, 고학년이 진로를 결정하는 비율이 높을 수 있으므로 학년에 따른 진로 의사결정 비율을 확인할 필요가 있다. 다음 그림에서는 학년이 높을수록 진로 의사결

정을 많이 하는 경향이 있으며, 저학년일수록 진로를 결정하지 않은 비율이 높음을 알 수 있다. 뿐만 아니라 카이제곱 검정을 통해 학년과 진로 의사결정 간의 관련성이 확인되었다.

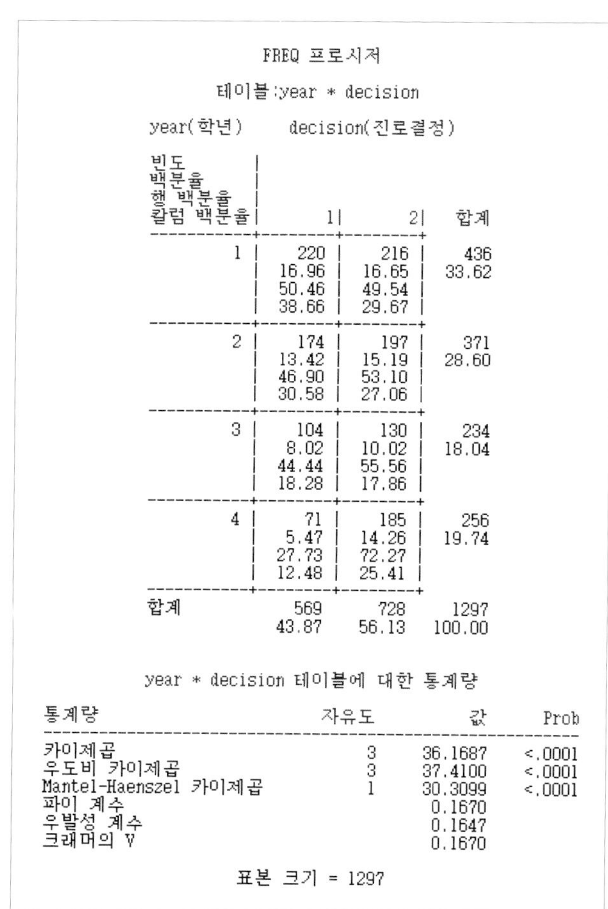

FREQ 프로시저

테이블:year * decision

year(학년) 빈도 백분율 행 백분율 칼럼 백분율	decision(진로결정) 1	 2	합계
1	220 16.96 50.46 38.66	216 16.65 49.54 29.67	436 33.62
2	174 13.42 46.90 30.58	197 15.19 53.10 27.06	371 28.60
3	104 8.02 44.44 18.28	130 10.02 55.56 17.86	234 18.04
4	71 5.47 27.73 12.48	185 14.26 72.27 25.41	256 19.74
합계	569 43.87	728 56.13	1297 100.00

year * decision 테이블에 대한 통계량

통계량	자유도	값	Prob
카이제곱	3	36.1687	<.0001
우도비 카이제곱	3	37.4100	<.0001
Mantel-Haenszel 카이제곱	1	30.3099	<.0001
파이 계수		0.1670	
우발성 계수		0.1647	
크래머의 V		0.1670	

표본 크기 = 1297

5. 타당도 확인

기술통계치를 계산하고 데이터 세트의 대표성과 일반적 경향을 이해한 뒤, 세부적인 분석과 해석을 위한 첫 번째 단계는 타당도(validity) 확인이다. 타당도를 확인하는 방법은 여러 가지가 있으며, 앞의 타당도와 신뢰도 부분에서 설명하였기 때문에 여기서는 간략하게 다루겠다.

타당도를 확인하는 과정에서 언어적 타당도를 먼저 확인하고, 구성개념과 측정 항목이 표준화되어 알려진 경우 확인적 요인분석(confirmatory factor analysis: CFA)을 수행하는 것이 적절하다. 새로운 구성개념을 만들거나 많이 검증되지 않은 구성개념의 경우에는 탐색적 요인분석(exploratory factor analysis: EFA)을 수행하는 것이 적절하다. 그러나 최근에는 이렇게 기능적으로 구분하기보다는 적용된 통계방법(예: 추출 방법, 회전 방법, 요인 결정 방법 등)의 선택을 중시하는 경향이 있으며, 두 방식의 경계선도 모호해지고 있다. 또한 탐색적 요인분석으로 어떻게 구성개념과 측정아이템이 연결되어 있는지를 살펴보고 난 뒤, 확인적 요인분석으로 측정아이템과 구성개념의 관계, 즉 요인점수 혹은 표준화된 회귀계수 등을 산출하는 방법도 많이 사용된다.

다음은 전공적절성(major relevance; rele1-3), 진로 결정에 대한 사회적 후원(social support; social2-5), 학교 생활 만족도(university life satisfaction; satis1-3)에 대한 타당도를 나타내는 요인 점수이다. Factor1은 전공적절성, Factor2는 사회적 후원, Factor3은 대학 생활 만족도를 적절하게 묶어 보여 주고 있다.

The FACTOR Procedure
Rotation Method: Varimax

Orthogonal Transformation Matrix

	1	2	3
1	0.62622	0.58616	0.51407
2	-0.77472	0.54186	0.32588
3	-0.08753	-0.60233	0.79344

Rotated Factor Pattern

	Factor1	Factor2	Factor3
rele3	0.77999	0.16396	0.25933
rele2	0.77708	0.19813	0.13750
rele1	0.75612	0.22367	0.20786
social4	0.28915	0.64012	0.16259
social3	0.11835	0.62740	0.17061
social5	0.19264	0.60515	0.28249
social2	0.09863	0.50595	0.24568
satis2	0.19359	0.23393	0.70677
satis3	0.18230	0.19872	0.55574
satis1	0.17517	0.31757	0.51207

Variance Explained by Each Factor

Factor1	Factor2	Factor3
2.0298067	1.7368009	1.3956550

Final Communality Estimates: Total = 5.162263

social2	social3	social4	social5	satis1	satis2	satis3	rele1	rele2	rele3
0.32607294	0.43674285	0.51980281	0.48311146	0.39374631	0.59172883	0.38157327	0.66494538	0.66201436	0.70252433

6. 신뢰도 확인

타당도가 어느 정도 확인된다면 각종 신뢰도(reliability) 계수를 산출하여 신뢰도를 검증한다. 최근에는 보통 두 개 이상의 신뢰도 계수를 제시하는 경향이 있다. 예를 들어, 내적 일치도인 Cronbach's 알파 계수와 구성 신뢰도(composite reliability or construct reliability: CR)를 함께 제시하며, 평균 분산 추출 지수(average variance extracted: AVE)를 제시하기도 한다. 평균 분산 추출 지수는 신뢰도뿐만 아니라 수렴타당도(convergent validity)를 평가하는 지표로 사용된다. 〈표 12-3〉은 측정 항목의 평균, 요인적재량, 내적 일치도, 개념 신뢰도, 평균 분산 추출 지수를 나타내는 것이다. 알파계수는 .7, CR값은 0.6보다, AVE값은 보통 .5보다 큰 값이 일반적으로 요구된다.

〈표 12-3〉 **측정변인 평균, 요인 적재치, 신뢰도 계수의 예**

변인	관찰 변인(측정도구)	평균 (SD)	요인 적재치	내적 일치도 (α)	개념 신뢰도 (CR)	평균분산 추출지수 (AVE)
학습 전이 기대	나는 교육과정에서 학습한 내용들로 인해 실제 미용 관련 역량이 향상될 것이다.	5.45 (1.04)	.83	.94	.94	.75
	나는 교육과정에서 학습한 내용들을 실제 미용(뷰티) 관련 업무에 많이 적용할 것이다.	5.32 (1.06)	.91			
	나는 교육과정에 참여하고 난 뒤 동료나 지인들로부터 나의 실제 미용(뷰티) 관련 업무수행이 향상되었다는 이야기를 듣게 될 것이다.	5.21 (1.21)	.88			
	나는 미용(뷰티) 관련 업무수행 시 발생될 문제에 있어 학습한 내용을 많이 적용할 것이라 생각한다.	5.26 (1.09)	.69			
	교육과정에서 학습한 내용들을 미용(뷰티) 관련 업무에 적용할수록 나의 업무능력이 향상되고 다른 동료와 차별화될 것이다.	5.48 (1.11)	.89			

7. 상관계수 확인

기술통계치를 계산하여 집중경향과 분산의 정도를 확인한 후에 해야 할 단계는 상관계수 행렬(correlation coefficient matrix)을 생성하여 각 변인 간의 상관 정도를 확인하는 것이다. 상관계수는 추리통계로 오해할 수 있지만, 상관계수 자체는 기술통계에 해당하며, 상관계수의 유의성 검정(significance test)은 추리통계의 영역에 속한다. 다시 말해, 상관계수는 변인 간 관계의 방향(direction)과 그 강한 정도(magnitude)를 파악하는 데 사용되는 기술통계이다.

상관계수 행렬은 대개 삼각형 형태로 제시된다. 이는 각 변인과 자기 자신의 상관관계는 항상 1이기 때문에 대각선(diagonal)에 해당하는 부분이 1로 표기되고, 대칭적인(symmetric) 구조를 띠기 때문이다. 상관계수 행렬을 통해 변인 간 상관관계를 확인하는 것은 상관의 방향[양수(+) 또는 음수(−)]으로부터 시작하여 그 크기, 즉 강도를 확인한 후 유의성을 검정하는 것이다. 이를 통해 상관관계의 패턴과 강도를 파악할 수 있다.

〈표 12-4〉는 교사들의 ICT리터러시 간의 상관관계를 나타내는 상관계수 행렬이다. 모든 상관계수가 양수(positive relationship)를 나타내고 있어서 서로 양의 상관관계를 가지고 있음을 알 수 있다. 특히 가장 높은 상관관계는 ICT활용가치와 ICT활용수업의도 간에 나타나며, 교사들은 ICT활용가치를 높게 평가하고 있고 이러한 가치가 결국 수업의도와 매우 강한 관련성(very strong)을 가지고 있음을 보여 준다(r=.81). 반면에 가장 낮은 상관관계는 ICT리터러시운동기능적영역과 ICT환경 간에 나타나며(r=.23), 이러한 관계는 약한(weak) 정적 상관이라고 할 수 있다.

이러한 순위와 상관관계를 확인하고 나면 각 상관계수의 유의성을 평가하여야 한다. **로 표시된 것은 유의성이 있는 것을 의미한다. 여기서 모든 상관계수 위에 **이 있으므로 이는 통계적으로 의미 있는 상관관계임을 나타낸다. 참고로 *이 하나인 경우는 $p < .05$ 유의수준을 의미한다.

〈표 12-4〉 상관계수 행렬

변인	COG	AFF	PSY	VAL	ENV	INT
ICT리터러시인지적영역(COG)	1.00					
ICT리터러시정의적영역(AFF)	.588**	1.00				
ICT리터러시운동기능적영역(PSY)	.664**	.244**	1.00			
ICT활용가치(VAL)	.609**	.703**	.255**	1.00		
ICT환경(ENV)	.634**	.598**	.228**	.648**	1.00	
ICT활용수업의도(INT)	.640**	.725**	.252**	.812**	.651**	1.00

**$p < .01$

출처: 박성열 외. (2019). 특성화고등학교 교사의 ICT 활용수업의도와 관련변인 연구. 농업교육과 인적자원개발, 51(4), 27-43.

상관계수의 특성 중 표집크기에 따라 상관의 정도가 영향을 받지 않고(유의도는 표집크기에 영향받음), 측정단위와는 관계가 없으며(예: 온도 화씨나 섭씨가 같음), 표집단위가 일정해야 한다(중학교와 고등학교는 단위가 다름)의 원칙은 관계성 파악에도 적용되어야 한다. 이에 더하여 상관계수 행렬을 통해 각 변인 간 판별타당도(discriminant validity)를 확인할 수 있으며(.85 이하 요구), 수렴타당도(convergent validity)도 확인할 수 있다(.50 이상 요구). 판별과 수렴은 서로 반대되는 개념이다. 상관관계 계수가 너무 크면 다중공선성(multicollinearity)의 위험이 있음을 이 단계에서 확인할 수 있다.

〈표 12-4〉로 미루어 보아 ICT리터러시의 하위영역 중에서 인지적, 정의적, 운동기능적 영역은 대체로 높은 상관계수를 보여 수렴타당도 측면에서 적절한 것으로 판단된다. 반면, ICT활용가치와 ICT활용수업의도는 r=.81로 높은 상관관계를 갖고 있어 판별타당도에 문제가 될 가능성도 있다. 이는 경험의 법칙(rule of thumb)에 의하면 .85보다 작기 때문에 사용할 수 있으나, 추후 다중공선성을 확인할 필요가 있다.

8. 각 변인의 가정요건 검증

데이터에 대한 타당도와 신뢰도를 확인한 이후에는 본 추리통계분석에 앞서 각 데이터에 대한 가정을 검증하는 것이 중요하다. 특히 모수통계(parametric statistics)는 비모수통계(nonparametric statistics)보다 변인이나 분석에 필요한 가정 검증이 더 필요하다. 특정 통계분석 방법, 예를 들어 다변인통계(multivariate statistics)를 사용하는 경우에는 해당 분석방법과 관련하여 추가적인 가정 검증(다변인정규분포성)이 필요할 수 있다.

〈표 12-5〉는 일반적인 통계분석, 예를 들어 t검증, F검증, 회귀분석 등에서 고려해야 할 검증 사항을 나타낸다. 마지막으로, 다변인통계분석에서 필요한 다변인정규분포성 검증에 대해서도 다루고 있다. 이에 대한 검증은 연구 상황에 맞게 선택적으로 진행하되, 정규분포성은 가능한 모든 데이터 분석에서 한 번쯤 검토하는 것이 추천된다. 모든 검증 사항을 만족시키는 것은 어려울 수 있으므로 연구의 특성과 상황을 고려하여 검증을 진행하고 필요에 따라 수정

하는 것이 좋다.

〈표 12-5〉 **통계분석에서 고려해야 할 사항**

조건검증	통계항목 및 방법	통계치 및 형태 등
정규분포성(normality)	왜도(skewness) 첨도(kurtosis) Shapiro-Wilk Q-Q플롯	0에 가까움 요구 0에 가까움 요구(SAS는 원점수에서 -3을 하고 표기됨) p>.05 표집크기에 민감 선형형태로 45도에 걸쳐 있음
변량동질성(homogeneity)	t-검증 시(equality of variance test)	F에 대한 p-value>.05
변량동질성 무선성(randomness) 정규분포성(normality)	회귀분석 및 일반 다변인분석 시 표준화 잔차 생성 및 플롯으로 확인	=3~-3 범위의 표준화 잔차 무작위로 찍힘 변량의 폭도 일정함 특별한 패턴이 없음
독립성 및 자기상관 (independence & auto correlation)	표준화 잔차와 각 변인 예측치 등 플롯 Durbin-Watons' D	특별한 패턴이나 S-curve나 U-curve 형태 없음 2에 가까움 요구
선형성(linearity) 영향치(influential data)	표준화 잔차 플롯이나 편회귀 플롯(partial regression plot)을 찍어 패턴 파악	표준화 잔차 플롯은 앞에 확인 편회귀 플롯은 직선 45도 경향 요구 편회귀 플롯에서 45도 선 벗어난 데이터 확인
이상치(outlier)	표준화 잔차 확인 Cooks' D	-.25~.25 범위 요구 D<1 요구
다중공선성 (multicollinearity)	각 변인 간의 상관관계 분산확대요인(VIF) 잔여분산(tolerance)	.35~.80 요구 VIF<=10 요구 Tol=>.10
다변인정규분포성 (multivariate normality)	Mahahalnobis D^2/Chi-square quantile plot	45도에 가깝게 찍히는 것 요구

9. 데이터의 최종 분석 및 해석

데이터에 대한 검증 단계를 마친 후에는 추리통계적인 분석이 필요하다. 이러한 분석 및 해석은 연구의 목적, 연구문제 또는 연구가설과 일치하는 순서로 수행되어야 한다. 순서가 일치하지 않으면 논리성과 가독성(readiness)이 떨어질 수 있기 때문이다.

최종 분석에서는 설정된 연구가설의 검증 결과를 먼저 제시하는 것이 중요하다. 만약 가설이 기각되지 않은 경우에는 분석을 그 지점에서 멈추고, 해당 결과에 대한 이유를 추론하고 논의하는 것이 적절하다. 예를 들어, 남학생과 여학생의 진로적응력에 차이가 없다는 가설이 기각되지 않은 경우, 해당 지점에서 분석을 중지하고 그 결과에 대한 이유를 추론한다.

분석 결과가 유의하다면, 먼저 방향성을 확인하는 것이 중요하다. 가령, 상관관계의 경우, 상관관계가 양인지 음인지 확인한 후, 각 변인의 영향력을 살펴보고, 계수의 강도를 확인한다. 어떤 변인이 가장 큰 영향력을 가지고 있는지, 그다음으로 어떤 변인이 큰 영향력을 가지는지 확인한다. 동시에 변인의 영향력이 가장 낮은 것들도 확인하며, 이때 부적 관계성도 포함하여 살펴본다.

일반적으로 약 15개 정도의 관계성이 있는 경우 상위 3개와 하위 3개 정도의 영향력 크기를 확인한다. 10개 정도의 경우에는 상위 2개와 하위 2개 정도가 적절하며, 이를 통해 데이터 내의 주요 영향을 가지는 요소들을 파악할 수 있다.

데이터 분석은 일반적으로 넓은 범위에서 시작하여 좁은 범위로 점차적으로 이동하는 방식으로 수행된다. 예를 들어, 다변량분석(MANOVA) 결과가 유의한 Wilks' Lambda 값을 보인다면 각 일원변량분석(one-way ANOVA)을 수행하고, 여기서 일원변량분석의 F값이 유의하다면 Duncan의 다중범위검증(multiple range test)이나 최소유의차(least significant difference: LSD)와 같은 다중 그룹 비교(multiple group comparison) 분석을 진행한다. 그런 다음, 각종 효과크기(effect size)와 함께 조정된 평균(adjusted mean: least square meann) 등을 최종적으로 제시한다.

다중회귀분석에서는 먼저 F-검정을 통해 전반적인 모델의 유의성(overall goodness of fit test)을 판단하고, 유의한 경우 각 독립변수의 부분회귀계수(partial regression coefficient)의 유의성을 확인한다. 이후에는 비표준화(unstandardized)된 부분회귀계수를 중심으로 다중회귀식을 제시하고, 설명계수 R^2을 통해 모델의 설명력을 나타낸다. 각 부분회귀계수의 영향력을 표준화 베타계수 등을 통해 평가하고, 필요한 경우 모델의 수정을 위해 변인 선택 및 모델 수정을 변인증가법(forward), 변인감소법(backward), 변인증감법(stepwise) 등을 선택하여 수행한다. 보통 변인증감법을 많이 사용하나 수리적으로는 변인감소법이 더 적절하다.

다변인 분석 기법인 판별분석이나 정준상관분석도 유사한 방식으로 전체적인 유의성을 확인하고, 유의할 경우 관련 선형식을 제시하며, 각 계수의 크기와 영향을 분석한다. 이후 최종적으로 예측률이나 설명력을 제시하여 모델의 적절성을 나타낸다. 데이터기반의 최종 해석은 전체 범위에서부터 좁은 범위로 진행되어야 한다. 또한 데이터의 최종 해석은 기존의 선행 연구결과나 연구자의 기대와 부합하는지 여부를 확인하고, 부합 여부에 대한 원인을 밝혀야 한다. 이러한 접근은 데이터기반의 실증적 검증(empirical verification)을 의미하며, 유의한 결과만을 제시하는 것이 아니라 데이터 처리 및 분석 결과에 기반한 이유 제시가 실증적 연구(empirical study)로 간주될 수 있다.

때로는 해석을 하는 과정에서 고차원으로 갈수록, 원래의 연구문제나 연구가설과는 별개로 중재변인(intervening or mediating variable)의 효과나 간접 효과(indirect effect)를 파악해야 할 때도 있다. 또한 예기치 않은 상호작용 효과(interaction effect)를 확인할 필요성도 제기될 수 있다. 이러한 경우, 별도의 섹션을 마련하여 심도 있는 추가 분석 결과를 제시해야 한다. 즉, 원래의 데이터 처리, 분석 및 해석과는 별개로 추가적인 데이터 해석이 요구될 수 있다.

연구윤리와
참고문헌 인용
교육연구방법론
제5부
제13장 연구윤리 및 참고문헌

제13장

연구윤리 및 참고문헌

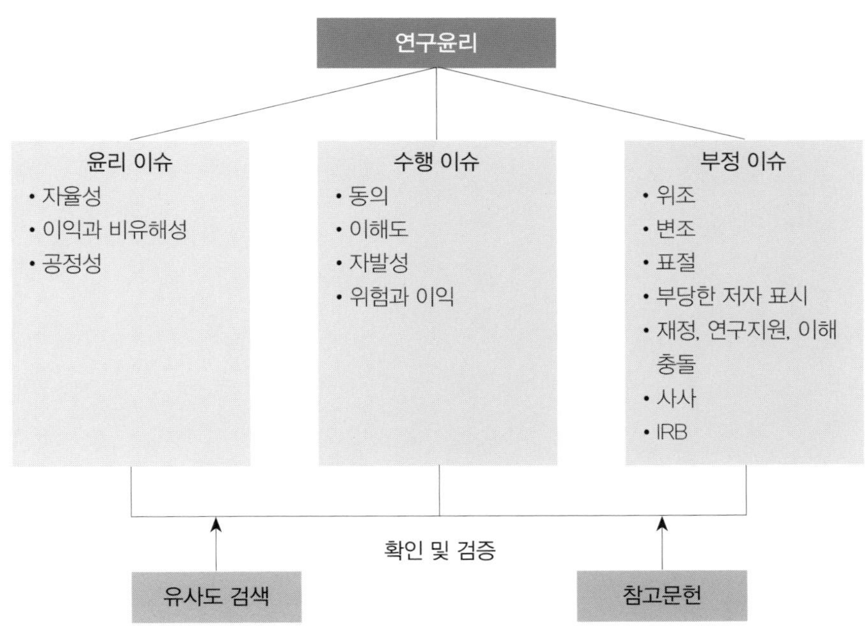

연구윤리
윤리 이슈
• 자율성
• 이익과 비유해성
• 공정성
수행 이슈
• 동의
• 이해도
• 자발성
• 위험과 이익
부정 이슈
• 위조
• 변조
• 표절
• 부당한 저자 표시
• 재정, 연구지원, 이해 충돌
• 사사
• IRB
확인 및 검증
유사도 검색
참고문헌

연구윤리는 연구자가 연구를 계획(design), 수행(implement), 보고(report)하는 과정과 그에 따라 발생하는 결과물 생성에 요구되는 지침이나 원칙을 의미한다. 이는 흔히 발생할 수 있는 표절(plagiarism) 문제를 넘어서 연구 전반에 걸쳐 연구자나 연구진이 지켜야 할 원칙을 포함하고 있다. 연구윤리는 연구의 목적을 달성하는 과정에서 다른 개인이나 단체에 피해를 주는 것을 방지하고, 연구로 인해 발생할 수 있는 직접적이거나 간접적인 피해를 회피하기 위한 가이드라인을 제공한다.

현재 보건과 인간을 대상으로 하는 연구에서는 미국의 보건과 사회서비스부인 'U.S. Department of Health and Human Services'에서 발간된 Belomont 보고서 내용이 연구윤리에 대한 표준으로 여겨진다(The National Commission for the Protection of Human Subjects of Biomedical and Behavioral Research, 1979). 이 보고서는 연구윤리에 대한 핵심 원칙을 다음과 같이 기술하고 있다.

1. 연구윤리 핵심 기본 이슈

1) 자율성

첫째, 자율성(autonomy)은 연구에 참여하는 개인이 자발적으로 참여할 수 있어야 하며, 어떠한 압력이나 외부 영향에서 벗어나 본인의 의사에 따라 참여할 수 있는 것이 원칙이다. 개인은 자신의 의사로 결정하고 자유롭게 참여할 수 있어야 한다. 그러나 만약 잠재적인 연구 참여자가 장애나 성숙도 부족 등으로 본인의 의사를 자유롭게 표현할 수 없다면, 그에 대한 보호장치(protection)가 필요하다. 이러한 보호 장치는 개인의 권리와 안전을 보장하며, 해당 상황에 맞게 적절한 결정을 돕고 지원하는 역할을 한다.

2) 이익과 비유해성

모든 연구는 가치가 있어야 하며, 이러한 가치는 연구의 목적, 효과, 사회적 이익, 지식 확장 등으로 측정된다. 더불어 연구로부터 발생할 수 있는 위험(risk)이나 유해(harm) 요소는 연구의 가치와 균형을 맞춰야 한다. 만일 연구로부터 발생할 수 있는 위험이 그 연구의 가치를 초과한다면, 해당 연구는 윤리적으로 적절하지 않다고 볼 수 있다. 연구는 사회적으로 유익하고 윤리적으로 수용 가능해야 하며, 참여자들의 안전과 권리를 보장해야 한다. 이러한 원칙들은 연구윤리의 핵심이다.

3) 공정성

연구 참여자들이 연구로부터 발생하는 부담이나 고통(burdens)을 감수하는 동안, 어떤 이익(benefits)도 얻지 못하는 것은 공정하지 않다. 연구 참여는 어떤 형태의 보상이나 이익을 포함하여 참여자의 권리와 존엄성을 존중해야 한다. 참여자들은 연구의 목적과 가능한 위험, 이익에 대한 명확하고 정직한 정보를 받아야 한다. 더불어 연구 참여자들의 시간, 노력, 위험을 감안하여 적절한 보상이나 혜택이 제공되어야 한다. 공정한 보상은 연구 참여에 대한 동기부여를 촉진하고 연구의 공정성(justice)을 유지하는 데 중요한 역할을 한다.

2. 연구를 수행함에 있어 발생하는 이슈

1) 동의

연구 참여자들에게는 연구의 성격과 가능한 결과에 대해 명확하고 이해하기 쉬운 정보를 제공해야 한다. 연구목적, 절차, 이익 및 위험에 대한 이해를 돕기 위해 명시적으로 설명이 되어야 한다. 이러한 정보는 연구 참여자들이 동의(informed consent)를 결정할 수 있는 근거를 제공하며, 그들의 동의는 자발적이고 정보에 근거한 것이어야 한다. 또한 연구 참여자들은 언제든지 연구에 대한 추가 질문을 할 수 있어야 하며, 참여를 거부하거나 중도에 참여를 중단할 수 있는 권리를 보유해야 한다. 이러한 원칙들은 연구 참여자의 자유의지와 권리를 존중하며, 연구윤리적인 수행을 보장하는 데 중요한 역할을 한다.

2) 이해도

연구 참여자들의 이해 수준과 능력은 중요한 고려사항이다. 연구진은 참여자의 성숙도, 학습 수준, 문화적 배경 및 언어 등을 고려하여 정보를 전달하는 방식을 조절하고 의사소통을 원활하게 해야 한다. 특히 이해에 어려움을 겪을 수 있는 참여자들에게는 더욱 신중한 접근이 필요하다. 필요한 경우 간단하고 명확한 언어로 설명을 하거나, 시각적인 자료나 보조 수단을 활용하여 정보를 전달할 수 있다. 연구 참여자들의 이해도(comprehension)를 확인하고 필요에 따라 추가 설명이나 도움을 제공하여 참여자들이 연구에 대해 완전히 이해하고 동의할 수 있도록 지원하는 것이 중요하다.

3) 자발성

연구 참여는 언제나 자발성(voluntariness)을 갖추어야 한다. 어떠한 강압이나 강제로 연구에 참여하도록 하는 것은 연구윤리적으로 용납되지 않는다. 참여자들은 자유의지에 따라 연구에 참여하거나 거부할 권리를 갖는다. 또한 참여하지 않을 때 어떠한 위험이나 부담이 예상되지 않아야 한다. 참여자들은 연구에 참여함으로써 자신에게 발생할 수 있는 잠재적인 이익과 위험에 대한 명확하고 정확한 정보를 받아야 하며, 그에 따라 동의 여부를 결정할 수 있어야 한다. 연구진은 이러한 원칙을 준수하여 참여자의 동의를 얻어야 한다.

4) 이익과 위험에 대한 이슈

연구로부터 발생할 수 있는 이익과 위험요소는 가능한 균형이 있어야 하고 그 비율도 적절해야 한다. 특히 임상실험과 같은 의료 분야에서는 발생할 수 있는 위험과 이익에 대한 명확하고 충분한 설명이 필수적이고, 참여자들은 자신의 결정을 내릴 때 이러한 정보를 근거로 하게 되므로 연구진은 이를 전달하는 데 최선을 다해야 한다.

3. 연구부정행위

연구윤리를 고려할 때 연구부정행위와 연구부적절행위는 두 가지 중요한 측면으로 간주된다. 연구부정행위는 연구의 핵심적인 단계인 제안, 수행, 결과 보고 및 발표에서 발생할 수 있는 심각한 윤리적 위반을 나타낸다. 이는 위조, 변조, 표절, 부당한 저자 표시와 같은 행위를 포함하며, 이러한 행위들은 연구의 정확성과 신뢰성에 심각한 손상을 줄 수 있다.

반면, 연구부적절행위는 연구자가 이전에 발표한 자신의 작업물을 부적절하게 재사용하거나 반복 게재하는 행위를 의미한다. 이는 연구의 투명성과 신뢰성을 해치며, 공정한 학문적 경쟁과 품질을 손상시킬 수 있다(경제 · 인문사회연구회, 2014).

이러한 행위들을 예방하고 탐지하기 위해서는 강력한 연구윤리 교육과 감독이 필요하며, 학계와 연구기관은 이러한 윤리적 가이드라인을 엄격히 준수해야 한다. 연구의 정직성과 투명성은 과학 및 학문의 근간이므로 연구자들은 이를 위해 최선을 다해야 한다. 다음은 대표적인 연구부정행위의 요소이다.

1) 위조

원래 존재하지 않는 자료나 데이터 혹은 연구결과를 자신의 연구결과에 허위로 만들어 수록하는 것은 심각한 연구부정행위이다. 또한 과거에 수행한 것을 금번의 연구에 그대로 사용하는 것도 위조(fabrication)가 될 수 있다. 가령, 2020년 3월 4일에 시행한 연구에서 2010년에 시행한 연구와 동일한 인터뷰 내용과 결과를 수록한 것은 날짜와 기간을 위조한 심각한 연구부정행위로 간주된다. 인터뷰를 수행하지 않고 이전 저작물의 표기 없이 자신이 수행한 것처럼 위조를 한 것이기 때문이다.

2) 변조

원래의 연구자료를 변형하거나 특정 통계치를 조작하여 연구결과를 왜곡하는 것은 매우 심각한 연구부정행위로 간주된다. 경제가 어려운 지표의 통계 데이터를 왜곡하여 경제가 좋은 것처럼 조작하여 연구결과를 제시하는 것은 변조에 해당한다. 자료나 데이터를 조작하는 것과 더불어 원래의 자료에서 특정 데이터를 삭제하는 것도 독자로 하여금 왜곡된 사실로 받아들이게 하므로 변조이다. 또한 연구결과뿐만 아니라 연구의 과정을 자신을 위해 또는 특정 집단(연구비 지원 기관 등)을 위해 왜곡하는 것도 변조에 해당한다. 이러한 연구과정에는 연구재료나 연구장비도 포함된다.

일반적으로 자연과학에서는 연구과정을 그대로 수행한다면 똑같은 결과가 발생해야 하는데 그렇지 않은 것은 변조된 연구일 수 있거나 아니면 연구결과 반복이나 표집과 관련하여 문제가 있어 최종적으로 일반화가 어려운 경우이다. 연구과정을 재현할 때(검증할 때) 똑같은 결과가 발생하지 않는 경우 최종 연구자나 교신연구자 혹은 교신저자(correspondence author)에게 질의하는 경우가 많으므로 변조는 아예 시도하지 않는 것이 좋다.

3) 표절

표절(plagiarism)은 다른 사람의 연구결과나 연구물을 출처를 밝히지 않고 자신의 것으로 표시하는 부정한 행위를 의미한다. 표절은 학문적 윤리에 대한 중대한 위반으로 간주되며, 학문의 신뢰성과 질서를 훼손할 수 있다. 특히 아주 상식적이고 일반적인 사실이나 지식을 제외하고는 반드시 출처를 표기해야 한다. 표절은 타인의 연구결과뿐만 아니라 연구에 적용된 특별한 방법론이나 아이디어도 포함될 수 있다. 표절은 여러 형태로 나타날 수 있으며 주요한 형태로는 다음과 같다.

(1) 완전표절

다른 사람의 연구결과나 연구물을 완전히 자신의 것으로 제시하는 행위로, 전혀 출처를 밝히지 않는 것을 의미한다.

(2) 직접표절

완전표절과 유사하지만, 완전히 자신의 것으로는 제시하지 않고 다른 사람의 연구물을 그대로 가져와 자신의 연구물에 인용 없이 삽입하는 것을 의미한다. 주로 'copy & paste' 방식으로 이루어진다.

(3) 부분적 한정적 표절

일부 내용을 인용하기는 하지만 앞의 단락이나 문장 등에서 출처를 충분히 밝히지 않아 어디서부터 다른 사람의 연구물을 활용했는지 알 수 없는 경우이다.

(4) 문장이나 단락 재정리

다른 사람의 결과를 몇 개의 단어나 문장을 수정하거나 바꾸어 자신의 것으로 만든 경우로, 출처를 밝히지 않으면 여전히 표절에 해당된다.

(5) 단순 출처 미표시

정확하게 원자료(source)를 인용하지 않은 경우이거나, 단순하게 연구물에 원자료를 인용해야 하지만 이를 잊어버린 경우를 의미한다. 일반적으로 단순 출처 미표시로 판명 나거나 지적되면 다시 확인하여 삽입하는 경우가 많고 앞의 표절방식에 비해 심각도는 낮다고 할 수 있다.

(6) 자기표절

자신의 연구결과나 연구물을 재사용하는 것으로, 일부 학술 저널이나 학회에서는 자기표절을 허용하지 않는다.

표절은 학문적 신뢰를 훼손하고 다른 연구자의 노고를 무시하는 행위로서, 항상 출처를 명확하게 표시하고 인용 규칙을 준수하는 것이 중요하다.

4) 부당한 저자 표시

저자 표시(authorship)는 연구윤리적인 측면에서 매우 중요하다. 연구자 명단은 해당 연구에 대한 책임과 공헌도를 설명하고 반영해야 한다. 연구에 기여(contribution) 없이 연구자 명단에 삽입되거나 연구의 기여도에 따라 출판된 연구자 이름 순서가 작성되어야 하는데 그렇지 않은 것은 연구부정에 해당한다. 다음은 저자 표시에 관한 주요 원칙들이다.

(1) 실질적 기여에 기반한 표시

저자로 기재되는 것은 연구에 실질적인 기여를 한 사람들로 제한되어야 한다. 연구의 기여도와 책임은 각 저자에 따라 다를 수 있으며, 이러한 기여가 명확히 나타나야 한다.

(2) 연구 기여 명시

보통의 경우는 저자 순이나 교신저자(correspondence author)의 역할로 기여도를 알 수 있으나, 때로는 각 저자에 대한 연구 기여도나 내용을 적시하는 경우도 있다. 보통 논문의 뒷부분에서 연구내용이나 기여를 서술하거나 각 저자에 대한 간단한 설명으로 나타내기도 한다.

(3) 중복 명시 방지

동일한 연구를 중복해서 두 번 이상 출판하지 않도록 유의해야 한다. 또한 동일한 연구를 여러 저널에 중복하여 투고하는 것도 방지해야 한다. 그러나 일반적으로 학회 현장에서 발표된 논문(proceeding)이 추후 학회지에 발표되는 것은 용인되며, 이 경우 보통 학회에서 발표된 논문임을 표기한다.

(4) 피해 방지

연구에 기여하지 않은 개인을 저자로 삽입하는 것은 연구부정에 해당하며, 이러한 행위는 피해를 입힐 수 있다. 저자 명단에는 실질적인 기여를 한 사람들만 포함되어야 한다. 가령, 가족이나 지인의 이름을 자신의 논문에 삽입한 것이 밝혀진다면 그것은 연구자뿐만 아니라 그 당사자들도 나중에 여러 측면에서 피해를 입는다.

5) 재정, 연구지원 및 이해충돌 보고

연구에서 재정 및 연구지원에 대한 명시와 이해충돌에 대한 보고는 연구의 투명성과 신뢰성을 유지하는 중요한 부분이다.

연구수행 시 받은 재정적 지원이나 다른 형태의 연구지원은 정확하게 연구결과물에 나타나야 한다. 지원의 근거, 제공한 기관, 지원 금액 등은 명확하게 보고되어야 한다. 재정적 지원뿐만 아니라 기술적 지원, 장비, 물질 등도 명시되어야 한다.

연구결과로부터 발생하거나 파생될 수 있는 잠재적 이해충돌에 대한 내용도 투명하게 적시되어야 한다. 각 저자는 연구결과와 관련하여 어떠한 이해충돌도 없음(no conflict)을 선언할 수 있어야 하며, 만약 이해충돌이 존재한다면 그 내용을 명시해야 한다. 이해충돌이 없음을 명시하는 경우에도 이것은 실제로 확인 가능한 사실이어야 하며 거짓 정보를 표기해서는 안 된다. 추후 이해충돌이 발생한다면 그 책임은 전적으로 연구자가 지게 된다.

6) 사사

사사(acknowledgement)는 연구와 관련하여 지원을 받거나 협력한 기관, 개인, 단체, 또는 자원에 대한 감사의 표시를 의미한다. 이는 연구자가 연구를 수행하면서 받은 지원, 자금, 장비, 데이터, 조언, 기술적 지원 등에 대한 인정과 감사의 의미를 담고 있다. 또한 연구를 수행하게 된 장소도 포함된다. 가령, 외국의 연구기관에서 연구를 수행한 경우 그 연구기관의 이름도 표기되어야 한다. 보통 연구를 지원해 준 기관이나 연구자가 속한 기관에서 요구하는 경우가 많은데 사사를 하지 않는 경우 그에 해당하는 페널티도 발생할 수 있다.

7) IRB

IRB(Institutional Review Board)는 인간 대상 연구에 대한 윤리적 측면을 심사하고 감독하는 기구이다. 인간 대상 연구는 개인의 건강, 안전, 개인정보 등을 보호하기 위해 엄격한 윤리적 가이드라인에 따라 이루어져야 한다. 이러한 심사를 통해 연구의 윤리적 적정성을 평가하고 연구 참여자의 권리와 안전을 보장한다. IRB 심의를 거치지 않은 연구는 연구윤리에 문제가 있을 수 있으며, 이는 연구결과의 신뢰성과 유효성에 영향을 미칠 수 있다.

「초 · 중등교육법」 제2조 및 「고등교육법」 제2조에 따른 교육기관에서 통상적인 교육과정의 범위에서 실무와 관련하여 수행되는 연구 등은 여기서 제외되나 일반적인 인간 대상 연구는 IRB 심의 대상이다. 의사소통, 대인 접촉 등의 상호작용을 통해 수행되는 연구도 포함된다. 보통 각 연구기관이나 대학 고유의 IRB가 있으며 그 기준은 기관별로 차이가 있다.

4. 유사도 검색: 카피킬러

카피킬러(copykiller)는 텍스트나 콘텐츠의 유사도를 검출하고 비교하여 원본과 유사한 부분을 찾아주는 도구 또는 소프트웨어를 가리킨다. 카피킬러는 주로 학문적인 텍스트, 논문, 기사, 웹 페이지 등에서 표절이나 유사도를 확인하기 위해 사용된다. 이러한 도구들은 저작권 침해나 학문적 부정행위를 방지하고 원본성을 유지하기 위해 필요한 도구로 사용된다.

카피킬러는 텍스트의 일부를 샘플링하여 다른 텍스트들과 비교하고, 유사한 구절이나 문장을 식별하며, 이러한 비교를 통해 표절 여부를 확인한다. 각 카피킬러 도구마다 알고리즘과 기능, 정확도 등이 다를 수 있다. 일반적으로 텍스트의 유사도 비교를 통해 표절의 정도를 백분율로 제시하여 사용자에게 보여 준다.

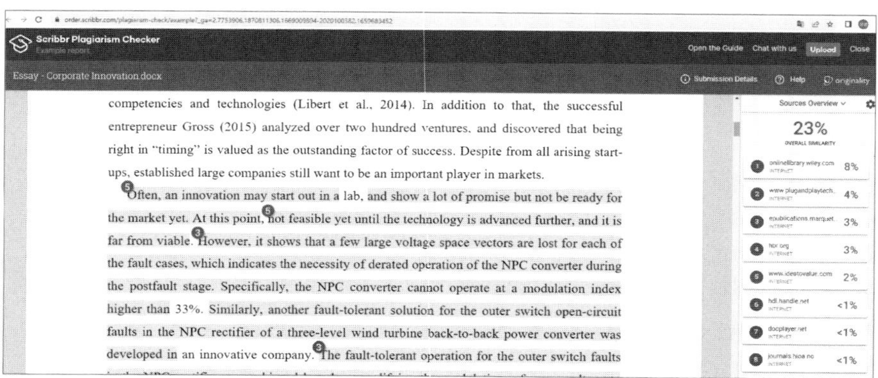

5. 문헌인용 및 참고문헌 리스트 정리

참고문헌 인용과 그 리스트를 정리하는 방식은 여러 가지가 있다. 그 중 사회과학에서 가장 많이 사용되고 대표성을 가진 방식이 미국심리학회(American Psychological Association)의 APA 스타일이다. APA 스타일은 논문 작성 및 참고문헌 인용에 대한 규정과 지침을 포함한 표준 스타일로 계속 버전이 업그레이드되고 있으며 방식도 바뀌고 있다. 여기서는 APA 스타일의 일곱 번째 버전을 중심으로 설명하겠다.

APA 스타일은 학문적 글쓰기와 논문 작성에 있어 일관된 형식과 구조를 제공하여, 글의 가독성을 높이고 학문적 표현을 명확히 한다. 특히 참고문헌의 인용과 참고문헌 리스트 작성에 있어 명확하고 표준화된 방법을 규정하고 있다.

그러나 각 학회나 출판사, 대학교는 스타일에 대해 조금씩 다른 가이드라인을 가질 수 있으므로, 논문을 작성할 때는 해당 학회나 출판사의 요구사항을 확인하는 것이 중요하다. APA 스타일이 널리 사용되지만, 분야나 국가에 따라 다른 스타일도 사용될 수 있으므로 주의가 필요하다.

1) 본문 내에서 참고문헌 인용 표기

〈표 13-1〉 **본문 내 참고문헌 인용 표기**

인용 형식(Type of Citation)	맨 처음 본문 인용 시(First citation in text)	그 후 인용 시 (Subsequent citation in text)	괄호로 처음 본문 인용 시(First parenthetical citation in text)	그 후 괄호로 인용 시 (Subsequent parenthetical citation in text)	비고
저자 1명 (One author)	박성열 (2010) Park (2010)	박성열 (2010) Park (2010)	(박성열, 2010) (Park, 2010)	(박성열, 2010) (Park, 2010)	영문 저자인 경우 성(Last name) 사용
저자 2명 (Two authors)	고주은과 박성열 (2021) Go and Park (2021)	고주은과 박성열 (2021) Go and Park (2021)	(고주은 & 박성열, 2021) (Go & Park, 2021)	(고주은 & 박성열, 2021) (Go & Park, 2021)	

저자 3명 이상	박성열 외. (2016) Park et al. (2016)	박성열 외. (2016) Park et al. (2016).	(박성열 외., 2016) (Park et al., 2016)	(박성열 외., 2016) (Park et al., 2016)	
약자가 있는 그룹 (Groups with abbreviation)	한국학술교육정보원 (KERIS, 2021) Ministry of Education (MOE, 2022)	KERIS (2021) MOE (2022)	(한국학술교육정보원 [KERIS], 2021) (Ministry of Education [MOE], 2022)	(KERIS, 2021) (MOE, 2022)	약자가 없는 경우에는 본명을 그대로 적용
한 페이지를 직접 인용한 경우 (Reference with single page)	박성열 (2010, p. 98) Park (2010, p. 98)	박성열 (2010, p. 98) Park (2010, p. 98)	(박성열, 2010, p. 98) (Park, 2010, p. 98)	(박성열, 2010, p. 98) (Park, 2010, p. 98)	페이지를 제시하는 것은 내용 그대로를 인용하였다는 것을 의미
연속된 여러 페이지를 직접 인용한 경우 (Reference with page rage)	박성열 (2010, pp. 98-99) Park (2010, pp. 98-99)	박성열 (2010, pp. 98-99) Park (2010, pp. 98-99)	(박성열, 2010, pp. 98-99) (Park, 2010, pp. 98-99)	(박성열, 2010, pp. 98-99) (Park, 2010, pp. 98-99)	
연속되지 않은 여러 페이지를 직접 인용한 경우 (Reference with several discontinuous pages)	박성열 (2010, pp. 90, 98-99, 110-113) Park (2010, pp. 90, 98-99, 110-113)	박성열 (2010, pp. 90, 98-99, 110-113) Park (2010, pp. 90, 98-99, 110-113)	(박성열, 2010, pp. 90, 98-99, 110-113) (Park, 2010, pp. 90, 98-99, 110-113)	(박성열, 2010, pp. 90, 98-99, 110-113) (Park, 2010, pp. 90, 98-99, 110-113)	
동일 저자의 다른 연도의 두 개 문헌 인용 (Same author, two works from different years)	박성열 (2010, 2022) Park (2010, 2022)	박성열 (2010, 2022) Park (2010, 2022)	(박성열, 2010, 2022) (Park, 2010, 2022)	(박성열, 2010, 2022) (Park, 2010, 2022)	보통 자신의 연구결과를 업데이트하면서 연도가 변경되는 경우
동일 저자의 같은 연도의 다른 문헌 (Same author, two works from same year)	박성열과 고주은 (2022a, 2022b) Park and Go (2022a, 2022b)	박성열과 고주은 (2010a, 2022b) Park and Go (2010a, 2022b)	(박성열과 고주은, 2010a, 2022b) (Park & Go (2010a, 2022b)	(박성열과 고주은, 2010a, 2022b) (Park & Go (2010a, 2022b)	
2차문헌을 인용한 경우 (Secondary source)	박성열(2010)…. (고주은, 2013, p. 220에서 재인용) Park (2010)….(as cited in Go, 2013, p. 220)	박성열(2010)…. (고주은, 2013, p. 220에서 재인용) Park (2010)….(as cited in Go, 2013, p. 220)	(박성열, 2010, 고주은, 2013, p. 220에서 재인용) (Park 2010, as cited in Go, 2013, p. 220)	(박성열, 2010, 고주은, 2013, p. 220에서 재인용) (Park 2010, as cited in Go, 2013, p. 220)	

2) 인용 시 주의사항

① 본문(in-text)에 삽입된 저자명은 반드시 참고문헌 리스트(reference list)에 있어야 하며 참고문헌 리스트에 있는 저자명도 본문에 반드시 있어야 한다.

② 영문의 경우 본문에는 반드시 성(last name)을 사용해야 한다. 두 개 혹은 그 이상의 문헌을 인용할 경우에는 참고문헌 리스트에 제시된 알파벳 순서로 정리해야 한다.

예: 과거의 연구(Park, 2010, 2012; Park & Ju, 2012; Sin, 2007)

③ 괄호 안에 여러 다른 문헌을 인용해 삽입할 때 알파벳 순서로 세미콜론(semi-colon)으로 분리해야 한다.

(Ministry of Education, 1998; Park, 2010; Sin, 2007)

④ 한 저자의 2개 이상의 문헌을 이용할 때는 콤마(comma)로 분리한다.

(Ministry of Education, 1996, 2000)

거의 유사한 저자의 세트가 같은 연도인 경우 모두 다 적시한다.

– 첫 번째 인용(First citation in text)

(Park, Kim, & Sin, 2010) (Park, Kim & Shin, et al., 2010)

– 두 번째 인용(subsequent citation in text)

(Park, Kim, & Sin, 2010) (Park, Kim & Shin, et al., 2010)

⑤ 여러 개의 권으로 출판된 문헌을 인용할 때는 범위(range)를 사용해야 한다.

본문에서(in-text citation)

(World Health Organization, 2000–2006)

참고문헌 리스트에서(Entry in references list)

World Health Organization. (2000−2006). WHO annual report. Geneva: World Health Organization.

⑥ 같은 성을 가지고 있으나 이름이 다른 경우는 본문에 연도와 상관없이 필요한 약자(initials)를 삽입한다.

(S. Y. Park, 2010) (J. Y. Park, 2022)

(D. Jackson, 2018; M.C. Jackson et al., 2017)

이 경우 본문에는 이렇게 적용하지만 참고문헌 리스트에는 원래 방식대로 작성해야 한다.

⑦ 같은 성을 가지고 이름의 이니셜도 같은 경우 모두(full name) 작성한다.

(Sung Park, 2010) (Seung Park, 2011)

⑧ 웹사이트에서 일반적인 내용을 언급할 때는 단순한 URL을 제시한다.

CNN의 경우 웹사이트를 통해 속보를 수백만 명에게 제공하고 있으며(http://www.cnn.com), 동시에 트위터 계정을 통해서도 속보를 제공하고 있다(http://twitter.Com/CNN). The National Commission for the Protection of Human Subjects of Biomedical and Behavioral Research. (1979). The Belmont Report: Ethical principles and Guidelines for the Protection of Human Subjects of Research.

⑨ 2차문헌, 즉 재인용을 한 경우는 다음과 같이 표기한다.

(Park & Go, 2010, as cited in Joo, 2015, pp. 24-25)

이 경우 Park & Go의 문헌을 직접 읽지 않고 Joo 문헌에서 참조한 것을 의미한다.

⑩ 직접 인용을 본문에 할 경우 페이지를 삽입해야 한다.

사회적 후원(social support)은 "다른 사람의 문제적인 상황을 해결하는 데 도움을 주는 커뮤니케이션 과정이나 일련의 행동"이라고 할 수 있다 (Ford et al., 1996, p. 191).

3) 참고문헌 리스트에서 표기하는 방법

〈표 13-2〉 참고문헌 표기

참고문헌 형태	형식	예
1명 저자 저널논문(1 author journal article)	성, 이름 이니셜. 논문명. 저널명, 권(호), 페이지시작-페이지 끝. Doi Lastname, A. (year). Title of the article in sentence case. *Journal in Title, Case, Volume*(issue), Firstpage-Lastpage. doi	Park, S. Y. (2009). An analysis of the technology acceptance model in understanding university students' behavioral intention to use e-learning. *Educational Technology & Society*, *12*(3), 150-162.
논문저자가 2~19명인 저널 경우	저널명과 권 사이의 콤마는 이탤릭체가 아니어야 함	Kelley, K. & Lai, K. (2011). Accuracy in parameter estimation for the root mean square error of approximation: Sample planning for narrow confidence intervals. *Multivariate Behavioral Research*, *46*, 1-32.
	호(issue)가 반드시 표기되어야 하는 것은 아님	
	DOI나 URL이 있는 경우 반드시 작성해야 하는 것은 아님 만약 19명이 넘는 경우는 19명까지만 작성하고 마지막 저자명만 기입하며 그 중간은 점으로(…) 표기함	Park, S. Y., Lee, H. D. & Kim, S. Y. (2018). South Korean university students' mobile learning acceptance and experience based on the perceived attributes, system quality and resistance. *Innovations in Education and Teaching International*, *55*(4), 450-458. https://doi.org/: 10.1080/14703297.2016.1261041

책(Book)	성, 이름 이니셜. (연도). *저서명* (판, 권). 출판사. Doi Lastname, A. (year). *Title of the book in sentence case* (edition, Volume). Publisher. Doi. 판과 권, DOI는 꼭 기입해야 하는 것은 아님 만약 출판사와 저자가 같은 경우 출판사 이름을 기입하지 않음	박성열. (2010). *SAS와 교육통계처리 및 분석*. 창지사. Hair, J. F., Anderson, R. E., Tatham, R. L., & Black, W. C. (1998). *Multivariate data analysis* (5th ed.). Prentice Hill. American Psychiatric Association. (2013). *Diagnostic and statistical manual of mental disorders* (5th ed.). https//doi.org/10.1176/appi.books.9780890425596.744053
책의 챕터(Chapter)	성, 이름 이니셜. (연도). 본문에 삽입된 챕터 타이틀. 속에 이니셜. 성, 이니셜. 성, & 이니셜. 성 (저술자.), 본문에 삽입된 저서명(권, pp. 첫 페이지-마지막 페이지). 출판사. Doi Lastname, A. (year). Title of the chapter in sentence case. In B. Lastname, C. Lastname, & D. Lastname (Eds.), *Title of the book in sentence case* (Volume, pp. Firstpage-Lastpage). Publisher. doi	Newcomb, M. D. (1992). What structural equation modeling can tell us about social support. In B. R. Sarason (Ed.), *Social support: An International vies*.(pp. 26-63). John Willey & Sons.
보고서/이슈페이퍼/워킹페이퍼 등 (Report/Briefing Paper/Working Paper)	저자. (연도). 본문에 사용된 보고서 제목 (보고서 숫자가 있는 경우 삽입). 발간인 저자와 다른 경우. 웹사이트 있는 경우	박현우. 박혜진. 김한성. (2018). *Scientometrics를 활용한 디지털 리터러시 의미연결망 및 트렌드 분석* (연구자료 RM 2018-5). 한국교육학술정보원. USDA, & USAID. (2023). *Fiscal Year (FY) 2023 Annual performance plan*. https://www.usaid.gov/reports/annual-performance-report

신문 원고/알려진 저자 (Newspaper Article/ known author)	저자. (연도, 월 일). 제목명. *신문명*, 첫 번째 페이지-마지막 페이지. 섹션으로 나뉜 경우 페이지 앞에 섹션 추가 (e.g. A1, B4) Lastname, A. (year, month day). Title of the article in sentence case. *Title of the Newspaper in Title Case*, Firstpage-Lastpage. 온라인의 경우 URL 삽입	오세정. (2023, 9월 15일). 국가의 품격. *중앙일보* (오피니언), 31. Schwartz, J. (1993, September 30). Obesity affects economic, social status. *The Washington Post*, 1-4. https://www.washingtonpost.com/archive/politics/1993/09/30/obesity-affects-economic-social-status/87aff38c-a24d-4d5f-99e5-e0d7f73ff9d9
신문 원고/저자미상 (Newspaper Article/ unknown author)	타이틀. (연도, 월 일). *신문명*. 웹사이트 Title of the article in sentence case. (year, month day). *Title of the Newspaper in title case*. 웹사이트	배기량 기준 자동차세 이젠 고칠 때 됐다. (2023. 9월 16일). *중앙일보*. 30. https://www.joongang.co.kr/article/25192874 Learning to write using APA writing style. (2009, October). *APA Writing Newsletter*. http://www.indwes.edu/ocls/APA/newsletter.pdf
웹사이트 (Website)	이름. (연도). *웹페이지명*. 웹사이트명. URL 만약 저자와 웹사이트명이 같은 경우 웹사이트명은 중복을 피하기 위해 생략함 Lastname, A. (year). Title of the webpage in sentence case. Name of the Website in Title Case. URL.	김종한. (2023). *시론: 지방시대의 성패는 지역인재집적에 달려있다*. 한국직업능력연구원, 동향지. https://www.krivet.re.kr/ku/da/kuBDBVw.jsp?_notiNo=G520230002&_prdcNotiDetlNo=1 UCLA: Statistical Methods and Data Analytics. (2023). *Principal components (PCA) and exploratory factor analysis (EFA) with SPSS*. https://stats.oarc.ucla.edu/spss/seminars/efa-spss

미출간된 학위논문 (Unpublished Thesis or Dissertation)	이름. (연도). 논문명 [미출간 박사 또는 석사논문]. 학교명. Lastname, A. A. (year). *Title of thesis in sentence case* [Unpublished doctoral or Masters' thesis or dissertation]. University.	고주은. (2022). 고등학교 교사의 원격수업 수용의도에 관한 구조 관계 분석 [미출간 박사학위논문]. 건국대학교. Park, S. Y. (1994). *Computer technology use by Iowa State University Extension personnel with implications for training and support: An analysis of alternative structural equation models* [Unpublished doctoral dissertation]. Iowa State University.
학술대회/심포지엄에서 미발간의 논문, 포스터, 키노트 스피치 등 (Conference/ Symposium paper, keynote address, poster presentation, etc) (unpublished)	이름. (연도, 월 일-일). 논문명 [발표형태]. 학술대회명, 도시, 나라. Lastname, A. (Year, Month Day-Day). *Title of paper in sentence case* [Type of material]. Name of Conference, City, Country.	고주은. (2023, 9월 21일). *말 산업 특성화 고등학교 교사의 ICT 리터러시와 온라인 수업 역량 향상 방안* [주제발표] 2023 한국농·산업교육학회-한국농업교육협회 공동학술대회, 제주, 대한민국. Bhusri, A. (2023, August 29-31). *Opening keynote: The new way to cloud* [Keynote speech]. Google Cloud: Next '23 partner summit, San Francisco, United States.
책으로 발간된 프로시딩 형태의 학술대회 논문	이름. (연도). 논문명. 편집자 이름. 성 (Ed. 있는 경우), 프로시딩명 (pp. 첫 번째 페이지-마지막 페이지). 출판기관. Lastname, A. B. (Year). Title of paper. In A. Lastname (Ed.; if applicable), *Proceedings book title in sentence case* (pp. Firstpage-Lastpage). Publisher.	Collin, J., & Westin, T. (2022). How to design virtual video production for augmented student presentations. In P. Fotaris & A. Blake (Eds.), *21st European conference on e-Learning ECEL 2022* (pp. 71-78). Academic Conferences International Limited.
프로시딩 형태로 발표된 논문	이름. (연도). 논문명. *저널명*, *권*(호), 첫 번째 페이지-마지막 페이지. Lastname, A. B. (Year). Title of paper. *Journal in Title Case*, *Volume*(issue), Firstpage-Lastpage.	Chaudhuri, S., & Biswas, A. (2017). External terms-of-trade and labor market imperfections in developing countries. *Proceedings of the Academy of Economics and Economic Education*, *20*(1), 11-16.

4) 주의사항

① 참고문헌 리스트에 있는 문헌은 본문에 반드시 있어야 하며 본문에 인용된 문헌은 참고문헌 리스트에 반드시 있어야 한다.

② 웹사이트 URL은 인용 페이지에 직접 연결되어야 한다.

③ 항상 URL에 있는 슬래시(/)는 삭제해야 한다.

④ 알파벳 순서로 제시해야 한다.

Park, S. Y. (2010).

Zuang, S. (2021).

⑤ 만약 같은 성(last name)을 가진 저자가 여럿인 경우 뒤에 이름(first name)의 알파벳 순서로 정리 · 제시한다.

Park, A. (2011)

Park, S. Y. (2010).

⑥ 동일저자가 여럿인 경우 연대순(chronologically)으로 정리 · 제시한다.

Park, S. Y. (2010).

Park, S. Y. (2018).

Park, S. Y. (2022).

⑦ 만약 동일저자가 같은 해에 여러 연구를 발표한 것을 인용할 때는 접미사(suffix)를 사용한다.

Park, S. Y. (2022a). Factors …

Park, S. Y. (2022b). University …

⑧ 만약 동일저자의 문헌과 동일저자 그리고 다른 저자의 공동문헌이 있는 경우 동일저자의 문헌을 먼저 제시하고 다른 저자와의 문헌을 제시한다.

Park, S. Y. (2022).

Park, S. Y., & Ju, M. (2022).

⑨ 콜론(:)이나 전각 대시(—)로 표기한 경우 대문자(upper case)로 표기한다.

Park, S. Y. (1994). Computer technology use by Iowa State University Extension personnel with implications for training and support: An analysis of alternative structural equation models [Unpublished doctoral dissertation]. Iowa State University.

⑩ 참고문헌 리스트에는 약어를 사용하지 않는다(만약 본문에 약어를 사용한 경우는 약어를 사용함).

United States Department of Agriculture. (2022).

참고문헌

경제 · 인문사회연구회. (2014). 연구윤리란 무엇인가? 경제 · 인문사회연구회.

경제 · 인문사회연구회. (2023). 연구윤리 평가 매뉴얼. 경제 · 인문사회연구회.

김기영. 강현철. (2001). LISREL(SIMPLIS)을 이용한 구조방정식모형의 분석. 서울: 자유아카데미.

박성열. (2003). 컴퓨터 기술과 교육공학. 서울: 건국대학교 출판부.

박성열. (2005). 교사의 컴퓨터 리터러시와 LISREL 구조모형 분석: 실업계 고교를 중심으로. 농업교육과 인적자원개발, 37(2), 73-88.

박성열. (2010). SAS와 교육통계 처리 및 분석. 서울: 창지사.

박성열. 고주은. 주민호. (2022). 대학생의 진로결정자기효능감, 학교생활만족도, 사회적지원, 진로탐색활동과 진로적응력 간의 구조모형 분석. 농업교육과 인적자원개발, 54(2), 82-105.

박성열. 김한성. 고주은. 주민호. (2019). 특성화고등학교 교사의 ICT 활용수업의도와 관련변인 연구. 농업교육과 인적자원개발, 51(4), 27-43.

박성열 외. (2008). 농어업인 정보화교육 발전방안에 관한 연구. 농림수산식품부, 한국농림수산정보센터.

박성열 외. (2008). 농업인 ICT리터러시(Literacy) 지수 개발에 관한 연구. 농림수산식품부, 한국농림수산정보센터.

박성열. 윤홍희. (2023). 대학 평생교육원 학점은행제 미용(뷰티)학과 학생의 학습만족도 관련 변인 간 구조모형분석. 농업교육과 인적자원개발, 55(2), 71-94.

박성열. 이대영. (2023). 머신러닝 기반 청년의 진로상태 예측모델 개발. **농업교육과 인적자원개발, 55**(3), 49-78.

박성열. 주민호. 이대영. (2021). 대학의 실시간 온라인 수업에서 학습성취도와 학습만족도에 대한 촉진요인분석. **학습자중심교과교육연구, 21**(11), 779-792.

박성열. 주민호. 차승봉. 박혜진(2017). 온라인 기초학력 진단-보정 시스템 활용 현황 분석 및 발전 방향. 한국교육학술정보원.

양병화. (1998). **다변량 자료분석의 이해와 활용**. 서울: 학지사.

윤현석. 주민호. (2016). 교정기관 직업훈련 프로그램 참여자의 학습전이 영향요인 분석. **농업교육과 인적자원개발, 48**(4), 59-79.

이순묵. (1990). **공변량구조분석**. 서울: 성화사.

이종구. (1993). **실험 및 조사자료 분석을 위한 SAS의 이해와 활용**. 서울: 성화사.

Agresti, A., & Finlay, B. (1986). *Statistical methods for the social sciences* (2nd ed.). San Francisco: Dellen Polishing Company.

Asher, H. B. (1983). *Causal modeling* (2nd ed.). Newbury Park: Sage Publications.

Bollen, K. A. (1989). *Structural equations with latent variables*. New York: John Wiley & Sons.

Borg, W. R., & Gall, M. D. (1989). *Educational research: An introduction* (5th ed.). New York: Longman.

Crider, A., Goethals, G. R., Kavanaugh, R. D., & Solomon, P. R. (1989). *Psychology* (3rd ed.). London: Scott, Foresman and Company.

David, A. K. (2012). *Multiple latent variable models: Confirmatory factor analysis*. https://davidakenny.net/cm/mfactor.htm

Ferrance, E. (2000). Themes in education action research. *LAB: Northeast and Islands Regional Educational*. https://repository.library.brown.edu/studio/item/bdr:qbjs2293

Gardiner, W. P., & Gettinby, G. (1998). *Experimental design techniques in statistical practice: A practical software-based approach*. England: Horwood Publishing Limited.

Hair, J. F., Anderson, R. E., Tatham, R. L., & Black, W. C. (1998). *Multivariate data analysis* (5th ed.). London: Prentice-Hall International Limited.

Marasinghe, M. (1992). *Computer processing of statistical data: Supplementary notes for statistics 481*. Iowa State University.

Hinkelmann, K., & Kempthhorne, O. (1994). *Design and analysis of experiments: Introduction to experimental design*. New York: John Wiley & Sons, Inc.

Kim, J., & Mueller, C. W. (1991). *Introduction to factor analysis: What it is and how to do it*. Newbury Park: Sage Publications.

Kolb, A. Y., & Kolb, D. A. (2013). *The Kolb learning style inventory 4.0: A comprehensive guide to the theory, psychometrics, research on validity and educational applications*. Experience Based Learning Systems. Technical Specification-LSI Version 3 (learningfromexperience.com)

Manly, B. F. J. (1986). *Multivariate statistical methods: A primer*. London: Chapman & Hall.

McMillan, J. H., & Schumacher, S. (2006). *Research in education: Evidence-based inquiry* (6th ed.). Boston: Pearson.

Neter, J., Wasserman, W., & Kutner, M. H. (1989). *Applied regression models* (2nd ed.). Homewood, IL: Irwin, Inc.

Jöreskog, K. G., & Sörbom, D. (1989). *LISREL 7: A guide to the program and applications* (2nd ed.). Chicago: SPSS Inc.

Park, S. Y. (1994). Computer technology use by Iowa State University Extension personnel with implications for training and support: An analysis of alternative structural equation models. Unpublished doctoral dissertation. Iowa State University.

Park, S. Y. (2009). An analysis of the technology acceptance model in understanding university students' behavioral intentions to use e-learning. *Educational Technology & Society*, *12*(3), 150-162.

Park, S. Y. (2012). University students' behavioral intention to use mobile learning: Evaluating the technology acceptance model. *British Journal of Educational Technology*, *43*(4), 592-605.

Park, S. Y., Cha, S., Lim, K., & Jung S. (2014). The relationship between university student learning outcomes and participation in social network services, social acceptance and attitude towards school life. *British Journal of Educational Technology*, *45*(1), 97-111.

Park, S. Y., Kim, S., Cha, S., & Nam, M. (2014). Comparing learning outcomes of video-based e-learning with face-to-face lectures of agricultural engineering courses in Korean agricultural high schools. *Interactive learning environments*, *22*(4), 418-428.

Park, S. Y., Lee, H., & Kim, S. Y. (2018). South Korean university students' mobile learning acceptance and experience based on the perceived attributes, system quality and resistance. *Innovations in Education and Teaching International*, *55*(4), 450-518.

Park, S. Y., Cha, S., Joo, M., & Na, H. (2022). A multivariate discriminant analysis of university students' career decisions based on career adaptability, social support, academic major relevance, and university life satisfaction. *International Journal for Educational and Vocational Guidance*, *22*, 191-206.

Royse, D. (1992). *Program evaluation*. Chicago, IL: Nelson-Hall Inc.

Sani, F., & Todman, J. (2006). *Experimental design and statistics for psychology. A first course*. Malden, MA: Blackwell Publishing.

Savickas, M. L., & Porfeli, E. J. (2012). Career adapt-abilities scales: Construction, reliability, and measurement equivalence across 13 countries. *Journal of Vocational Behavior, 80*(3), 661-673.

Sulliban, J. L., & Feldman, S. (1979). *Multiple indicators: An introduction*. Newburey Park: Sage Publications.

The national Commission for the Protection of Human Subjects of Biomedical and Behavioral research. (1979). *The Belmont Report: Ethical principles and guidelines for the protection of human subjects of research*. https://www.hhs.gov/ohrp/regulations-and-policy/belmont-report/read-the-belmont-report/index.html

Weston, R., & Gore, P. A. (2006). A brief guide to structural equation modeling. *The Counseling Psychologist, 34*(5), 719-751.

Worthen, B. R., & Sanders, J. R. (1988). *Educational evaluation: Alternative approaches and practical guidelines.* New York: Longman.

한국학술지인용색인. https://www.kci.go.kr/kciportal/main.kci

Clarivate.Web of Science. https://www.webofscience.com/wos/woscc/basic-search

Custom insight. Survey Tools - Random Sample Calculator (custominsight.com)

Google. Google 학술검색. https://scholar.google.co.kr/schhp?hl=ko

Free Statistics Calculators. https://www.danielsoper.com/statcalc/calculator.aspx?id=1

HHu. https://www.psychologie.hhu.de/arbeitsgruppen/allgemeine-psychologie-und-arbeitspsychologie/gpower.html

National Assessment of Educational Progress(NAEP). The Nation's Report Card | NAEP (ed.gov)

Practical Meta-Analysis Effect Size Calcualtor. https://www.campbellcollaboration.org/escalc/html/EffectSizeCalculator-SMD4.php

Psychometrica.https://www.psychometrica.de/effect_size.html

Scribbr. Methodology. https://www.scribbr.com/category/methodology/

Scribbr. Plagiarism checker. Plagiarism Checker by Scribbr | Powered by Turnitin

Stat Trek. Random Number Generator (stattrek.com)

찾아보기

인명

내용

저자 소개

박성열(Park, Sung Youl)
미국 아이오와주립대학교 박사
전공: Extension Education, 1부전공: Technology & Social Change, 2부전공: Statistics(수료)
미국 아이오와주립대학교 Greenlee School of Journalism and Communication 객원교수
건국대학교 교수학습지원센터장, 입학처장, 대외협력처장, 미래지식교육원장
한국농 · 산업교육학회장, 한국교육학회부회장
행정안전부 정부조직진단 추진단위원(교육부 담당 팀장), 정부조직분과 정책자문위원
현 건국대학교 교육공학과 교수(1995. 3.~현재)
국가 제5기 평생교육진흥위원회 위원(교육부)

주민호(Joo, Min-Ho)
미국 플로리다주립대학교 박사
전공: Instructional Systems(교육공학), 부전공: Measurement and Statistics(교육통계)
한국교육공학회 국제협력위원장
한국농 · 산업교육학회 사무국장
현 건국대학교 교육공학과 교수(2016. 3.~현재)

고주은(Go, Ju Eun)
건국대학교 교육공학 학사/석사/박사
건국대학교 영어교육 학사
대전대학교 교직부 강사
현 건국대학교 교육공학연구소 선임연구원(2022. 3.~현재)
건국대학교 교육공학과 강사(2022. 9.~현재)

교육연구방법론

데이터기반 탐구와 적용

Research in Education: Data-based Inquiry & Application

2024년 5월 20일 1판 1쇄 인쇄
2024년 5월 30일 1판 1쇄 발행

지은이 • 박성열 · 주민호 · 고주은
펴낸이 • 김진환
펴낸곳 • ㈜ 학지사
04031 서울특별시 마포구 양화로 15길 20 마인드월드빌딩
대표전화 • 02-330-5114 팩스 • 02-324-2345
등록번호 • 제313-2006-000265호

홈페이지 • http://www.hakjisa.co.kr
인스타그램 • https://www.instagram.com/hakjisabook

ISBN 978-89-997-3124-2 93370

정가 19,000원

저자와의 협약으로 인지는 생략합니다.
파본은 구입처에서 교환해 드립니다.